Zu diesem Buch

«Mit dem vorliegenden Buch versuche ich, eine neue Sichtweise einzuführen, die nicht unbedingt besser, aber eben anders ist. Wir sind wie die Glasstücke in einem Kaleidoskop: stets Teile von Mustern, die mehr sind als wir selbst und überhaupt mehr sind als die Summe ihrer Teile. Unsere gewohnte, auf das Individuum zentrierte Epistemologie macht uns blind für dieses kaleidoskopisch zu sehende Ich. Und das bringt Nachteile, denn wenn wir die Menschen so, im Verbund mit anderen, sehen, dann gewinnen wir plötzlich ganz neue Möglichkeiten, ihr Verhalten zu beobachten und ihr Leiden zu lindern.

Dieses Buch ist vielleicht am ehesten so etwas wie ein Reisebericht: ich bin durch Familienlandschaften gereist und möchte nun davon einige Bilder zeigen. Es kann sein, daß ich eigentlich nur immer ein und dasselbe Kernland umrundet habe, das mir von verschiedenen Seiten unterschiedliche Ansichten bot. Wahrscheinlich möchte ich nur zeigen, daß die Natur des Menschen in Wirklichkeit größer ist als der einzelne Mensch, daß sie mehr umfaßt als das einzelne Individuum, welches eben kein in sich geschlossenes System darstellt. Wenn ich also in diesem Buch über Themen wie Scheidung, Wiederverheiratung und Familientherapie, über Rechtsprechung, Gesundheitswesen und innerfamiliäre Gewalt schreibe, dann erzähle ich eigentlich immer die gleiche Geschichte.

Weil es eine Art Reisejournal ist, habe ich das Buch ruhig ganz persönlich und auch ein bißchen unordentlich abgefaßt. Die einzelnen Teile bringen in bunter Folge Fallbeispiele, Dialoge, Diskussionen, kleine Fabeln und Dramen. Gegen die strengen Regeln einer gelehrten Abhandlung habe ich Faktisches und Fiktives miteinander gemischt und absichtlich nicht fein säuberlich getrennt. Denn beides beansprucht, die Realität anzubinden – genau wie im alltäglichen Leben, das zusammengesetzt ist aus Erfahrenem und Erfundenem.»

Salvador Minuchin

Der Autor

Salvador Minuchin ist einer der Gründerväter der modernen Familientherapie. Seit Jahrzehnten gehören die wissenschaftlichen Arbeiten des New Yorker Professors zum Kanon der meistzitierten Klassiker auf diesem rasch expandierenden Forschungsgebiet. Sein Buch *Familienszenen* ist ein ‹junges Buch›: frisch, locker, abwechslungsreich, voller Wärme und Witz – ein Lektüre-Erlebnis.

Salvador Minuchin

Familienszenen

Problemmuster und Therapien

Deutsch von Hainer Kober

Rowohlt

rororo zu zweit

Veröffentlicht im Rowohlt Taschenbuch Verlag GmbH,
Reinbek bei Hamburg, Januar 1994

Die Originalausgabe erschien 1984 unter dem Titel
Family Kaleidoscope. Images of Violence and Healing
im Verlag Harvard University Press, Cambridge, Mass.,
und London, England.
Die deutsche Erstausgabe erschien 1988 unter dem Titel
Familienkaleidoskop. Bilder von Gewalt und Heilung
im Rowohlt Verlag GmbH, Reinbek bei Hamburg
Umschlaggestaltung Barbara Hanke und Nina Rothfos
(Illustration Britta Lembke)
Gesamtherstellung Clausen & Bosse, Leck
Printed in Germany
1490-ISBN 3 499 19594 1

Inhalt

Für meine Mutter und
meine Tanten Sofia und Esther,
die mich auch bemuttert haben

Einleitung

Auf dem Bildschirm erscheint das Gesicht eines zwei Wochen alten Babys. Man hält dem Kind eine mit bunten Kreisen bemalte Pappe vor. Als sie langsam auf das Kind zubewegt wird, streckt es die Arme nach vorn und legt den Kopf in den Nacken. Der Kommentator, ein salopp gekleideter Psychologiedozent, erklärt den Zuschauern, das Verhaltensrepertoire des menschlichen Säuglings sei lange Zeit unterschätzt worden. Er macht ein lautes Geräusch, um zu zeigen, daß sich jetzt die Schreckreaktion des kleinen Mädchens deutlich davon unterscheidet, wie sich die Kleine vor den näherkommenden Kreisen zu schützen versuchte.

Der Kommentator fährt fort mit der Erläuterung, in den letzten zehn Jahren hätte die Erforschung der Fähigkeiten des Säuglings enorme Fortschritte gemacht. Viele Psychologen haben Säuglingen einfache Reize dargeboten und ihre komplexen Reaktionsmuster aufgezeichnet. Langsam hat sich unser Verständnis dieses erstaunlichen Lebewesens – des frischgeborenen Menschen – erweitert und verfeinert, und heute wird in Filmen und verwandten Medien die trockene Sprache des Klinikers umgesetzt in einen rührenden Dialog zwischen dem Säugling auf dem Bildschirm, der seine Umgebung erforscht, und den entzückten Zuschauern.

Doch der Mensch wird nicht in die konstruierte Einfachheit eines psychologischen Labors hineingeboren. Das Baby wird in eine Familie hineingeboren, und alle Psychotherapeuten sind sich einig, wie bedeutsam dieser Umstand ist. Aber damit scheint die Forscherneugier auch schon gestillt.

Wir wissen so viel über das Individuum – müßten wir nicht

mehr über die Familie wissen? Doch, schon. Andererseits sind wir natürlich alle Fachleute. Wir sind als Teile von Familienorganismen groß geworden, und viele von uns wiederholen und verbessern diese ersten Familienerfahrungen. Wir bekommen selbst Kinder. Und sofort sind wir in Schwierigkeiten. Unsere Elternaufgabe scheinen wir als ewig wiederholten Annäherungsversuch lösen zu wollen, indem wir von Fehler zu Fehler stolpern. Wir tasten uns vorwärts, sind voller Hoffnung, flickschustern herum, schließen Kompromisse und verzweifeln – das alles in unterschiedlichem Maße, je nach unserer Eigenart. Niemand sonst scheint solche Schwierigkeiten zu haben: Andere Eltern wissen, wie man's richtig macht. *Ihr* Leben verläuft in geordneten Bahnen; *sie* gehen intelligent mit den Problemen ihrer Kinder um. Was machen wir denn eigentlich falsch?

Ich bin seit mehr als dreißig Jahren Familientherapeut und könnte niemals nachrechnen, mit wie vielen Familien mich meine Tätigkeit zusammengeführt hat. Nicht ein einziges Mal bin ich Eltern begegnet, die nicht davon überzeugt waren, daß andere Eltern es besser machen. Jeder weiß, daß in anderen Familien mit Problemen richtig und logisch umgegangen wird. Meine eigenen Eltern wußten das, und meine Kinder wissen das auch. Die gut funktionierende, «typische amerikanische Familie» beherrscht nach wie vor die Szene in Filmen, Zeitschriften und Fernsehprogrammen. Eigentlich weiß jeder, daß die heile Familie ein Mythos ist. Trotzdem ist diese Vorstellung gefährlich, da unsere eigene Erfahrung immer hinter ihr zurückbleibt und deshalb auch unsere besten Leistungen am Ende als Mißerfolge dastehen.

Warum ist unsere Vorstellung von der idealen Familie unserer Alltagswirklichkeit so fern? Wir leben in einer Kultur, die das Individuum am höchsten achtet. Wir haben eine unübersehbar reiche individualpsychologische Literatur, doch unser forschender Blick hat sich auf die Vorgänge im Inneren des Ichs konzentriert. Das ist eine ungewöhnliche Leistung der Abstraktionsfähigkeit, denn «dekontextualisierte», aus dem Zusammenhang gelöste Individuen gibt es nicht. Leben ist Wachstum, Vereinigung, Kooperation und Konkurrenz mit anderen. Zweifellos haben die meisten von uns ihre wichtigsten Erfahrungen in einer Spielart jener komplexen sozialen Einheit gemacht, die wir Familie nennen. Warum ist dieser soziale Organismus unsichtbar für unsere Fachleute? Warum wird er in unserer Gesetzgebung nicht berücksichtigt? Warum hat er keinen Rechtsbeistand vor Gericht?

Die Antworten auf diese Fragen sind in der Geschichte, in der Politik und in der Wirtschaft zu suchen. Die Suche lohnt sich, denn wenn wir erforschen, warum die Familie unsichtbar bleibt, beginnen wir zu verstehen, warum Psychologie und Verhaltensforschung mehr zu sagen wissen über Territorialität und Aggression als über Geben und Nehmen und Kooperation, obwohl es für beide Richtungen unzählige Beispiele gibt. Wer nach den Gründen für die Vorrangigkeit des Individuums sucht, der entdeckt, warum die Wirtschaft es meist auf die maximale Nutzung von Ressourcen abgesehen hat und nicht auf ihre Wechselbeziehung. Und warum sich sogar unsere Familiengerichte mehr mit Interessengegensätzen als mit Interessenausgleich beschäftigen.

Dabei sind wir durchaus fähig, die Wirklichkeit des Menschen besser wahrzunehmen: Wenn man uns im Gestaltwahrnehmungstest einen Mund und Augen zeigt, können wir ein Gesicht erkennen. Die gleiche Fähigkeit könnte uns ermöglichen, ein Individuum zu sehen und eine Familie zu erkennen. Doch die Paradigmen unserer Kultur führen uns mit einer optischen Täuschung an der Nase herum: Das Ganze wird durch Überbetonung des Details verzerrt.

Dieses Buch ist ein Versuch, eine andere Sichtweise einzuführen, die nicht unbedingt besser, aber eben anders ist. Die meisten von uns ähneln der Titelfigur in Molières *Der Bürger als Edelmann*, der sein ganzes Leben lang Prosa gesprochen hat, ohne es zu wissen. Wir sind wie die Glasstückchen in einem Kaleidoskop: stets Teile von Mustern, die größer sind als wir selbst und in gewisser Weise mehr als die Summe ihrer Teile. Unsere auf das Individuum eingeengte Epistemologie macht uns im allgemeinen blind für dieses kaleidoskopartige Ich, und das ist schade, weil sich uns, wenn wir die Menschen in dieser Perspektive betrachten, völlig neue Möglichkeiten zur Erforschung ihres Verhaltens und zur Linderung ihrer Leiden eröffnen.

In der einen oder anderen Weise war ich eigentlich mein ganzes Berufsleben hindurch bemüht, die Quintessenz dieses Buches auszuarbeiten. Dennoch scheint mir der Hinweis wichtig, daß sie in dieser konkreten Form auf eine bestimmte Phase meines Lebens zurückgeht. Vor zwei Jahren begannen meine Frau und ich ein neues Kapitel: Wir traten in den frühzeitigen Ruhestand. Obwohl wir beide noch Freude darin fanden, andere Menschen zu unterrichten, hatten wir das frustrierende Gefühl, selbst immer weniger zu lernen. Nach langen Gesprächen beschlossen wir, ein Jahr freizunehmen und in London zu leben. Auch dort blieben wir unserem lebenslangen Interesse an der Normalfamilie treu und setzten die Untersuchung der Prozesse fort, die zu Scheidung und Wiederverheiratung führen. Pat fing an, Oboe zu lernen, ich versuchte mich als Stückeschreiber: ich verfaßte Theaterstücke. Wir experimentierten mit unserem neuen Zustand, keine Fachleute zu sein, und ließen uns nur zu gerne auf neue Wege zu geistigen Abenteuern locken.

Eine Zeitlang war es ein merkwürdiges Gefühl, nicht den Zwängen und Anforderungen von Universität und Klinik gehorchen zu müssen. Ohne das Korsett meines täglichen Terminplans fühlte ich mich eine Zeitlang unsicher, schwankend, aber auch wendiger, biegsamer. Solche Unsicherheit hatte ich nicht gekannt, solange ich mich als Lehrer und Praktiker der Familientherapie kompetent fühlen konnte. Plötzlich merkte ich, daß ich vieles mit anderen Augen sah. Da ich mich nicht mehr darauf zu konzentrieren brauchte, wie ich der Familie Smith helfen könnte, sich zu ändern, war ich in der Lage, mich zu fragen, wie die Familien Smith funktionieren und wie sie sich in ihren sozialen Kontext fügen. Nicht mehr gezwungen, auf die unmittelbaren Anforderungen der Praxis oder der Verwaltung zu reagieren, begann ich, gründlichere und allgemeinere Fragen zu stellen. Es ging mir nicht mehr darum, wie die Therapie einer Familie, sondern darum, wie *die Familie* funktioniert. Nicht mehr darum, wie der beste Lehrplan aussieht, sondern wie Familientherapeuten eine paradigmatische Veränderung in der Organisation jener Institutionen herbeiführen können, die mit Menschen zu tun haben. Nachdem ich lange Zeit den verschiedensten Gremien der Familientherapie angehört hatte, begann ich mich dort allmählich als Nestor zu fühlen. Aus der neuen Freiheit erwuchsen neue Verantwortlichkeiten – das Bedürfnis, mich um das Gesamtwohl zu kümmern.

Ohne es mir recht bewußt zu machen, begann ich mich erneut mit den Problemen zu beschäftigen, die mich vor dreißig Jahren zur Familientherapie gebracht hatten – die Funktionsweise von Familien mit straffälligen Kindern. In einem anderen Land (und auch in einer anderen Zeit) ging ich wieder ins Familiengericht, um mich abermals den Slumfamilien zuzuwenden. Nachdem ich so viele Jahre lang hingenommen hatte, wie Institutionen Familien abstempeln und ihren Bedingungen unterwerfen, wollte ich nun wissen, was die Institutionen Familien antun.

Deshalb ist dieses Buch in gewisser Weise ein Zwischenbericht, das Produkt einer Pause im Leben eines Intervenierers, eines Eingreifers. Dieses Buch ist vielleicht am ehesten so etwas wie ein Reisebericht: Ich bin durch Familienlandschaften gereist und möchte nun davon einige Bilder zeigen. Es kann sein, daß ich eigentlich nur immer ein und dasselbe Kernland umrundet habe, das mir von verschiedenen Seiten unterschiedliche Ansichten bot. Wahrscheinlich möchte ich nur zeigen, daß die Natur des Menschen in Wirklichkeit größer ist als der einzelne Mensch, daß sie mehr umfaßt als das einzelne Individuum, welches eben kein in sich geschlossenes System darstellt. Wenn ich also in diesem Buch über Scheidung, Wiederverheiratung und Familientherapie, über Rechtsprechung, Gesundheitswesen und innerfamiliäre Gewalt schreibe, dann erzähle ich eigentlich immer die gleiche Geschichte.

Weil es eine Art Reisejournal ist, habe ich das Buch ruhig ganz persönlich und auch ein bißchen unordentlich abgefaßt. Die einzelnen Teile bringen in bunter Folge Fallbeispiele, Dialoge, Diskussionen, kleine Fabeln und Dramen. Gegen die strengen Regeln einer gelehrten Abhandlung habe ich Faktisches und Fiktives miteinander gemischt und absichtlich nicht fein säuberlich getrennt. Denn beides beansprucht, Realität abzubilden – genau wie im alltäglichen Leben, das zusammengesetzt ist aus Erfahrenem und Erfundenem.

Erster Teil:

Muster im Übergang

Kaleidoskop Fragmente

Blickt man in eine Familie hinein, so kann man plötzlich vor ganzen Szenarien stehen. Sie mögen wunderlich sein, empörend, absurd oder tragisch, aber sie sind alle beunruhigend, weil sie das quälende Gefühl vermitteln, in sich abgeschlossen zu sein. Es ist, als blicke man in ein Schaufenster und sähe plötzlich das Universum.

Tatsache ist jedoch, daß der Familientherapeut immer vor wechselnden Bildern steht. Oft konzentriert er sich auf ein klar umrissenes Teilstück – etwa wie die Familie den Indexpatienten präsentiert. Aber es gibt Hunderte anderer Teile mit eindeutigen oder unklaren Formen, die zusammengefügt werden müssen, um das Muster zu erkennen und vielleicht die Anordnung der Teile zu verändern.

Es folgen zwei Puzzlespiele, die schon zusammengelegt sind, um Ihnen das Verfahren vor Augen zu führen.

Maria Magdalena

Ich begegnete den Flauberts in Europa. Sie hatten um eine Therapie gebeten und erklärten sich zu einer ersten Sitzung mit mir und dem Psychiater bereit, der die Behandlung fortführen sollte.

Als ich sie das erste Mal in der Praxis des Familientherapeuten sah, hatte ich den Eindruck, der Vater, ein hoher Beamter in einer ausländischen Botschaft, sei einem Buch von John le Carré entstiegen: dunkle Brille, eine Baskenmütze, die er aufbehielt, graue Flanellhosen und blauer Blazer, ein blaues Hemd mit hohem Kragen und ein Taschenbuch über den Strukturalismus in der Hand. Die Mutter, gleichfalls in den Vierzigern, war ein Musterbeispiel gepflegter Weiblichkeit mit englischer Strickware und einem Hauch von Chanel No. 5. Ihre Tochter Cecily dokumentierte offenkundig, daß sie in eine andere Familie gehörte, in eine Welt ohne Zwänge, deren Uniformen bunt, schlabberig und ausgefranst sind.

Ein raffiniertes Make-up verbarg die Unschuld ihrer vierzehn Jahre – obwohl sie für das Wort «Unschuld» sicher nur Verachtung übrig hatte. In den letzten sechs Monaten war sie fast jede Nacht mit einem anderen Mann ins Bett gegangen. Immer hatte sie es so eingerichtet, daß die Eltern verräterische Hinweise finden mußten. Sie hatten Verdacht geschöpft und es zunächst nicht wahrhaben wollen. Als sich die Lüge nicht mehr aufrechterhalten ließ, hatten sie sie zur Rede gestellt. Die Antwort des Mädchens hatte aus der klassischen Herausforderungsformel der Jugend bestanden: «Na und?» Die Grenzen waren abgesteckt: auf der einen Seite die Eltern, voll ohnmächtiger Wut und versteckter Schuldgefühle, auf der anderen das Mädchen, mit der ganzen Macht der Hilflosigkeit. Es war auf Drängen der Mutter gekommen, entschlossen, nichts zu sagen: Ihre Eltern mochten sie zum Psychiater schleppen, zur Mitarbeit zwingen konnte sie niemand.

Zu Beginn der Sitzung gab es wie gewöhnlich viele überflüssige Bewegungen, als müßten die Körper die richtige Stellung auf den Stühlen finden oder den geschütztesten Winkel. Es folgte ein Hin und Her von Blicken – vom Vater zur Mutter, von der Mutter zur Tochter und zum Therapeuten, von dem Mädchen auf die eigenen Hände. Alle drei verhielten sich betont unauffällig – niemand wollte in die Rolle des Familieninformanten schlüpfen.

Ich begann mit einigen belanglosen Bemerkungen über das Wetter, den Verkehr, die Fernsehkamera in der Ecke. Das ist die gesellschaftliche Eröffnung: weißer Königsbauer d2–d4. Der Vater antwortete entsprechend, schwarzer Königsbauer d7–d5. Beiläufig fragte ich: «Wer möchte mir denn sagen, was

Sie hierhergeführt hat?» Ein rascher Austausch stummer Botschaften zwischen den Eltern endete damit, daß die Mutter für die Familie das Wort ergriff. Ich hatte diesen Zug erwartet. Meist ist es die Mutter. Die Frage, wer den Anfang macht, ist Teil eines heimlichen Ratespiels, das mich immer wieder fesselt: Bittet der Mann die Frau zu sprechen, oder ergreift er selbst das Wort?

MUTTER: Ja also, wir sind hier, weil sich Cecily merkwürdig verhält. Nein, nicht merkwürdig, aber sicherlich ganz anders als sonst. Sie ist immer eine sehr gute Schülerin gewesen. Sie ist sehr intelligent und war bisher sehr fleißig, doch in diesem Halbjahr ist sie in fast allen Fächern schlecht.
CECILY: Bin ich nicht!
MUTTER: Du hast mir gesagt, daß du in Mathe und Geschichte schlecht bist. Stimmt das etwa nicht?
CECILY: Schon gut!
MUTTER: Wenn ich etwas Falsches sage, korrigier mich!

Allgemeines Schweigen – zurück auf Feld eins. Der Vater rückte seine dunkle Brille zurecht. Ich spürte den merkwürdigen Impuls, sie ihm abzunehmen, um zu sehen, ob ein Mensch dahinter war. Ich nahm das Gefühl zur Kenntnis, unterdrückte den Impuls und sah die Mutter erwartungsvoll an.

MUTTER: Du weißt, wir lieben dich, Cecily, und sind hier, um dir zu helfen. Wenn du nicht redest, können wir das nicht.
CECILY: Ich hab doch gesagt, ist schon gut!
MINUCHIN: Würde es dir etwas ausmachen, Cecily, wenn deine Mutter oder dein Vater erzählt, warum ihr alle hier seid? Du kannst sie verbessern, wenn sie etwas falsch darstellen.
CECILY: Ist mir egal.
M: Wer soll erzählen, dein Vater oder deine Mutter?
CECILY: Ist mir gleich.

Ich bewegte mich vorsichtig vorwärts, bemüht, die Tür offenzuhalten. Die Mutter hatte am Telefon gesagt, sie seien besorgt über Cecilys wahlloses Sexualverhalten und hätten den Verdacht, sie habe «ihren Körper verkauft». Wenn die Mutter jetzt über die Schule sprach, so war das einer der verschlungenen Wege, auf denen sich erschreckte Eltern an ihre Probleme herantasten.

M: Mr. Flaubert, würden Sie mir sagen, wie Sie das Problem sehen?

VATER *(legt das Buch auf einen Tisch, nimmt mit einer Bewegung Brille und Mütze ab und legt sie fort – doch ein Mensch, und ein besorgter dazu)*: Sagen wir es doch offen, Lydia. Wir wissen doch alle, warum wir hier sind. Cecily hat seit Wochen nicht in ihrem Bett geschlafen. Sie verläßt das Haus, bevor ich aus der Botschaft zurück bin, und kommt um drei oder vier Uhr morgens zurück. Tagsüber schläft sie und hat den letzten Monat über die Schule geschwänzt. *(Während er spricht, sieht er weder Cecily noch mich an. Sein Adressat ist seine Frau. Dabei stößt er die Wörter mit unterdrückter Wut hervor. Er rutscht auf dem Stuhl umher, zieht die Hosenbeine hoch, bevor er die Beine übereinander schlägt, dann sieht er mich direkt an.)* All das habe ich vor drei Tagen erfahren – von der Schulleiterin. Sie hat mich in der Botschaft angerufen.

MUTTER: Ich mochte es dir nicht sagen, weil ich Angst hatte, du würdest ihr etwas tun.

VATER: Was sollte ich ihr tun? Sie erschießen?

MUTTER: Ich hatte eben Angst.

M: Entschuldigen Sie. Seit wann geht das so?

MUTTER: Schon seit geraumer Zeit, aber im letzten Monat ist es schlimmer geworden.

M: Und all das haben Sie erst vor drei Tagen erfahren, Mr. Flaubert? Das kann ich kaum glauben.

VATER: Lydia hat sie gedeckt. Ich gehe morgens um sechs aus

dem Haus und komme erst spät wieder. Cecily war die letzten Monate böse auf mich und ist mir aus dem Wege gegangen. Ich dachte, sie braucht diese Distanz für ihre Entwicklung, und habe sie akzeptiert. *(Völlig unmotiviert setzt er seine dunkle Brille wieder auf. Ich frage mich, ob er damit sein Verschwinden zum Ausdruck bringen will.)*

M: Ist dein Vater ein gewalttätiger Mensch, Cecily? Oder beschützt dich deine Mutter, weil sie dich noch nicht für erwachsen genug hält?

Cecily: Sie glaubt, ich bin zehn! Und sie spricht über mich, als wenn ich sechs wäre. Wir reden aneinander vorbei. Und mein Vater redet überhaupt nicht. Er versteckt sich hinter seinen hochbedeutsamen Büchern und seiner dunklen Brille.

Kaum ein Jugendlicher kann der Versuchung widerstehen, sich über die Fehler der Eltern auszulassen. Cecilys Antwort zeigt, daß wir es mit einem intelligenten und verbitterten Mädchen zu tun haben, das geschickt zu formulieren versteht. Ich vermute, daß sie in irgendeine Auseinandersetzung zwischen den Eltern verstrickt und zur Selbstzerstörung entschlossen ist.

In bestimmten Phasen einer Sitzung lasse ich die Familienmitglieder sprechen, fördere ihre Interaktion und überlasse mich meinen Eindrücken. Auf diese Weise gewinne ich eine gewisse Vorstellung vom gesamten Familienorganismus. Bei den Flauberts spüre ich die Angst des Vaters vor Entdeckung, die würdevolle Distanziertheit der Mutter und Cecilys Verzweiflung, das Ganze eingebunden in einen Tanz mit flüchtigen Kontakten. Im Computer meines Gehirns mit seinen Milliarden von Verknüpfungen kommen und gehen die Bilder – werden überprüft, verbunden, ersetzt und wieder hervorgeholt. Ohne zu denken, denke ich an mögliche Liebhaber der Mutter, den Machismus oder die Homosexualität des Vaters, Cecilys Gefühl des Verrats: Bruchstücke eidetischer Information, die den unbehaglichen Hintergrund bilden, vor dem ich mit der Exploration fortfahre.

M: Ich finde es ziemlich erstaunlich, Mr. Flaubert, daß in Ihrem Hause so wichtige Dinge ohne Ihr Wissen geschehen können. Übrigens sehe ich, daß Sie Foucault lesen. Ein bemerkenswerter Autor. Nach meiner Auffassung nimmt er die Wahrheit und stellt sie auf den Kopf. Also… wie kommt es, Mr. Flaubert, daß Sie nichts davon gewußt haben?

VATER: Meine Frau hat uns vor drei Tagen verlassen.

Ich mache keine Bewegung und lasse meinen Blick so leer erscheinen wie irgend möglich. In dieser Situation heißt es warten.

MUTTER: Stimmt. Aber ich habe lange genug gewartet – ein Fußabtreter für deine intellektuellen Füße! Ich war ein Nichts. Ich dachte, ich müßte mich für Cecily aufopfern. Mein ganzes Leben lang habe ich gewartet. Ich bin fünfundvierzig. Ich muß endlich ich selbst sein. Und zwar jetzt!

All die Kräfte, die sich in zwanzig Ehejahren aufgestaut haben, prallen hier mit wachsender Geschwindigkeit aufeinander. Die Geschichte, die sie zu erzählen haben, ist gar nicht so ungewöhnlich. Sie haben nie zueinander gepaßt: Maurice ist das einzige Kind zweier Akademiker, schüchtern, intellektuell und vor allem an seiner Karriere interessiert. Lydia ist bürgerlicher Herkunft, hat über ihren Stand geheiratet und ihr Leben von Anfang an so organisiert, daß es der Karriere ihres Mannes dienlich war. Sie wollte viele Kinder haben, bekam dann aber nur eines. Cecily wurde zunächst Vorhaben und Aufgabe der Mutter, dann ihre Freundin und schließlich ihre Vertraute. Alles lief normal, bis Lydia vor einigen Jahren, als ihr Kind heranwuchs, den Entschluß faßte, einen Universitätsabschluß nachzuholen. Maurice unterstützte sie in dieser Absicht, und Cecily fand es lustig, eine Mutter an der Universität zu haben.

VATER: Ich möchte wirklich, daß du zurückkommst. Natürlich ist es deine Entscheidung – aber wir brauchen dich.

MUTTER: Ich glaube nicht, daß du mich brauchst, Maurice. Ich glaube, du hast noch nicht einmal bemerkt, daß ich fortgegangen bin... Na, das ist vielleicht unfair. Aber ich bin davon überzeugt, daß du zurechtkommst.

CECILY: Und was ist mit mir? Von mir wird wohl auch erwartet, daß ich zurechtkomme?

MUTTER: Ich möchte, daß du bei mir lebst. Das habe ich dir gesagt.

VATER: Nein! Das möchte *ich* nicht. Cecily hat bereits ein Zuhause. Es ist auch das deine, aber du hast ja offensichtlich beschlossen, es zu verlassen. Wir werden zurechtkommen. *(Er sieht Cecily an.)* Ich muß dich besser kennenlernen.

Triangulation oder Dreiecksbildung ist ein gemeines Spiel, aber Familienangehörige spielen es häufig. Kinder müssen ihren eigenen Weg finden, und Cecily ist mit ihren vierzehn Jahren sehr gut in der Lage zu entscheiden. Doch die Situation hat einen Haken.

M: Du bist in einer sehr schwierigen Situation, Cecily, aber ich halte deine Lösung für selbstzerstörerisch. Herumzuhuren, weil deine Eltern sich trennen, ist nicht sehr klug.

CECILY: Ich bin keine Hure! Ich mag bloß nicht zu Hause sein. Ich habe viele Freunde, und wir gehen zusammen aus...

VATER: Und du bleibst bis vier Uhr morgens weg.

MUTTER: Du könntest bei mir bleiben.

CECILY: Und Bella?

M: Wer ist Bella?

VATER: Ihre Liebhaberin. Lydia hat mich nicht nur verlassen... sie ist auch zu der Überzeugung gelangt, daß sie lesbisch ist.

Wir waren jetzt fast eine Stunde zusammen, und es ergab sich ein Szenario, das ich nicht vorausgesehen hatte. Ich hatte damit gerechnet, daß der Vater vielleicht impotent war, homosexuell, daß die Mutter einen Liebhaber hatte – aber auf eine Geliebte wäre ich nie gekommen. Mir wurde klar, wie sehr ich der Oberfläche verhaftet bin. Lydia war eine sehr attraktive Frau, von der ausgesprochen weibliche Signale ausgingen. Aus der eigenen Verwirrung konnte ich Cecilys wilden Zerstörungsdrang begreifen.

M: Kennst du Bella, Cecily?
CECILY: Sie war Mutters beste Freundin und auch meine Freundin. Sie ist geschieden und seit Jahren Lesbierin.
M: Du fühlst dich richtig verraten, nicht wahr?
CECILY: Ja. Meine Mutter hätte das nicht tun dürfen.
M: Was meinst du mit «das»? *(Ich mache deutlich, daß sie mit ihrer Mutter darüber sprechen soll.)*
CECILY: Du hättest uns nicht verlassen dürfen.
MUTTER *(freundlich)*: Ich glaube, das verstehst du nicht.
CECILY: Ich weiß nur, daß es widerlich ist.
MUTTER: Weißt du, ich war sehr unglücklich. Papa und ich haben uns nicht verstanden. Mit Bella ist das anders. Es mag dir merkwürdig vorkommen, aber wir lieben uns wirklich.
CECILY: Du redest doch nur vom Bumsen!
VATER: Cecily! Sprich nicht so mit deiner Mutter!

Sie waren verstrickt in ihre Konventionen – aber auch in Abweichung, Verwirrung und Leid.

MUTTER: Weißt du denn, wie das Bumsen wirklich ist, Cecily?
CECILY: Klar. Es ist nichts Besonderes. Oft ist es nichts als Rumturnen.

Arme Cecily! Mit vierzehn...

Die Sitzung, die sich nach der Uhr richtete, nicht nach der Familiendynamik oder der Intensität des Leidens, war vorüber. Mein Kollege traf Vorbereitungen für die nächste Sitzung. Ich gab beim Fortgehen etwas «Tiefschürfendes» von mir, indem ich Cecily fragte, ob sie wisse, daß sie sich durch ihre Promiskuität davon habe überzeugen wollen, daß sie eine Frau sei. Als Kind-Erwachsene, die sie war, antwortete sie schlicht mit Ja. Ich fragte, warum sie das täte. «Zur Strafe», antwortete sie und lachte. Ich fragte nicht, wem die Strafe galt.

Der Heiler

Ein andermal machte ich Supervision bei einem jungen Psychologen. Ich saß hinter einem Einwegspiegel und hatte mit dem Therapeuten vereinbart, daß ich mit ihm telefonieren würde, wenn ich Vorschläge zur Gesprächsführung hatte.

Als erste betrat die Mutter das Sprechzimmer, dann der Vater und schließlich die Kinder Jane und Eddie. Durch den Einwegspiegel beobachtete ich den elfjährigen Eddie. Sein ganzes Betragen erregte Aufmerksamkeit: sein schlurfender Gang, die Art, wie er hängenden Kopfes den Teppichboden des Sitzungszimmers betrachtete. In der Tür schaffte er es, auf seine losen Schnürsenkel zu treten, so daß er ins Zimmer hineinstolperte. Nachdem er das Gleichgewicht wiedergewonnen hatte, ließ er die Arme wieder schlaff herabhängen. Der Eindruck, den er vermittelte, war eine Mischung aus Niedergeschlagenheit und Unfähigkeit, die entweder Mitleid hervorrief oder zum Lachen reizte, je nach dem Grad der Beteiligung.

Jane war zwei Jahre älter und größer, hatte große blaue Augen, die den Raum mit freimütigem Interesse musterten, und wirkte vernünftig und tüchtig – der typische intelligente Teenager. Offensichtlich litt sie unter Mangel an Selbstbewußtsein.

Eddie eröffnete die Sitzung mit einem klagenden Ton. Ich bemühte mich, ihn zu verstehen, mußte aber den Lautsprecher lauter drehen. Seine Klage hatte mit unerledigten häuslichen Pflichten zu tun, wofür er vom Vater eine Geldbuße von zwei Dollar bekommen hatte. Der Vater, ein ziemlich dünner, drahtiger Mann, erklärte Eddie, er habe viele seiner Pflichten sehr gut erledigt, aber wenn er irgendeine vernachlässige, dann müsse er ihm eben das Taschengeld kürzen. Er betonte, daß er Eddie liebhabe, und wiederholte, daß dieser seinen anderen Pflichten vorbildlich nachgekommen sei. In seine Stimme kam ein merkwürdiges Zittern, als er den komplizierten Versuch unternahm, seine Entscheidung aufrechtzuerhalten, ohne Eddies Selbstachtung zu verletzen.

Vom Therapeuten wußte ich, daß es die dritte Sitzung mit der Familie war. Zur Therapie hatten sie sich wegen Eddies Depressionen, seinen Weinkrämpfen und seiner Isolierung in der Schule entschlossen. Vater und Mutter schienen sich in ständiger Alarmbereitschaft zu befinden, fortwährend auf dem Sprung, den Boden mit Kissen auszupolstern, bevor die Kinder hinfielen. Jane tat es nie, aber Eddie sorgte dafür, daß seine Eltern ausgelastet waren.

Der junge Psychologe hatte es für erforderlich gehalten, eine gewisse Distanz zwischen Eltern und Kindern zu schaffen, und den Eltern die Möglichkeit zur Beobachtung zu geben, bevor sie zu fürsorglichen Maßnahmen schritten. Als ausgebildeter Verhaltenstherapeut hatte er den Eltern das Gordonsche Elterntraining ans Herz gelegt und ihnen gezeigt, wie man Tabellen anlegt und ein System von Belohnungen und Bestrafungen entwickelt.

Das Ergebnis war wunderbar: Die Familie erschien völlig verwandelt zu dieser Sitzung. Die Eltern hatten eine neue Einstellung gewonnen und waren begeistert von all den Plus- und Minuszeichen. Sie waren deutlicher in ihren Forderungen, und, wenn auch etwas tyrannisch, zumindest vorhersagbar. Jane sonnte sich im Glanze all ihrer gewonnenen Pluspunkte, und Eddies Quengelei hatte jetzt wenigstens einen konkreteren Anlaß: Er hatte es versucht, war gescheitert und hatte dafür seine Minuspunkte eingesteckt. Aber jetzt erklärte er mit leiser Stimme und Tränen in den Augen, die ganze Sache sei unfair, man hätte eine Probezeit vereinbaren müssen, bevor man mit der richtigen Bewertung anfing.

THERAPEUT: Das ist sehr gut, Eddie! Kannst du deine Eltern nicht davon überzeugen?
EDDIE *(zu Boden blickend mit hörbarem Schluchzen)*: Nein.
THERAPEUT: Sind sie sehr streng, Eddie? Wer ist nachgiebiger?
EDDIE: Papa.
VATER: Warum glaubst du das, Eddie? Du weißt doch, daß ich gerecht bin und dich liebe. Du hast gestern abend sehr schön abgewaschen und heute morgen auch dein Bett gemacht. Ich habe dir jedesmal zwei Punkte gegeben. Du hast Punkte abgezogen bekommen, weil du den Mülleimer nicht rausgebracht hast, aber...

Eddie verstärkte die Aufmerksamkeit seines Vaters durch noch mehr stumme Tränen. Der Körper der Mutter neigte sich dem Sohn zu; sie begann mit ihm zu sprechen. Der Therapeut gab ihr durch eine Geste zu verstehen, daß es sich um ein Gespräch zwischen Eddie und seinem Vater handelte, woraufhin sie mitten im Satz abbrach. Erstaunt über die Wirksamkeit von Eddies Schweigen, rief ich den Therapeuten an und schlug ihm vor, er solle versuchen, Eddie und Jane zu einer Geschwisterkoalition gegen die Eltern zu veranlassen. Er sagte okay, saß einen Augenblick schweigend da, dachte nach und sagte dann, als habe er eine plötzliche Eingebung:

THERAPEUT: Vielleicht kannst du Jane überzeugen, Eddie. Ich glaube, du hast sehr gute Argumente. Wenn du sie überzeugen kannst, vielleicht könnt ihr dann eure Eltern mit vereinten Kräften umstimmen.
EDDIE *(mit etwas lauterer Stimme)*: Meinst du, sie sollten uns noch einmal von vorne anfangen lassen?

JANE: Ich komm gut zurecht, aber wenn du möchtest... Ich glaube, das wäre fair. Sie sollten uns vor einer neuen Aufgabe erst ein paarmal üben lassen.
EDDIE: Aber sie halten das nicht für nötig.
JANE: Wenn wir mit Papa sprechen, wird er schon einverstanden sein.
THERAPEUT: Wer ist schwerer zu überzeugen, Eddie?
EDDIE *(wieder weinerlich)*: Papa.
THERAPEUT: Was meinst du, Jane?
JANE: Mama.
THERAPEUT *(zu den Kindern)*: Steht mal auf *(er steht selbst vor ihnen)*. In welche Klasse gehst du, Eddie?
EDDIE: Siebte.
THERAPEUT: Und du, Jane?
JANE: Erstes Semester.
THERAPEUT: Ich bin wirklich überrascht, Eddie. Du bist fast so groß wie deine Schwester und sehr intelligent. Aber in deinem Inneren, da bewahrst du eine kleine, weinerliche Stimme auf, die sechs Jahre alt ist. Wie hast du das geschafft? Wer aus der Familie hat dir dabei geholfen?

Ein Volltreffer! Mir gefällt, wie der Therapeut da vorgeht. Er gibt seinen behavioristischen Ansatz auf, geht jetzt auf die Bewegungen der Familie ein, nimmt sie vorweg und schickt sich an, die Familie zu führen.

JANE: Ich glaube, Mama war es.
THERAPEUT: Wieso? Kannst du mir das erklären, Jane?
JANE: Ich glaube, sie macht sich große Sorgen um ihn.
THERAPEUT *(zu den Eltern)*: Sie haben eine angehende Psychologin in der Familie. Meinen Glückwunsch! *(Jane und die Mutter lachen.)*

Das ist eine bemerkenswerte Wendung. Der Therapeut antizipiert einen Angriff gegen die Mutter und gratuliert ihr zu der klugen Tochter. So stützt er sie, bevor der Angriff erfolgt.

THERAPEUT: Würden Sie meiner zukünftigen Kollegin zustimmen?

MUTTER: Ja, ich bin überfürsorglich.

THERAPEUT: Inwiefern?

VATER: Wir sind es alle. Wir sind eine Familie von Rettern und Erlösern.

Die Bemerkung des Vaters ist ein beschützendes Manöver. Ich genieße die ästhetische Präzision dieses Familientanzes.

Die Mutter schildert Eddies Kindheit. Seine Angst vor Fremden begann, als er vier Monate alt war, weit früher als nach Dr. Spocks Normen. Sogar seine eigenen Großeltern erschreckten ihn. Er klammerte sich an die Mutter, die ihn fest umarmt hielt, bis sie spürte, wie sich der kleine Körper entspannte. Sie empfand es als wunderbar, daß sie ihn gegen die schreckenerregende Welt zu schützen vermochte. Ich habe diese Mythenbildung sehr oft beobachtet: Eltern, die das künftige Verhalten eines Kindes prägen, weil sie ihre Träume, Ängste und Erwartungen in es hineinprojizieren. Warum und wie wurde diese Angst geschaffen? Welche symbolische Bedeutung hat sie? Welche familiären Lebensmuster sind in der Projektion der Mutter enthalten?

THERAPEUT: Glaubst du, Eddie, du kannst deiner Mutter helfen, sich zu entspannen? So wie sie dir dazu verholfen hat, als du ein Baby warst?

EDDIE *(sieht die Mutter an)*: Was muß ich tun, um dich davon zu überzeugen, daß ich auch was leisten kann?

Eine interessante Wendung. Unter Beibehaltung des Themas der Hilfsbereitschaft, das in dieser Familie von Helfern und Rettern eine so wichtige Rolle zu spielen scheint, hat der Therapeut die Aufgabenverteilung verändert, und Eddie hat größere Kompetenz bekommen. Er hat jetzt mehr Ähnlichkeit mit einem normalen Elfjährigen.

VATER: Ich glaube, ich bin die Ursache für Eddies Ängste. Ich weiß nicht, ob es etwas mit Eddies Depression zu tun hat, oder wie immer Sie seinen Zustand nennen mögen, aber als Eddie geboren wurde – fast zur selben Zeit – wurde bei mir Darmkrebs festgestellt und die erste Operation vorgenommen.

Plötzlich beschrieben Vater und Mutter ihr Leben in jenen Jahren: wiederholte Krankenhausaufenthalte, manchmal monatelang, vier Bauchoperationen, Chemotherapie, Zeiten der Besserung und der Zuversicht, Tage voller Verzweiflung. Die Mutter berichtete von ihren Versuchen, die Fassung zu bewahren, ihre Gefühle zu verbergen, nicht zu weinen – dann spricht sie von dem Nervenzusammenbruch, der *sie* für drei Monate ins Krankenhaus brachte. Während die Eltern beschrieben, wie sie zehn Jahre mit dem Tod gelebt hatten, wandte Eddie sich wieder der Betrachtung des Teppichs zu. Janes blaue Augen starrten blicklos in den Einwegspiegel.

Ich rief den Therapeuten an und bat ihn, hinter den Spiegel zu kommen. Eddies Symptome ließen sich von ihrer Funktion in einer Familie her verstehen, die mit dem Tode kämpfte (oder mit dem Leben?). Die Überfürsorglichkeit Eddie gegenüber hatte der Mutter das Gefühl der Kompetenz gegeben, als sie hilflos dem Gedanken ausgeliefert war, ihr Mann würde sterben. Später konnten sich beide Eltern von ihrer deprimierenden Wirklichkeit abwenden, indem sie sich auf Eddie konzentrierten.

Die Frage lautete natürlich: War der Preis, den Eddie zahlen mußte, notwendig für das Gleichgewicht der Familie? Wir glaubten das nicht. Ich schlug dem Therapeuten vor, alleine mit den Eltern zusammenzukommen, die Erlaubnis zu einem Gespräch mit dem Onkologen des Vaters einzuholen, sich so gründlich wie möglich über die Heilungschancen des Vaters zu informieren und den Arzt, wenn erforderlich, zu einer Sitzung einzuladen. Nach einer Reihe von Sitzungen sollte sich der Therapeut dann abwechselnd mit den Eltern und der ganzen Familie treffen, wobei ihnen klarzumachen war, daß sie in der Gegenwart leben mußten, statt die Zukunft zu betrauern. Vielleicht konnte Eddie der Familienheiler bleiben, ohne zugleich ihr Opferlamm zu sein.

LESER: Weißt du, ich finde diese kleinen Skizzen recht interessant, aber für mich ist nach wie vor der Bedeutungswandel entscheidend, der sich in Cecily und Eddie vollzieht.

AUTOR: Da siehst du, wie schwierig es ist, die individuelle Perspektive aufzugeben. Ich schreibe dieses Buch, um dir eine andere Sichtweise nahezubringen.

LESER: Dann mußt du dir mehr Mühe geben. Verglichen mit den faszinierenden Abgründen in Maria Magdalenas Psyche bleiben die Transaktionen zwischen ihr und ihren Eltern völlig flach. Sie manipulieren einander, na und? Das stärkt nur meine Parteinahme für das Individuum, das es so schwer hat, angesichts seiner Verstrickung im Familiennetz zu überleben.

AUTOR: Aber das Individuum bildet doch auch das Netz. Wie soll ich dir etwas klarmachen, was so selbstverständlich ist?

LESER: Selbstverständlich? Die Familie, die ich sehe...

AUTOR: Aber du siehst nur, was deinen Modellen entspricht. Und da deine kognitiven Wirklichkeitsmodelle aus einer egozentrischen Sichtweise resultieren – «Ich, der die Welt betrachtet» – siehst du die Familie nur als Hülle.

LESER: Und du willst mich davon überzeugen, daß deine Sichtweise besser ist?

AUTOR: Nicht unbedingt. Aber ich möchte versuchen, deine Sicherheit zu erschüttern.

LESER: Wie denn? Ich weiß, was ich sehe.

AUTOR: Indem ich dir zeige, was du unsichtbar gemacht hast.

LESER: Das sind so dunkle Worte, daß sie faszinierend klingen.

AUTOR: Ganz und gar nicht. Du bist – wie «Maria Magdalena» und der «Heiler» – ein Teilstück von bestimmter Form in einem Muster, das du nicht siehst.

LESER: Wenn ich so blind bin, wieso kannst *du* dann so allsehend sein?

AUTOR: Ich bezeichne dich nicht als blind, denn du siehst ja nur nicht, was sich gar nicht sehen läßt.

LESER: Ah, jetzt kommen wir zur Mystik.

AUTOR: Nein, wir kommen nur in ein schwieriges Gebiet. Du weißt doch, es ist dem Individuum nicht möglich zu begreifen, daß sein ganzes Sein nur Teil eines größeren Organismus ist.

LESER: Das klingt nach... Religion? Physik? Der Einheit des Kosmos?

AUTOR: Das sind alles nur Ausflüchte. Man kann sich leicht als Teil einer Sache verstehen, die so groß, so fern und edel ist. Weit schwieriger ist es, sich als Teil eines Familienmusters zu begreifen.

LESER: In Ordnung, erzähl weiter! Wie willst du das Unsichtbare zum Vorschein bringen?

AUTOR: Indem ich dir Familien im Übergang zeige.

LESER: Was geht da in was über?

AUTOR: Familien haben Lebensphasen, in denen sie ohne große Störung funktionieren. In diesen Phasen interagieren die Familienmitglieder nach vorhersagbaren Mustern – so vorhersagbar, daß die Familie als Organismus unsichtbar bleibt. Um der Familie ansichtig zu werden, mußt du sie betrachten, wenn sie in Bewegung ist – wenn sie sich von einer Form in die andere hinüberbewegt.

LESER: Ich glaube, ich kann dir folgen. In bestimmten Phasen lassen sich die Eigenbewegungen der einzelnen Familienmitglieder als Teile eines größeren Entwurfs erkennen. So etwa wie in einem Ballett? In einer Jam Session?

AUTOR: Oder wie in einer griechischen Tragödie, wie in Pirandellos «Sechs Personen suchen einen Autor» oder wie in der Ganzheitlichkeit ökologischer Nischen...

LESER: Keine kleine Aufgabe. Hast du einen Plan, wie wir vorgehen könnten?

AUTOR: Sehen wir uns drei Organismen an! Der erste bewegt sich von der Kernfamilie zur geschiedenen Familie. Der zweite ist eine geschiedene Familie, die sich auf eine Mischform zubewegt. Der dritte ist eine Kommune, welche die Auflösung ihrer Gruppe erlebt. In allen Fällen offenbart sich der Organismus in der Suche seiner Mitglieder nach neuen Grundmustern, die ihm auch während der Veränderungsprozesse eine ökonomische Funktionsweise ermöglichen.

Trio
Scheidungsmuster

Mit dem Anwachsen der Scheidungsrate in den Vereinigten Staaten geht eine entsprechende Zunahme der kooperativen Trennungen einher. Ehepartner, die an eine Scheidung denken, setzen sich mit den Folgen eines solches Schrittes für ihre elterlichen Aufgaben auseinander. Viele kommen zu dem Schluß, daß sie zwar nicht mehr als Ehepartner zusammenleben, ihre Zusammenarbeit als Eltern aber durchaus fortsetzen möchten. Mir ist ein Fall bekannt, in dem die geschiedenen Eheleute im gleichen Haus blieben (es war ziemlich groß), den Wohnraum untereinander aufteilten und ihren Kindern gegenüber auch weiterhin ihre Elternrolle wahrnahmen, und zwar in einer erweiterten Familie, zu der später auch die neuen Partner und deren Kinder gehörten. Dies ist zwar eine etwas umständliche Lösung, sie zeigt aber, welche Freiheit zu neuen Wegen sich jenseits des alten Modells unserer Kernfamilie eröffnet.

Die Zeit nach der Trennung ist stets eine besondere Belastung für die Familienmitglieder. Sie müssen miteinander neue Verhaltensmuster aushandeln, während ihre gewohnheitsmäßigen Reaktionen noch immer von den Grundmustern bestimmt werden, die in der alten Familie Geltung hatten. Familientherapeuten, die mit Familien in solchen Übergangsphasen zusammenkommen, laufen unter Umständen Gefahr, die Suche nach neuen Mustern und das daraus resultierende Leiden falsch zu diagnostizieren. Möglicherweise bezeichnen wir als deviant, was tatsächlich der kreative Versuch eines Familienorganismus ist, eine neue Form zu entwickeln – die Metamorphose, aus der der Schmetterling hervorgeht.

Wir müssen uns eingehend mit Trennung und Scheidung beschäftigen, um den Familienmitgliedern helfen zu können, neue Muster zu finden. Teil einer solchen Beschäftigung waren meine Gespräche mit den Jansons. Beim ersten Gespräch lebten die Eheleute seit über einem Jahr getrennt und hatten die Scheidung eingereicht. Die beiden Töchter Natalie, dreizehn, und Vicky, zehn, lebten bei der Mutter, besuchten den Vater aber an den meisten Wochenenden. Das zweite Gespräch fand achtzehn Monate später statt, zwei Jahre nach dem Fortgang des Vaters. Die Interviews gehörten zu einer Untersuchung über normale Familienfunktionen, und die Jansons erhielten ein kleines Honorar für ihre Teilnahme.

MINUCHIN: Sie wissen ja, warum wir uns hier zusammengesetzt haben. Ich möchte herausfinden, in welcher Weise sich ihre Familie verändert hat, seit Mr. Janson fortgegangen ist. Kann ich mit den Kindern beginnen? *(Mutter nickt.)* Du heißt Vicky, nicht wahr? Wie hat sich das Leben verändert, jetzt, da ihr nur noch drei Leute seid und nicht mehr vier?

VICKY: Na ja, ich glaube... es scheint, daß meine Schwester und ich öfter streiten als früher. Wir kriegen nicht mehr so viele Sachen, weil mein Vater nicht mehr bei uns lebt. Deshalb können wir uns nicht mehr so viel kaufen und lauter solche Sachen.

MUTTER: Wie hat sich denn das Leben speziell für dich verändert?

VICKY: Na ja, ich habe die Schule gewechselt. Und wir müssen vielleicht umziehen.

M: Warum das?

VICKY: Weil mein Papa nicht mehr bei uns lebt. Das Haus ist groß, und...

M: Und das wird ein Problem für dich sein?

VICKY: Ja, alle meine Freunde leben hier.

M: Was ist mit deiner Mama? Wird es für sie ein Problem sein?

VICKY: Ja, ihre Freunde leben auch hier.

M: Fallen dir noch andere Veränderungen ein?

VICKY: Ich glaube nicht.
MUTTER: Hast du Sorgen, was mit uns geschehen könnte?
VICKY: Na ja...
MUTTER: Hinsichtlich der Zukunft, wie es weitergeht?

Hier scheint die Mutter eher die eigenen Sorgen zu äußern, wodurch sie eine entsprechende Stimmung im Kind hervorruft. Da alle Familienmitglieder unter der Belastung des Übergangs näher zusammenrücken, wird die Familie zu einem Resonanzboden, der die Unsicherheit dieses Familienmitglieds an die anderen weitergibt.

VICKY: Seit mein Papa fortgegangen ist, habe ich immer das Gefühl, Mama könnte auch fortgehen.
M: Das ist ein interessanter Gedanke. Wenn er mir auch ziemlich merkwürdig vorkommt. Warum sollte deine Mama fortgehen?
VICKY: Ich denke mir, wenn Papa fortgegangen ist, könnte es auch Mama tun.
M: Dein Papa ist fortgegangen, weil er und deine Mama einige Probleme zu lösen hatten. Hat er sich denn auch von dir scheiden lassen?
VICKY: Nein, das hat er nicht. Er hat nur meine Mama verlassen. Uns hat er nicht verlassen. Nur sie.
M: Er hat deine Mama verlassen, und deine Mama hat ihn verlassen.
VICKY: Ja, aber es sieht so aus, als ob er uns verlassen hätte.

Zwar hatten die Jansons Vicky den Vorgang so erklärt, wie es Eltern ihren Kindern gegenüber gewöhnlich tun – wir lassen uns scheiden, aber wir sind noch immer eure Eltern –, doch Vickys Erfahrungswirklichkeit besagt, daß ihr Vater sich auch von ihr geschieden hat. Diese Erfahrung fällt in den verschiedenen Familien natürlich unterschiedlich aus, doch bei kleineren Kindern führen die Schwierigkeiten und die Verwirrung des

Erlebnisses häufig zu Trennungsphantasien. Bei den Jansonkindern ist der Ausdruck dieser Phantasien nicht das Produkt einer unbestimmten Angst, sondern der Einsatz in einem Pokerspiel, das alle Kinder mit ihren Eltern spielen, gelegentlich mit schmerzlichem Geschick. Die Mutter wird manipuliert, indem man die Schlinge immer fester zieht.

M: Und nun glaubst du, daß Mama dich vielleicht auch verläßt?
VICKY: Ja.
M: Warum sollte sie das tun? Glaubst du das auch, Natalie? *(Natalie nickt.)* Gut, sprechen wir zusammen darüber. Was macht ihr denn mit eurer Mama, daß ihr glaubt, sie könnte euch verlassen?
VICKY: Sie regt sich auf, wenn wir uns zanken. Und wir zanken uns ständig.

Selbstverständliche Vorkommnisse, die früher nur zur Angst vor Erziehungsmaßnahmen führten, werden Bestandteil der Trennungsphantasien.

M: Sprich darüber mit Natalie. Deine Mutter und ich hören zu.
NATALIE: Ja also, wir streiten uns ständig. Sie kann das nicht ausstehen. Und wir werden böse auf sie. Wir weinen sehr häufig. Und das macht ihr das Herz schwer.
VICKY: Ich habe gedacht – wegen Papa, ich hatte Angst, sie könnte auch weggehen. Wie Papa.
NATALIE: Sie könnte sich jemand anders suchen, der uns ersetzt. Sie könnte uns nicht mehr brauchen. Sie würde jemand anders haben.
M: Hat sie einen Freund?
NATALIE: Ja: Mike.
M: Und du glaubst, der Freund könnte euch ersetzen?
NATALIE und VICKY: Ja.

M: Aber ich nehme an, daß ihre Beziehung zu Mike anders ist als die Beziehung zu euch. Oder bemuttert sie Mike?
VICKY *(lacht)*: Nein.
M: Wie soll er euch dann ersetzen? Das ist eine interessante Frage.
VICKY: Also nicht gerade ersetzen, aber... wenn er mehr Zeit mit ihr verbringt als wir, dann vergißt sie uns vielleicht. Na ja, sie vergißt uns nicht, aber sie verbringt eben mehr Zeit mit ihm. Verbringt immer mehr Zeit mit ihm und nicht mehr so viel mit uns.

In dieser Übergangsphase, in der die Familienmitglieder Muster entwickeln, welche die Trioform unterstreichen, wird der neue Freund der Mutter als Bedrohung empfunden. Die Reaktion der Kinder auf diese Familienveränderung fällt unterschiedlich aus, weil sie sich in unterschiedlichen Entwicklungsphasen befinden. Natalie, der Teenager, übt sich im Umgang mit der Distanz, indem sie engeren Anschluß an ihre jugendlichen Freunde sucht. Vicky braucht mit ihren zehn Jahren größere Nähe zur Mutter. Für sie ist Mike ein Eindringling. Ich stelle meine Fragen in leichtem Ton, um ihre Trennungsängste und aggressiven Phantasien nicht hochkommen zu lassen.

M: Ich glaube, ihr habt eure Mama durch eure Streitereien in Atem halten wollen, damit sie euch nicht vergißt.
NATALIE: Das glaube ich nicht.
M: Na, was für Techniken benutzt ihr dann, um zu verhindern, daß euch eure Mutter vergißt?
NATALIE: Wir sprechen mit ihr.
VICKY: Ja, wir sprechen mit ihr.
M: Sagt ihr, daß ihr Angst habt, sie könnte sich ganz Mike zuwenden? Was sagt sie dann? Beruhigt sie euch?
NATALIE und VICKY: Ja.
M: Wie?

NATALIE: Sie sagt, daß wir ihr viel bedeuten, ganz gleich wieviel ihr Mike bedeutet.

M: Aber nach eurer Auffassung nimmt Mike trotzdem das Interesse eurer Mutter stärker gefangen, als euch lieb ist?

VICKY: Jaaa!

M: Aber das kann doch auch etwas Gutes sein, weißt du. Wer will seine Mutter schon die ganze Zeit auf dem Hals haben?

NATALIE *(lacht)*: Das ist wahr.

M: Dir geht es vielleicht anders, Natalie. Du brauchst deine Mutter jetzt möglicherweise nicht so nötig wie Vicky. Was glaubst du?

VICKY: Das stimmt. Sie hat alle ihre Freundinnen – vor allem Elizabeth, ihre beste Freundin. Sie ist ständig drüben bei ihr.

M: Das heißt also, Natalie läßt eure Mutter im Stich?

VICKY: Nun, im Stich läßt sie sie nicht. Aber Elizabeth ist immer da. Sie sind andauernd zusammen.

NATALIE: Entweder bin ich drüben bei Elizabeth, oder sie ist bei uns.

M: Und was ist mit dir?

VICKY: Ich habe auch eine Freundin, aber das ist nicht so eng wie bei Natalie und Elizabeth.

M: Ich möchte dich etwas fragen, Natalie. Hat Vicky im letzten Jahr angefangen, sich erwachsener zu kleiden?

Mir war beim Eintritt der Mädchen ihre Kleidung aufgefallen. Natalie trug die Teenageruniform: ausgefranste Jeans, aber die zehnjährige Vicky erschien in Nylons und hochhackigen Schuhen. Ihre Fingernägel waren lackiert, und sie trug ein sorgfältiges Make-up. Sie schien sich als erwachsene Frau zu verkleiden.

NATALIE: Wie eine Erwachsene?

M: Weißt du, wenn ich dich anschaue, dann weiß ich, du bist ein Teenager. Wenn ich Vicky ansehe, dann denke ich, sie ist vierunddreißig.

NATALIE *(lacht)*: Na ja, ich glaube sie zieht sich ziemlich erwachsen an.

M: Mich würde interessieren, wann sie angefangen hat, sich so anzuziehen.

NATALIE: Ich weiß nicht mehr. Vielleicht vor ein paar Monaten.

M: Wann hast du angefangen, dich so damenhaft anzuziehen, Vicky?

VICKY: Oh, vor ein paar Monaten.

M: Seit wann trägst du Nylons?

VICKY: Immer wenn ich ein Kleid oder einen Rock anhabe. Nur als ich ganz klein war, nicht.

M *(zur Mutter)*: Hat Vicky vor kurzem begonnen, sich erwachsener zu kleiden? Ist Ihnen das aufgefallen?

MUTTER: Mir ist nicht aufgefallen, daß sie erwachsener sein möchte. Aber ich würde sagen, daß sie im letzten halben Jahr ganz allgemein sehr viel mehr Wert auf ihr Äußeres legt.

M: Wie lange sind Sie mit Mike zusammen?

MUTTER: Seit letztem Jahr. Ungefähr acht Monate.

M: Ich frage mich, Vicky, ob du dich wie eine dreißigjährige Frau anziehst, seit du glaubst, daß deine Mama zu Mike gehen könnte. Meinst du, daß du dann erwachsen sein mußt?

VICKY: Ich glaube nicht.

Diese Konzentration auf Vicky kann der falsche Weg sein, um ein möglicherweise verborgenes Problem aufzuspüren. Ich beschließe die Zielrichtung zu ändern und mich der Mutter zuzuwenden.

M: Ich war nur neugierig. Welche Veränderungen haben sich in Ihrem Leben ergeben? Sie heißen Margaret, nicht wahr?

MUTTER: Peg. Ich mußte finanziell unabhängiger werden. Ich habe früher schon eine Zeitlang gearbeitet, aber nun *muß* ich wirklich arbeiten.

M: Sie sind vollzeitbeschäftigt?

MUTTER: Ja. Dadurch ist mir meine finanzielle Situation bewußter geworden, und wieviel ich arbeiten muß. Ich bin ganz allgemein unabhängiger geworden. Ich mußte mir einen neuen Bekanntenkreis, neue Hobbies zulegen – ich glaube, ich mußte mich überhaupt an die Rolle als Alleinerziehende gewöhnen.

M: Das ist ein erheblicher Umgewöhnungsprozeß.

MUTTER: Ja. Aber ich bin auch unternehmungslustiger geworden. Das liegt wohl an dem Gefühl, daß niemand mich bremst. Ich brauche mich mit niemandem abzusprechen, wenn ich irgendwo hinwill oder irgend etwas tun will.

In der Ehe müssen persönliche Eigenarten verändert oder abgelegt werden, damit sich beide Partner in der Zweierbeziehung harmonisch ergänzen. Die Rückkehr ins Singledasein kann zur Wiederentdeckung des individuellen Rhythmus führen. Gleichzeitig kann die Elternrolle schwieriger werden, wenn die ganze Erziehungslast von nur einem Elternteil getragen werden muß. Andererseits wird sie auch einfacher, weil Erziehungsfragen nicht mehr unter Eheleuten mit verschiedenen Auffassungen ausdiskutiert werden müssen.

M: Was ist mit den Kindern?

MUTTER: Ich spreche mich mit ihnen ab, aber ich frage sie nicht, ob es in Ordnung ist, wenn ich etwas tue. Entsteht dadurch ein großes Problem, dann diskutieren wir es, und möglicherweise ändere ich meine Pläne. Doch ich glaube, das ist noch nie vorgekommen.

M: Als Sie gesagt haben, Sie sprechen sich mit ihnen ab, haben Sie Natalie angesehen, aber nicht Vicky. Ist Natalie Ihr Gesprächspartner? Mehr als Vicky?

MUTTER: Wahrscheinlich, ja. Mit Vicky gibt es da ein Problem. Oder sie sieht es als Problem. Ich halte sie aus den Diskussionen heraus. Ich erzähle ihr nicht von Dingen, die... Ich weiß, das ist falsch.

M: Es hat also den Anschein, Vicky, als wenn Natalie so ein bißchen die Freundin deiner Mutter ist. Und du stehst außen vor.

VICKY: Nicht richtig eine Freundin, aber, na ja, sie erzählt Natalie manchmal mehr als mir.

Neue Familien spüren die Phantome alter Strukturen, wie Amputierte manchmal Phantomschmerzen in den Gliedmaßen empfinden, die sie gar nicht mehr besitzen. Bei Peg hat der Ehemann eine Lücke hinterlassen, die sie schließen muß, wenn sie einen Dialog führen will. Natalie springt ein. Ich glaube, das Subsystem aus einem geschiedenen Ehepartner und einem Kind ist eine typische Übergangsstruktur. Es belastet alle Familienmitglieder, erweitert aber auch die Möglichkeiten. Natalie übernimmt neue Aufgaben, lernt, sich mit der Mutter zu verständigen, und Peg wird besser mit ihren Erziehungsaufgaben fertig. Für Vicky ist die Situation komplizierter. Wenn ihr Getrenntsein von der Mutter nicht durch Positionswechsel in anderen Sozialsystemen ausgeglichen wird, könnten ihre neuen Verhaltensmuster dysfunktionell werden.

M: Könnte das der Grund sein, daß du dich als Dreißigjährige verkleidest?

VICKY *(lacht)*: Das könnte sein, aber ich weiß es nicht. Ich habe es überhaupt noch nicht gemerkt.

M: Vielleicht möchtest du dir beweisen, daß du größer bist und daß man dich nicht einfach übergehen kann. Das ist eine interessante Frage. Was tust du, wenn du siehst, daß deine Mama Natalie anblickt und nicht dich? Was tust du, um ihre Aufmerksamkeit zu erregen?

VICKY: Ich rücke näher an Natalie heran und versuche zuzuhören *(lacht)*. Wenn ich wirklich etwas von ihr wollte, könnte ich «Mama!» schreien oder zu ihr hingehen und meinen Kopf an ihre Schulter legen.

Vicky versucht einen Platz in der neuen Familienform zu finden, indem sie die Erwachsene spielt. Ich muß herausfinden, welche Position sie in der alten Familie innehatte. Wenn es vorher eine zentrale Position war oder sie ihrem Vater näherstand, dann kann diese neue Familienorganisation sehr schwierig für sie werden. Glücklicherweise hat es den Anschein, als sei ihre Position im jetzigen Trio der Position im Quartett der früheren Familie sehr ähnlich.

M: Wie war es, als dein Papa und deine Mama noch verheiratet waren? Hast du da deinem Papa nähergestanden?

VICKY: Ich glaube, es war bei beiden gleich.

M: Es gibt immer Unterschiede. Ich will mal Natalie fragen. Wer hat eurem Papa nähergestanden?

NATALIE: Ich glaube, das war ich.

M: Und als dein Vater fortging, wurde da die Beziehung zwischen dir und deiner Mutter enger?

NATALIE: Ja, aber bei Vicky war es wohl genauso.

MUTTER: Ich glaube, meine Beziehung zu beiden ist enger geworden. Zu Natalie vielleicht noch enger als zu Vicky, aber ich denke, beide sind...

M: So empfindet Vicky das aber nicht.

MUTTER: Stimmt das, Vicky?

VICKY: Ich steh dir zwar irgendwie schon näher als vorher. Aber nur ein bißchen. Bei Natalie ist das viel stärker, und du wendest dich viel häufiger an sie als an mich.

Einige Aufgaben verändern sich für jede geschiedene Person, vor allem das Partnerverhalten und die Beziehung zu anderen Erwachsenen. Doch alleinstehende Eltern müssen auch weiterhin die Sozialisierungsfunktion der Erziehung wahrnehmen, obwohl diese Funktion jetzt anders erlebt und anders ausgeübt wird.

M: Wer hat in Ihrer Ehe für Disziplin gesorgt?

MUTTER: Ich glaube, das war ich.

NATALIE: Nein, das war Papa.

MUTTER: Das ist ja interessant.

M: Die Erfahrungen der Menschen sind eben unterschiedlich. Wie ist es nun, nach dem Fortgang eures Vaters?

NATALIE: Jetzt sorgt sie für die Disziplin.

VICKY: Ja.

M: Ist sie strenger?

VICKY: Nein.

NATALIE: Nachsichtiger.

VICKY: Papa hat sich immer in unsere Streitereien eingemischt. Mama konnte nicht mit uns fertig werden.

NATALIE: Und jetzt, wo Papa sich nicht mehr einmischen oder etwas anderes unternehmen kann, macht sie es selbst. Und sie ist nicht so streng wie Papa.

M: Ist sie strenger als vorher?

VICKY: Ich glaube, sie hat sich verändert. Sie ist nicht so streng, weil sie weiß, warum wir uns streiten.

M: Das ist merkwürdig. Ich hätte gedacht, sie würde jetzt strenger sein, wo sie doch mit allem allein fertig werden muß.

NATALIE: Eigentlich wollte sie auch vorher nicht so streng mit uns sein. Aber da Papa das Sagen hatte, hat sie mitgezogen, auch wenn sie es eigentlich gar nicht wollte. Als er fortging, konnte sie tun, was sie für richtig hielt.

Eltern betrachten Kinder notgedrungen aus der Perspektive ihrer eigenen Lebenserfahrung. Gibt es zwei Eltern, so gibt es stets auch zwei Blickwinkel. Solch stereoskopische Sichtweise mag durch den Vergleich zweier Standpunkte zur Korrektur von Fehlern und Irrtümern geeignet sein, sie birgt aber natürlich auch die Gefahr, daß Meinungsverschiedenheiten und Konflikte aus der Partnerbeziehung in den Erziehungsbereich übertragen werden. Vicky und Natalie empfinden die Erziehungsmaßnahmen der Mutter jetzt als eine Reaktion auf ihr

Verhalten, und nicht mehr auf die konfliktbeladene Beziehung zu ihrem Mann.

M: Das ist ein interessanter Gedanke. Wie erklärst du dir das?
VICKY: Na ja, wenn wir uns streiten, dann schreit sie uns an. Und meistens sprechen wir dann darüber und stellen fest, worum es ging. Sie hat jetzt mehr Verständnis für unsere Probleme als vorher.
M: Und ihr streitet euch jetzt mehr? Oder weniger?
VICKY: Ich glaube, mehr.
M: Wie erklärst du dir das?
VICKY: Wahrscheinlich weil wir älter werden und viele Sachen gemeinsam benutzen – Kleider, Haarbürsten, Spielzeug. Darüber streiten wir dann.

Vicky macht die Entwicklung für die häufigen offenen Konflikte der Schwestern verantwortlich, aber auch der veränderte Erziehungsstil der Mutter könnte eine Erklärung sein. Wenn weniger Bevormundung bedeutet, daß die Kinder ihre Konflikte selbst austragen müssen, sind die vermehrten Streitigkeiten als positive Veränderung zu verstehen. Die Kinder lernen, Konflikte auszudiskutieren und zu lösen, statt sie zu unterdrücken.

M: Und bekommst du genauso viel wie Natalie?
VICKY: Manchmal, nicht immer.
M: Hat deine Mama andere Regeln für Natalie?
VICKY: Sie kann ein paar Sachen tun, die ich nicht darf, weil sie älter ist.
M: Was für Sachen?
VICKY: Länger aufbleiben – solche Dinge. Länger ausgehen mit ihren Freunden – sie schläft immer drüben bei Elizabeth.
M: Und das gefällt dir nicht.
VICKY: Nein.
M: Offenkundig empfindet Vicky die Veränderung als schwierig, Peg. Können Sie mit ihr darüber sprechen?

MUTTER: Dir gefällt es nicht, daß Natalie manchmal anders behandelt wird?

VICKY: Du sprichst mehr mit ihr als mit mir. Das ist es vor allem. Sie darf mehr Dinge tun und hat mehr Rechte, weil sie älter ist. Das mag ich nicht.

MUTTER: Es bekümmert mich, daß du glaubst, ich spreche mehr mit ihr und beziehe sie stärker ein als dich. Das bekümmert mich.

M: Weil es stimmt oder weil es nicht stimmt?

MUTTER: Ich weiß nicht genau. Nein, es bekümmert mich, weil es wahrscheinlich manchmal zutrifft und weil das eigentlich ganz gegen meine Absicht ist. Ich möchte dich gerne an den Familiendiskussionen beteiligen, Vicky, und an dem Spaß, den wir haben – einfach an allem. Es bekümmert mich, daß ich dich ausschließe, weil ich es wirklich nicht möchte. Ich weiß nicht, was ich tun kann. Vielleicht muß ich mehr auf das achten, was geschieht, damit ich dich besser einbeziehen kann.

M: Ich glaube, wenn Sie das nicht tun, Peg, wird Vicky sehr bald älter aussehen als Sie. Sie sieht schon heute nicht wie eine normale Zehnjährige aus, sondern wie eine kleine alte Dame.

MUTTER: Nun, sie hat mir erzählt, daß sie Angst hat, ich könnte sie verlassen. Sprechen wir doch darüber. Vicky, warum hast du Angst, ich könnte dich verlassen?

VICKY: Weil Papa uns verlassen hat.

MUTTER: Habe ich dir irgendwelche Anhaltspunkte dafür gegeben, daß ich dich verlassen könnte?

VICKY: Nein. Nun ja, manchmal.

MUTTER: Und wie das?

NATALIE: Wenn du zum Beispiel mit Mike ausgehst und wenn du mehr Zeit mit ihm verbringst. Solche Dinge.

MUTTER: Mit anderen Worten, wenn ich mit Mike wegfahre und euch nicht mitnehme, dann habt ihr Angst, daß ich nicht wiederkomme?

Wie gesehen, hat Vickys Gefühl der Zurücksetzung in der Familie mit der enger gewordenen Bindung zwischen der Mutter und Natalie zu tun. Doch offen geäußert wird diese Furcht meist im Zusammenhang mit der Beziehung zwischen Peg und Mike. Vielleicht hat Mikes Eindringen in das Trio zu einem Zeitpunkt, da die neue Form noch kein neues Gleichgewicht gefunden hat, die Belastungen verstärkt, unter denen alle Übergangsphasen leiden. Doch es wäre falsch, sich jetzt auf diese Furcht zu konzentrieren, würde es doch von den Ansätzen des Trios zur Selbstfindung und Neuorientierung ablenken. Die Mutter muß fähig sein, ihre Beziehung zu Männern zu definieren und zugleich die Beziehung zu ihren Töchtern neu zu entwickeln.

M: Es ist wohl klar, daß sie manchmal mit ihm allein sein möchte. Was meinen Sie dazu, Peg? Vicky hat Angst, Sie könnten sie verlassen.

MUTTER: Das ist nicht wahr. Ich liebe Mike auf eine andere Art als dich und Natalie. Das weißt du doch! So dumm kannst du nicht sein. *(Alle lachen.)*

VICKY: Ich weiß, daß sie nicht weggehen wird. Aber manchmal, meistens, habe ich das Gefühl, daß sie es tun könnte.

M: Sind Kinder nicht phantastisch, Peg? Wie sie es verstehen, ihren Eltern Schuldgefühle einzuflößen?

MUTTER: Warum glauben Sie, tun sie das? Nicht diese hier im besonderen, sondern Kinder überhaupt?

M: Weil sie gemein sind. *(Alle lachen.)* Wußten Sie das nicht?

MUTTER: Egoistisch?

M: Natürlich. Wie seht ihr Mädchen das?

NATALIE: Sie oder ich *(lacht)*?

M: Beide.

NATALIE: Ich glaube wir sind ziemlich egoistisch, weil wir sie mit niemandem teilen wollen. Weder mit Mike noch mit sonst jemandem.

M: Als euer Papa noch in der Familie war, wolltet ihr ihn da auch nicht mit eurer Mama und eure Mama nicht mit eurem Papa teilen?

NATALIE: Nein, er gehörte ja zur Familie. Er war mein Vater. Mike ist das nicht.

M: Du empfindest ihn also als Eindringling. Schüttest du ihm Kaffee übers Hemd?

In scherzhaftem Ton ermutige ich sie, sich mit Aggressionsphantasien auseinanderzusetzen und sie zu verbalisieren.

MUTTER: Was für Sachen machst du?

NATALIE: Gar nichts, bestimmt.

M: Raucht er? Du könntest ihm ein Loch in die Tasche brennen. Spricht er überhaupt mit dir? Oder ist er ausschließlich der Freund deiner Mutter, so wie Elizabeth ausschließlich deine Freundin ist?

NATALIE: Er spricht über Dinge, die Spaß machen – Skifahren zum Beispiel. Nicht wirklich wichtige Sachen.

M: Über was würdest du denn gerne mit ihm sprechen?

NATALIE: Über gar nichts. Das wäre mir unangenehm. Das heißt, mir macht es nichts aus, nur so mit ihm zu sprechen, aber über wirklich wichtige Dinge, das wäre mir, glaube ich, ein bißchen unangenehm.

Eine sehr enge Beziehung zwischen einem Kind und dem neuen Partner eines Elternteils kann für das Kind eine Belastung sein. Manchmal drängen geschiedene Mütter oder Väter ihre Kinder und den neuen Partner in eine verfrühte Beziehung hinein.

M: Hat euer Vater eine Freundin? *(Sie nicken.)* Wie findet ihr das?

NATALIE: Nicht schlecht, weil sie viel jünger ist als er. Sie ist nur zwölf Jahre älter als ich. Deshalb kommt es mir vor, als wäre sie meine Freundin. Sie mag die gleichen Sachen wie ich. Wir sind uns ähnlich. Mike und ich sind uns nicht ähnlich.

M: Wie ist das mit dir, Vicky?
VICKY: Ich... wir leben nicht bei unserem Vater, deshalb wirkt es anders. Wenn wir ihn besuchen, verbringen wir die meiste Zeit in seiner Wohnung. Sie ist nur manchmal da.

Wenn die Mädchen beim Vater leben würden, könnte es durchaus sein, daß sie die Freundin des Vaters als Eindringling empfinden würden. Statt dessen wäre Mike «in Ordnung».

M: Aber Mike ist eine echte Gefahr.
VICKY: Ja.
M: Na ja, wenn ihr euch einig seid, vergrault ihr ihn vielleicht. Dann habt ihr eure Mama ganz für euch allein.

Alle lachten, und die Mädchen beeilten sich, Peg zu beruhigen. Die Sitzung endete in lockerer Stimmung, und die Jansons gingen fort, wie sie gekommen waren – in der berechtigten Überzeugung, eine normale Familie zu sein, der es gelungen ist, die Belastungen des Lebens in vernünftigen Grenzen zu halten. Das Gespräch hatte jedoch einige problematische Bereiche erkennen lassen. Besonders bedenklich war dabei Vickys Scheinreife. Ob sie wohl einen Weg finden würde, sich wieder zu ihren zehn Jahren zurückzuentwickeln? Oder besser, würde die Entwickung des Trios seinen Mitgliedern neue Möglichkeiten eröffnen? Würde die Mutter/Natalie-Dyade auch Vicky Platz bieten? Würde Natalies Stellung als Vertraute der Mutter sie in dieser Rolle gefangenhalten, die ebenso einengend sein kann wie jede andere deviante Stellung? Würde Peg ihre Beziehungen zu Erwachsenen entfalten können, ohne das Gefühl zu haben, sie verrate ihre Töchter?

Ich sah die Jansons achtzehn Monate nach dem ersten Gespräch wieder, zwei Jahre nach dem Fortgang des Vaters. Im Protokoll sind Interviewausschnitte so zusammengestellt, daß die Veränderungen hervorgehoben werden, die sich in den zwischen den Gesprächen liegenden Monaten ergeben haben.

M: Mich würde interessieren, was in den letzten anderthalb Jahren geschehen ist. Wie steht's denn so?

MUTTER: Nun, im großen und ganzen geht es uns viel besser. Ich glaube, als wir das letzte Mal bei Ihnen saßen, waren wir im Begriff umzuziehen.

M: Das war eine wichtige Angelegenheit. Erzählen Sie mal, was geschehen ist.

MUTTER: Ja, das war eine wichtige Sache, ein großer Schritt. Aber wir haben's geschafft. Es war nicht leicht. Fast so schlimm wie die Trennung, weil es eine äußere und eine innere Umstellung bedeutete. Wir mußten unsere Freunde und die gewohnte Umgebung verlassen. Wir haben wohl alle viel Angst gehabt. Als wir umgezogen waren, hatte Vicky große Schwierigkeiten in der Schule. Sie kam in eine Klasse, in der sie sich überhaupt nicht wohl fühlte – es war schrecklich, nicht wahr, Vicky? Natürlich hat sich das auch zu Hause bemerkbar gemacht. Ich mußte zu einer Beratungsstelle und sie testen lassen. Der Schulleiter hat mir wenig geholfen. Das war ein furchtbarer Schlauch.

M: Was war los, Vicky?

VICKY: Meine Lehrerin hat uns Sachen aufgegeben, die sie selber nicht verstanden hatte. Solche Geschichten. Die Kinder waren anders als die, an die ich gewöhnt war. Einige von ihnen – nicht alle – hatten überhaupt kein Benehmen. Die meisten meiner Freunde waren wie ich. Die konnten sich benehmen.

M: Erklär mir, was das heißt, zu sein «wie du». Was bedeutet es, zu sein wie sie? Kannst du sie beschreiben?

VICKY: Sie waren frech. Die meisten waren Schwachköpfe.

NATALIE: Sag doch, was passiert ist.

MUTTER: Ein Beispiel oder einen Vorfall.

VICKY: Wenn zum Beispiel jemand am Reden war und jemand anders sagte, er soll den Mund halten, haben sie gleich losgeschlagen, weil...

MUTTER: Wenn ich einmal unterbrechen darf: Es herrschte

keine Ordnung in der Klasse, keine Disziplin. Und ich weiß, daß Vicky klare Regeln braucht. Sie muß wissen, was man von ihr erwartet und welche Folgen es für sie hat, wenn sie es nicht tut. So etwas gab es nicht. Wenn sie faul war, geschah nichts, und wenn sie fleißig war, war es auch in Ordnung. Weil – aber erzähl doch mal Herrn Dr. Minuchin, was sich in diesem Jahr geändert hat.

VICKY: Dieses Jahr habe ich einen neuen Lehrer. Er hat die Klasse besser im Griff. Wenn man seine Hausaufgaben macht, bekommt man eine bessere Zensur, als wenn man sie vergißt. Und wenn man herumalbert, kriegt man Ärger.

M: Hast du in diesem Jahr viele Freunde, oder...

NATALIE: Ja, das hat sie!

MUTTER: Du glaubst, sie hat viele Freundinnen.

NATALIE: Und ob! Ich habe es satt, immer ans Telefon gehen zu müssen.

Offensichtlich sind die Jansons durch ihren Umzug eine Sprosse auf der sozioökonomischen Leiter abgestiegen. Vicky geht in eine größere und gemischtere Klasse als vorher. Aber sie scheint den Übergang nach Anfangsschwierigkeiten mit Natalies und der Mutter Hilfe erfolgreich verarbeitet zu haben. In diesem Gesprächsteil ist auch zu erkennen, daß die Mutter Erziehungsfunktionen an Natalie delegiert. Dieser Prozeß, zu dem es in vielen Übergangsfamilien kommt, kann für die Mutter eine Entlastung und für Natalie nützlich sein, erlaubt er ihr doch, mit Erwachsenenaufgaben zu experimentieren. Wie sich das auf Vicky auswirkt, hängt von der Flexibilität der neuen Familienorganisation in anderen Kontexten ab. Ich wende mich den Familientransaktionen zu, um diese Frage zu klären.

M: Wie behandelt dich deine Schwester, Vicky?

VICKY: Genauso wie früher. Manchmal streiten wir uns.

M: Hat sie immer noch das Gefühl, sie müßte dir helfen, weil du noch nicht erwachsen bist?

VICKY: Ich glaube, sie möchte nicht, daß ich erwachsen werde.
M: Was macht sie denn, daß du diesen Eindruck hast?
VICKY: Na ja, manchmal trage ich Sachen von ihr oder ich habe etwas Neues an, dann kritisiert sie mich oder sagt: «Du siehst zu alt darin aus.»
NATALIE: Das sage ich nur, wenn du meine Schuhe anziehen willst.
VICKY: Deine Schuhe will ich doch gar nicht anhaben.
NATALIE: Du hast eine Vorliebe für meine Stiefel.
VICKY: Mein Gott! Das eine Mal, nur weil ich...
M: Sie behandelt dich also, als wenn du jünger wärst?
VICKY: Nein, sie behandelt mich, als wollte sie nicht, daß ich älter werde.
NATALIE: Das ist überhaupt nicht meine Einstellung.
VICKY: Sie war es aber mal.
NATALIE: Ja, im letzten Jahr, aber heute überhaupt nicht mehr.
VICKY: Wenn wir uns streiten, dann benimmst du dich...
NATALIE: Wie?
VICKY: Du sagst mir, was ich tun soll. Dann wieder erzählst du mir von Sachen, die in der Schule passieren. *(Zu Minuchin.)* Sie erzählt mir, was sie da macht. Sachen, die sie noch nicht einmal Mama erzählt.
M: Na ja, das ist doch toll.

Es scheint also, daß die Beziehung zwischen den Geschwistern fließend ist, obwohl Natalie sich als Elternkind aufführt. Streit und Konkurrenz wechseln mit Phasen der Gemeinsamkeit, Vertrautheit und Kooperation. Solche Flexibilität in den Transaktionen ist ein guter Indikator für eine gesunde Familienorganisation.

M: Vicky, unter anderem erinnere ich mich, daß du berichtet hast, du seist dir nach der Trennung deiner Eltern ziemlich verloren vorgekommen. Deine Mutter und deine Schwester hatten eine sehr enge Beziehung und du hattest so ein bißchen das Gefühl, außen vor zu bleiben. Ist das noch immer so? Bleibst du noch immer außen vor?

VICKY: Eigentlich nicht. Im Grunde genommen sind Mama und ich gute Freundinnen. Hin und wieder sprechen sie und Natalie über etwas, was ich nicht hören soll, aber meistens ziehen sie mich ins Vertrauen. Und manchmal erzähle ich Mama etwas, was Natalie nicht wissen soll.

M: Wer hat das geändert?

VICKY: Ich glaube, Mama und ich, wir beide. Wir haben einfach versucht, uns näherzukommen.

M: Wie ist das vor sich gegangen? Hat dir deine Mutter diese Möglichkeit von sich aus eingeräumt? Oder hast du darauf gedrängt?

VICKY: Wahrscheinlich beides.

MUTTER: Ich sehe das auch so. Ich glaube, als mir Vickys Kummer klargeworden ist, bin ich sensibler geworden für ihr Gefühl, ausgeschlossen zu sein. Und Vicky hat einfach mehr von meiner Zeit und Aufmerksamkeit beansprucht. Ich habe mir dieses Bedürfnis klargemacht und ihm entsprochen, nehme ich an.

M: Was geschah bei diesem Prozeß, Natalie?

NATALIE: Ich habe überhaupt nichts getan. Das haben die beiden gemacht.

M: Aber du hast gemerkt, daß es geschah.

NATALIE: Ja.

M: Hat dir deine Mutter davon erzählt?

NATALIE: Nein.

M: Ah ja. Und wie ist das jetzt? Hat deine Mutter immer noch eine etwas engere Beziehung zu dir?

NATALIE: Ja.

M: Und Vicky?

NATALIE: Sie hat auch ein gutes Verhältnis zu Mama.

Im ersten Gespräch schien Vickys Stellung in der Familie deviant zu sein, ihr Versuch, das Problem durch Scheinreife zu lösen, zum Scheitern verurteilt. Vor anderthalb Jahren versuchte Vicky ein zwischenmenschliches Problem durch eine Leugnungsstrategie zu lösen – «Ich brauche euch nicht; ich bin erwachsen». Jetzt ist klar, daß Vickys Versuch nur eines von vielen Veränderungsexperimenten war, zu denen es in Übergangssituationen kommt. Sie scheint jetzt eine angemessene Stellung im Trio gefunden zu haben.

M: Mike gehörte vor einem Jahr schon fast zur Familie. Gibt es ihn noch?

Natalie: Ja.

M: Er ist also zu einer festen Einrichtung geworden. Lebt er bei euch?

Mutter: Er hat seine eigene Wohnung.

M: Wie ist dein Verhältnis zu ihm, Natalie?

Natalie: Na ja, wir sprechen manchmal miteinander. Ich bin nicht mit ihm befreundet, aber ich telefoniere mit ihm.

M: Worüber?

Natalie: Wie es ihm geht, was die Arbeit macht, was in der Schule läuft. Konversation eben.

M: Vor anderthalb Jahren hast du gesagt, daß Mike der Freund deiner Mutter ist, dir aber nichts bedeutet.

Natalie: Das ist etwas besser geworden.

M: Glaubst du, daß sie heiraten?

Natalie: Nein, sie will nicht heiraten.

M: Würde es dir gefallen, wenn Mike zur Familie gehört?

Natalie: Nicht besonders.

M: Was würde mit der Situation in eurer Familie werden?

Natalie: Sie wäre anders.

M: Inwiefern?

Natalie: Eben anders. Wahrscheinlich würde er Mamas Zeit stärker beanspruchen. Und ich hätte wahrscheinlich mehr mit ihm zu tun.

M: Und das möchtest du nicht?
NATALIE: Nein. Im Grunde nicht.

Anscheinend hat sich die Beziehung Mike/Natalie nicht verändert. Für Natalie ist er auf dem Territorium des Trios ein Eindringling und eine mögliche Bedrohung für ihre Beziehung zur Mutter.

M: Was ist mit dir, Vicky? Wie empfindest du das?
VICKY: Ich weiß nicht. Wenn er da ist, unterhalten wir uns manchmal. Da verstehen wir uns ganz gut. Ich glaube, ich habe ein besseres Verhältnis zu ihm als das letzte Mal.
M: Das ist ja interessant. Deine Beziehung zu ihm ist enger geworden?
VICKY: Ein bißchen.
M: Wie kam das?
VICKY: Er ist freundlich zu mir und Natalie. Aber meistens ist Natalie mit ihren Freunden zusammen oder unternimmt etwas, und ich bin gewöhnlich zu Hause.
M: Dann stößt sie ihn also zurück?
VICKY: Nein, sie stößt ihn nicht zurück. Sie ist einfach nicht da, wenn er zu uns kommt.
MUTTER: Da bin ich anderer Meinung.
M: Sprechen Sie mit Natalie darüber.
MUTTER: Ich glaube, du läßt ihn auf sehr versteckte Weise merken, daß du... dieses «Komm mir nicht zu nahe».
M: Aber Vicky hat ihn akzeptiert?
MUTTER: Ich glaube ja.
NATALIE: Ich akzeptiere ihn. Ich mag ihn einfach nicht so gern.
MUTTER: Also gut. Vicky hat weniger Vorbehalte, ist freundlicher.
M: Gehen Sie manchmal mit Mike und Vicky aus?
MUTTER: Ja, aber nicht häufiger als mit Mike und Natalie.
NATALIE: Doch, aber ich bin ja auch nie zu Hause.
MUTTER: Das stimmt. Natalie zieht es fort. Sie will sich ihr

eigenes Leben aufbauen. Sie hat ihre Interessen und ihre Freunde, und dann gehen sie zum Tanzen, zu Verabredungen oder zu Parties. Häufiger als Vicky. Als wir alle Skifahren waren, wo warst du da?

NATALIE: Babysitten.

MUTTER: Es war alles schon fest geplant, deshalb sind wir ohne sie gefahren. Ein andermal haben wir einen Ausflug gemacht, da hatte sie Basketballtraining und wollte es nicht versäumen. Wieder sind Vicky, Mike und ich allein gefahren. Sie kann selbst entscheiden, ob sie tun will, was wir tun, oder ob sie lieber etwas allein unternehmen möchte.

M: Und du bist lieber mit deiner Mutter und Mike zusammen, Vicky?

VICKY: Ja.

Offenbar verändert sich Vickys Stellung im Quartett. Als die Eltern sich trennten, war sie das einzige Familienmitglied, dessen Verluste nicht sofort durch neue Möglichkeiten aufgewogen wurden. In ihrer Verzweiflung versuchte sie sich einzubilden, sie könnte alleine zurechtkommen (mit zehn Jahren). Mikes Eintritt in die Familie eröffnete ihr die Möglichkeit einer engeren Beziehung zur Mutter und zu Mike, sie wurde Mitglied eines neuen Trios. Natalie reagiert auch weiterhin auf Mikes Stellung in der Familie mit der Verstärkung ihres adoleszenten Strebens nach Selbständigkeit.

M: Hat Mike noch andere Kinder?

MUTTER: Er hat einen fünfzehnjährigen Sohn.

M: Wie ist dein Verhältnis zu ihm?

NATALIE: Ich spreche mit ihm. Freunde sind wir wohl nicht, aber ich bin auch nicht gemein zu ihm.

M: Du magst ihn nicht.

NATALIE: Nicht so gern.

M: Das gefällt mir. Du bist ehrlich. Wie ist das mit dir, Vicky? Magst du ihn?

VICKY: Wir verstehen uns gut, sind aber nicht befreundet.

MUTTER: Vicky hat ein besseres Verhältnis zu Mikes Sohn als Natalie. sie scheinen besser miteinander auszukommen.

VICKY: Wenn wir einen Ausflug machen und Natalie ist nicht da, dann sind wir viel zusammen.

NATALIE: Ich bin zum Skilaufen gefahren.

VICKY: Ja, aber du kannst nicht Ski laufen.

NATALIE: So gut wie du allemal!

M: Was empfindet Mike für Ihre Kinder?

MUTTER: Ich glaube, er mag sie sehr. Er akzeptiert sie.

M: Spürt er die Distanziertheit?

MUTTER: O ja. Er hat mir gesagt, daß er sich besser mit Vicky als mit Natalie versteht, und er merkt auch, daß Vicky ein besseres Verhältnis zu ihm hat als Natalie.

Durch die Aufnahme von Mikes Kind in die Familie konnte Vicky die Beziehung zu einem älteren «Geschwister» in einer ihr näheren Stellung kennenlernen. Das hat aber auch das Verhältnis zwischen Vicky und Natalie neuen Belastungen ausgesetzt.

M: Es gab da noch eine andere Familie – deinen Vater und seine Freundin.

NATALIE: Sie werden heiraten.

M: Ist es noch dieselbe Freundin?

NATALIE: Ja.

M: Wie haben sich die Dinge dort entwickelt? Zuletzt schienst du ein besseres Verhältnis zu ihr zu haben als zu Mike.

NATALIE: Ich verstehe mich noch immer besser mit ihr als mit Mike.

VICKY: Ich nicht.

M: Aha. Das ist gut, sehr gut, denn das letzte Mal warst du so ein bißchen der Abklatsch deiner Schwester. Du hast dich verändert. Wie hat sich die Beziehung zu deinem Vater entwickelt?

NATALIE: Sie ist besser geworden.
M: Inwiefern?
NATALIE: Er spricht mit mir, mehr über persönliche Dinge, eben über alles.
M: Spricht er mit dir über seine Freundin?
NATALIE: Manchmal. Meistens über die Arbeit. Oder über Mama und Vicky.
M: Er spricht mit dir über Vicky?
NATALIE: Ja. Wenn wir uns streiten, oder wenn Mama und ich einen Streit haben.
M: Kannst du mir mehr über diese Gespräche berichten?
NATALIE: Na ja, kurz bevor Mama und er vor Gericht gingen, hat er mit mir darüber gesprochen. Eines Abends – du warst nicht zu Hause, Vicky …
VICKY: Er hat am nächsten Tag mit mir gesprochen.
NATALIE: Stimmt. Am nächsten Tag hat er mit dir gesprochen, aber anders. Er hat mit dir nicht so gesprochen wie mit mir.
M: Was meinst du damit?
NATALIE: Na ja, ihr hat er gesagt, was damals passierte, aber mir hat er erzählt, wie er sich dabei fühlte. Er hat – er wollte wohl mal seinen ganzen Frust rauslassen.
MUTTER: Und das hat er bei Vicky nicht gemacht?
VICKY: Nein.
M: Das heißt, er er behandelt dich mehr wie jemanden, dem er sich anvertrauen kann.
NATALIE: Ja.

Die Beziehung zwischen dem Vater und den Töchtern scheint dem Entwicklungsstand der beiden Mädchen zu entsprechen. Natalie, die junge Erwachsene, ist zur Vertrauten des Vaters und zum Bindeglied mit der alten Familie geworden. Vicky hat sich erfolglos bemüht, mit der älteren Schwester zu konkurrieren, dann aber, wie wir gesehen haben, eine engere Beziehung zur Mutter und zu Mike geknüpft.

In der Übergangszeit nach einer Scheidung müssen die Eltern

aushandeln, wie sie die Elternrollen aufteilen wollen, nachdem sie keine Ehepartner mehr sind. Dazu müssen sie sich notgedrungen über die Finanzen einigen. Diese Frage wurde in der Jansonfamilie reibungslos geregelt, bis der Vater beschloß, erneut zu heiraten. Da gelangte die Mutter zu der Überzeugung, daß sie benachteiligt werde, und verlangte mehr Unterstützung für die Kinder – vermutlich weil der Entschluß ihres Ex-Mannes alte Gefühle in ihr weckte und ihr sein Schritt als Treuebruch erschien.

MUTTER: Wir konnten uns nicht einigen. Also ging mein Anwalt vor Gericht. Die Kinder hatten Angst, weil mein Ex-Mann gesagt hatte, er würde dagegen angehen, und vielleicht würde ich am Ende mit weniger Geld dastehen als vorher.
BEIDE MÄDCHEN: Ja.
MUTTER: Und er sagte, nett wie er sei, würde er weiterhin die gleiche Summe zahlen, auch wenn der Richter die Unterhaltszahlung niedriger ansetzen sollte. Ich war sehr ärgerlich über die ganze Sache, weil ich das Gefühl hatte, er hetzte die beiden Mädchen gegen mich auf.
NATALIE: Du tust so, als hätte er uns einer Gehirnwäsche unterzogen.
MUTTER: Nein, aber ich hatte den Eindruck, daß er euch beide benutzt hat. So jedenfalls wirkte es auf mich.
M: Was meinst du, wollte er euch davon überzeugen, daß er im Recht war?
NATALIE: Ja. Er hat es nur erklärt. Ich habe ihm erzählt, was Mama sagte.
M: Und Sie glauben, daß Sie im Recht waren, Peg?
MUTTER: Ja.
NATALIE: Dann hast du uns auch benutzt. Du hast gesagt, du bist im Recht, und er hat gesagt, er ist im Recht.
MUTTER: Ich habe dich nicht gebeten, ihm das zu sagen.
NATALIE: Und er hat uns nicht gebeten, es dir zu sagen!

MUTTER: Habe ich versucht, euch angst zu machen?

NATALIE: Nein... aber was hättest du schon sagen können? «Ich will kein Geld mehr von ihm annehmen»?

M: Sie hätte sagen können, daß sie euch nicht mehr zu ihm gehen läßt.

NATALIE: Das würde sie nicht tun.

M: Oh, aber sie könnte es.

MUTTER: Ich hätte es tun können. Ich hätte mich rächen können. Aber ich habe euch nur die Tatsachen erklärt, das war alles.

NATALIE: Er hat auch gesagt, daß er die Tatsachen erklärt.

M: Was ist schließlich dabei herausgekommen?

NATALIE: Es blieb alles beim alten.

MUTTER: Der Richter hat den Unterhalt weder erhöht noch herabgesetzt.

M: Ah ja. Auf wessen Seite hast du bei diesem Streit gestanden?

NATALIE: Auf der meines Vaters.

M: Und du, Vicky?

VICKY: Auf Papas.

M: Das ist sehr interessant.

MUTTER: Weiß Gott! Vor allem, wenn man bedenkt, daß sie ständig neue Sachen haben wollen und ich ihnen sagen muß, daß ich kein Geld dafür habe.

M: Vom finanziellen Standpunkt her hättet ihr auf der Seite eurer Mutter sein müssen.

MUTTER: Genau. Er hat an euer Mitleid appelliert.

NATALIE: Das hat er nicht getan!

MUTTER: So hat es jedenfalls auf mich gewirkt.

VICKY: Du bist nicht dabeigewesen.

MUTTER: So hat es auf mich gewirkt, als ihr davon erzählt habt. Vor allem du, Vicky. Wie du davon berichtet hast. Sinngemäß hast du gesagt: «Du willst alles von ihm haben, und ihm bleibt gar nichts mehr.»

VICKY: Das habe ich nicht gesagt.

Zwar stehen die Mädchen in bezug auf die neue Familie auf der anderen Seite, doch behandeln sie ihren Vater loyal. Sie fanden die Forderung ihrer Mutter ungerecht. Nach allem, was sie für die Mädchen getan hat, ist Peg überrascht und fühlt sich verraten. Es spricht aber für ihr Verhältnis zu den Mädchen, daß diese das Gefühl hatten, sie könnten sich mit dem Vater verbünden und ihre Meinung äußern, ohne fürchten zu müssen, dadurch ihre Beziehung zur Mutter aufs Spiel zu setzen.

M: Hat sich deine Mutter verändert?
VICKY: Seit dem letzten Mal? Ja, sie hat sich verändert.
M: Inwiefern?
VICKY: Sie unternimmt mehr.
M: Das ist eine große Veränderung. Seit der Scheidung ist sie aktiver geworden. Wie kommt das?
VICKY: Ich weiß nicht.
M: Hat dein Vater sie unterdrückt? Wie das?
VICKY: Ich weiß nicht. Ich nehme an, Mike ist aktiver.
M: Du glaubst also, daß die Veränderung bei deiner Mama durch Mike kommt.
NATALIE: Sie ist jetzt mehr sie selbst.
M: Wieso?
NATALIE: Na ja, sie ist nicht mehr Dan's Frau, sie ist Peg.
M: Sie könnte ja aber auch Mikes Freundin sein.
NATALIE: Sie verhält sich jetzt zu Hause mehr nach ihren eigenen Vorstellungen.
M: Erklär das. Das ist sehr interessant. Erklär es so, daß ich es verstehen kann.
NATALIE: Sie ist nicht mehr so nervös und so streng.
MUTTER: Du meinst mit den Vorschriften zu Hause?
NATALIE: Ja, du bist nicht mehr so altmodisch.
MUTTER: Mein Ex-Mann hatte sehr feste Vorstellungen über viele Dinge. Ich habe den Haushalt wohl geführt…
NATALIE: …wie er es wollte.
MUTTER: Er wollte die Mahlzeiten zu bestimmten Zeiten ha-

ben – alles mußte seine feste Ordnung haben. Jetzt sehen wir das nicht mehr so eng. Wer vor dem Fernseher essen möchte, kann das tun. Wenn die Kinder Sandwiches zum Abendessen haben möchten, ist das auch okay.

M: Du sagst, sie ist sie selbst. Das ist eine fesche Formulierung. Was meinst du damit?

NATALIE: Sie verhält sich eben anders. Sie verhält sich so, wie sie es selbst will, und nicht so, wie sie glaubt, daß Papa es von ihr erwartet. Sie richtet sich nach ihrer eigenen Vorstellung. Früher hat sie sich nach Papas Vorstellungen gerichtet.

M: Und wie hat sich dein Vater verändert? Hat er sich überhaupt verändert?

NATALIE: Ja.

VICKY: Er ist nicht mehr so altmodisch. Nicht mehr so stur, nicht mehr so nervös.

M: Du findest also, daß sich dein Vater in ähnlicher Weise verändert hat wie deine Mutter?

NATALIE: Nur daß er nicht so aktiv ist.

MUTTER: Ist er noch so streng wie früher?

NATALIE: Nein.

MUTTER: Weißt du noch, wie du die Zeitschriften sauber Ecke auf Ecke stapeln mußtest, wenn er da war?

VICKY: Heute nicht mehr.

M: Wie kommt das?

NATALIE: Ich glaube, das liegt an seiner Freundin. Sie ist jünger, und sie verhält sich entsprechend.

VICKY: Sie interessiert sich für neue Sachen. Ist moderner.

M: Weißt du, du könntest Werbung für Scheidungen machen.

MUTTER: Laß dich scheiden, und du wirst ein neuer Mensch!

M: Ja, ein höchst interessanter Aspekt. Denkst du so?

VICKY: In diesem Falle ja.

Die Ablehnung der früheren Familie und die Konzentration auf die Möglichkeiten, die durch die Veränderung eröffnet wurden, scheinen ein Modell individueller Entfaltung durch

Auflösung der Familienstruktur geschaffen zu haben. Wenn das zutrifft, haben Natalie, Vicky und Tausende anderer Kinder aus geschiedenen Ehen ganz andere Vorstellungen entwikkelt als meine Generation, die an individuelle Entfaltung durch Konfliktlösung glaubt. Das beste Modell entstünde vielleicht, würde man die Erinnerung an die positiven Elemente der früheren Familie bewahren und gleichzeitig das, was anders ist, aus der neuen übernehmen.

M: Ihr sagt, sowohl euer Vater wie eure Mutter haben sich seit ihrer Trennung verändert. Wie empfinden Sie das, Peg? Ihre Töchter zeichnen ein sehr interessantes Bild.

MUTTER: Ich kann nicht für ihn sprechen, aber ich weiß, daß ich mich verändert habe.

M: In welcher Hinsicht?

MUTTER: Ich fühle mich – es ist scheußlich, dasselbe Wort zu verwenden – mehr als ich selbst. Ich treffe meine Entscheidungen selbst. Ich brauche sie mit niemandem abzustimmen. Ich brauche keine Kompromisse zu schließen. Wenn ich etwas in einer bestimmten Weise tun möchte, dann tue ich es, wenn nicht, dann brauche ich es nicht zu tun.

M: Vicky meint, das liegt an Mike. Stimmt das?

MUTTER: Ich glaube, er ist eine Art Katalysator. Es gibt Sachen, die hätte ich während meiner Ehe gerne getan, aber Dan war nicht besonders begeistert davon. Ich wollte zum Beispiel Ski laufen lernen. Er hatte immer irgendeine Entschuldigung. Ich hätte gern mit ihm Tennis gespielt. Aber auch das wollte er nicht.

NATALIE: Ihr habt doch zusammen Tennis gespielt.

MUTTER: Ein- oder zweimal. Meist hatte er irgendeine Entschuldigung, warum er nicht mit mir spielen konnte. Er hat lieber Besitz angehäuft, statt etwas zu unternehmen.

NATALIE: Ja, und jetzt, wo du diese materiellen Dinge nicht mehr hast, heißt es: «Ach Gott, hätt ich doch dies oder das!»

MUTTER: Na klar. Die Menschen sind nie zufrieden.

Natalie sorgt dafür, daß die «Geisterstimme» des Vaters in der Familie hörbar bleibt. Sie will nicht, daß die Mutter ihn vergißt.

M: Erzählen Sie mir, warum Sie Mike nicht heiraten wollen. Möchte Mike Sie heiraten?

MUTTER: Nein, aber er würde es gern sehen, wenn wir zusammenleben und unser beider Leben zu einer festeren Beziehung verbinden würden.

M: Und Sie möchten das nicht?

MUTTER: Mir wäre es auch recht, wenn unsere Beziehung fester und dauerhafter wäre. Genauso wie ihm. Aber wir kriegen unsere Ängste nicht unter einen Hut. Ich möchte, daß er zu uns zieht, damit ich mit den beiden Kindern nicht schon wieder umziehen muß. Das will er nicht. Er möchte, daß ich in sein Haus einziehe. Ich vermute, daß ich das nicht will, weil ich Angst habe, schon wieder umzuziehen. Ich weiß noch zu gut, wie enorm schwer das war. Wir haben alle möglichen Entschuldigungen, und es sind wirklich nur Entschuldigungen: Mein Haus ist größer, mein Haus liegt näher, er sagt, seine Hypothek ist niedriger, sein Wohnviertel ist besser – das ist alles Quatsch. Die Wahrheit ist, daß wir beide Angst haben. Das ist uns beiden klar, und wir wissen auch, daß wir in einer Sackgasse stecken.

M: Aber Sie sind jetzt seit drei Jahren zusammen.

MUTTER: Zweieinhalb.

M: Und Sie wären unter entsprechenden Bedingungen bereit, wieder zu viert zu leben. Wenn er Ihre Bedingungen akzeptieren würde.

MUTTER: Und das würde er gerne tun, wenn ich seine Bedingungen akzeptieren würde.

M: Sie möchten, daß er zu Ihnen kommt.

MUTTER: Im Moment glaube ich, es ist bei ihm ein Machtkampf.

M: Glaubst du, du würdest ihn akzeptieren, wenn deine Mutter es wollte, Natalie?

NATALIE: Mir ist beides recht.

M: Wie ist es, wo dein Vater jetzt heiraten will, hat er dir vorgeschlagen, bei ihm zu leben?

NATALIE: Nein, doch als er über den Unterhalt geredet hat, da hat er gesagt, wenn ich bei ihm leben will, dann könnte ich das. Er hat aber auch gesagt, ich dürfte das nicht als Drohung verwenden. So in der Art «Dann ziehe ich eben zu Papa».

M: Wie ist das mit dir, Vicky?

VICKY: Genauso.

M: Das heißt, in gewisser Hinsicht ist das eine Möglichkeit für dich. Sprechen Sie mit ihnen darüber, Peg?

MUTTER: Nicht mit meinem Ex-Mann. Ich spreche mit den Mädchen darüber.

M: Und wie ist Ihre Meinung dazu?

MUTTER: Es ist eine Möglichkeit für sie, aber ich glaube, sie sollten sich das gründlich überlegen. Das ist keine Ferienreise. Es bedeutet einen erneuten Umzug, eine völlig neue Umgebung, andere Lebensgewohnheiten.

VICKY: Ich glaube, wenn er in die Nähe ziehen würde, so daß ich dieselbe Schule besuchen und meine Freunde behalten könnte, würde ich bei ihm leben.

M: Das ist eine der Konsequenzen, die sich ergeben, wenn man Eltern hat, die getrennt leben. Man kann zwischen zwei verschiedenen Lebensweisen wählen. Hast du deine Mutter schon einmal unter Druck gesetzt, indem du erklärt hast, du würdest zu deinem Vater ziehen?

NATALIE: Vicky hat mich schon mal gefragt: «Warum gehst du nicht zu Papa?»

VICKY: Nein, wenn wir Streit haben, dann sagst du: «Ich glaube, ich gehe zu Papa.»

Noch immer im Übergang, entfaltet und verändert sich das Familienmuster der Jansons. Keine der Übergangsstrukturen ist an sich falsch. Sie alle sind Experimente auf der Suche nach einer geeigneten Lebensweise.

Natalie wird vielleicht zu ihrem Vater ziehen, nachdem er wieder geheiratet hat. Dann werden die veränderten Formen wieder in eine Krise geraten und über Versuch, Irrtum und Anpassung zu einer Lösung gelangen, mit der die Beteiligten leben und sich (wenn sie Glück haben) weiterentwickeln können. Möglicherweise wird Mike sich zum Trio gesellen. Dann muß er einen Weg finden, Natalies Achtung und Zuneigung zu gewinnen, während die Mutter die richtige Distanz herausfinden muß, um beide in diesem Lernprozeß unterstützen zu können. Vielleicht kann Vicky dabei helfen, denn sie hat ja schon damit angefangen, Mike in das Trio einzubeziehen. Vielleicht. Mit Sicherheit wissen wir nur, daß jedes Szenario ein Experiment mit neuen Lebensformen ist. Es muß also zwangsläufig auf einem höchst unsicheren Gelände voller sichtbarer und versteckter Fallen stattfinden. Fest steht lediglich, daß die Beteiligten Fehler begehen werden und daß ihnen deshalb Konflikte, Lösungen und Entwicklung sicher sind.

Antworten ergeben sich durch die Art, wie wir Fragen stellen. Wenn wir ernsthaft beobachten, wie Menschen miteinander interagieren, wenn wir ihre Interaktionen erfassen und unsere Befunde anhand der herrschenden Normen interpretieren, so rufen unsere Ergebnisse entweder Sorge oder Gelächter hervor. Wer das Leben wie ich als eine Reihe von unerfüllten Versprechen betrachtet, der wird wohl alles in allem das Gelächter vorziehen.

In den meisten Untersuchungen über Scheidung und Kinder aus geschiedenen Ehen scheint die Sorge vorzuherrschen. In letzter Zeit sind viele solche Untersuchungen veröffentlicht worden – 1981, in dem Jahr, in dem ich das erste Gespräch mit den Jansons führte, erreichte die Scheidungsrate in den Vereinigten Staaten die Rekordzahl von 1,21 Millionen. Natalie und Vicky waren zwei von den geschätzten 1,18 Millionen Kindern, die in jenem Jahr in Scheidungen verwickelt waren.

Mit einer Scheidungsrate, die fast jede zweite Ehe betraf, gelangte der «Tod der amerikanischen Familie» in die Schlagzeilen. Zumindest statistisch schien die Scheidung zur Norm zu werden, wobei sie allgemein durch ein Versagen der Kleinfamilie erklärt wurde. Beschreibungen bedienten sich des Vokabulars der Störungen – Verwirrung, Angst, Furcht, Depression, Wut und Schuld. Linda Bird Francke schreibt in *Growing Up Divorced*: «Auch nach zwei Jahren hat die zwölfjährige Sophie ihrer Mutter noch nicht vergeben, daß sie ihren vergötterten Vater um eines anderen Mannes willen verlassen hat... ‹Ich versuch es ihr heimzuzahlen›, sagt das hübsche Mädchen... ‹Sie soll es merken. Ich habe es ihr nicht verziehen. Ganz gleich, was sie sagt, ich rede dagegen. Sie soll sich schuldig fühlen. Ich will Rache...› Sophie ist an ihre Wut so gewöhnt, daß ihre Stimme völlig sachlich bleibt.»

Judith S. Wallerstein und Joan B. Kelly, Kapazitäten auf dem Gebiet der klinischen Forschung, stellen in ihrer Studie *Surviving the Breakup* fest: «Ganz gleich, welche Beeinträchtigungen tatsächlich vorlagen, das Kind denkt in dieser Zeit an seine Familie zurück als an den Ort, an dem es die erforderliche Unterstützung und Geborgenheit erfahren hat. Die Scheidung bedeutet den Zusammenbruch dieser Struktur, und das Kind fühlt sich allein und verängstigt.»

Wenn ich den Mitgliedern des Janson-Trios Fragen gestellt hätte, die das Ziel gehabt hätten, Verwirrung, Angst, Furcht, Niedergeschlagenheit, Wut und Schuldgefühle zutage zu fördern, wäre ich auch darauf gestoßen. Doch ich habe im Gespräch mit den Jansons die negativen Emotionen heruntergespielt. Wenn die Mädchen Trennungsängste erkennen ließen, Wut auf die Eltern, Konflikte, neurotische Versuche der Problemlösung, zögerte ich, erkannte sie als reale Tatbestände an, lächelte und forderte sie zu einer neuen Sichtweise, einer veränderten Perspektive auf. Nicht daß ich nicht erkennen würde, was andere Fachleute sehen, ich ziehe einfach ein anderes Bezugssystem vor.

Neben großer Hochachtung für die Fähigkeit von Familien, ihren Mitgliedern Geborgenheit und Zuwendung zu geben, hat mich meine Tätigkeit als Familienpsychiater gelehrt, ihre vielfältigen Formen zu akzeptieren. Ich akzeptiere, daß Ehepaare sich scheiden lassen und daß die geschiedene Familie eine lebensfähige Familienorganisation ist, eine von vielen, die unsere Kultur institutionalisiert hat.

Eine Untersuchung der Familienveränderungen aus historischer und soziokultureller Sicht könnte entscheidend zu einem Abbau der hysterischen Angst um die Gesundheit der amerikanischen Familie in unserer Zeit beitragen. Nehmen wir beispielsweise die englische Familie vor zwei Jahrhunderten. Dem Soziologen Lawrence Stone zufolge war nicht sie die Kerneinheit, sondern die Sippe (das offene Verwandtschaftssystem). Nach Stone war die Heirat bis weit ins 17. Jahrhundert eine Einrichtung zur Verbindung von Besitztümern und zur Fortsetzung von Familienstammbäumen. Die Erziehung der Kinder, die aus dieser Verbindung entstanden, und die gegenseitige Zuwendung der Eheleute – zwei Aufgaben, die wir für Hauptfunktionen der Kernfamilie halten – waren weitgehend eine Angelegenheit des Verwandtschaftssystems. Der ehelichen Einheit wurde relativ wenig Bedeutung eingeräumt. Wenn sich ergab, daß sich zwei Eheleute zugetan waren, dann nahm man natürlich keinen Anstoß daran, doch wenn sich keine gegenseitige Zuneigung einstellen wollte, dann galt die Ehe aus diesem Grunde noch lange nicht als geschieden. Kinder wuchsen in der Regel von den Eltern getrennt bei Ammen auf. Der einzelne war austauschbar. Die Sterblichkeitsrate war hoch, besonders bei Kindern. Im Mittelalter gaben die Eltern oft mehreren Kindern den gleichen Namen, in der Hoffnung, daß wenigstens eines lange genug leben würde, um ihn noch als Erwachsener zu tragen. Bevor am Anfang der Neuzeit die Säuglings- und Kindersterblichkeit zu sinken begann, war es einfach nicht ratsam, ein Baby oder einen einzelnen Menschen zu lieben. Die Familie war unbeständig.

Mit der industriellen Revolution verbesserten sich Hygiene und medizinische Versorgung. Die Lebenserwartung von Ehepartnern und Kindern stieg. Die englische Gesellschaft wandelte sich und mit ihr die Familiennormen. Mitte des 18. Jahrhunderts war die Kleinfamilie das allgemein anerkannte Ideal der Mittelschicht. Damit wurden erstmalig die Beziehung der Eheleute und die Erziehung der Kinder zu Hauptaufgaben der Kerneinheit. Stone schätzt, daß dieser Wandel der Familiennormen etwa zweihundert Jahre dauerte. In unserer Zeit vollzieht sich der familiäre Wandel – wie alle Veränderungen – sehr viel rascher.

Allein im eigenen Erfahrungsbereich bin ich mit mehreren Normensystemen konfrontiert gewesen. Die Welt meines Großvaters väterlicherseits war von Grund auf patriarchalisch. Er genoß die Furcht und Achtung seiner zehn Kinder, während meine Großmutter ganz in seinem Schatten stand. Selbstverständlich verlangte er von den Söhnen und Enkeln mehr als von den Frauen in der Familie. Als ältestem Jungen in meiner Ursprungsfamilie wurden mir die größte Verantwortung, die meisten Pflichten und die größte Achtung zuteil. Meine Geschwister und ich werden stets von dieser strikt geschlechts-spezifischen Aufgabenverteilung geprägt bleiben. Aber ich habe in eine andere Kultur und in eine andere Zeit hineingeheiratet. Meine Frau ist Psychologin. Sie und meine Tochter schärften mein Bewußtsein für Frauen. Nicht zufällig lernte ich, an den Abenden, an denen meine Frau Lehrveranstaltungen hatte, zu kochen und abzuwaschen. Mein Sohn und meine Tochter wurden auf «androgynere» Art und Weise erzogen (dies das unglückliche Wort, das Psychologen gewählt haben, um die Streuung der Aufgaben zu bezeichnen, die einmal bei einem bestimmten Geschlecht lagen).

Gegenwärtig halten die meisten Amerikaner die Kernfamilie noch für die Norm – was automatisch dazu führt, daß man andere Familienformen für «falsch» hält. Doch die Geschichte kennt keinen Stillstand. Mir scheint, statt uns an die «Normalität» der intakten Kernfamilie zu klammern, sollten wir lieber den Wandel als unvermeidlich, ja normal hinnehmen und uns die Aufgabe stellen, den Familien bei der Bewältigung der Übergangsphasen zu helfen.

Dann würden wir uns in Scheidungsfällen nicht darauf konzentrieren, jedem einzelnen Familienmitglied zu raten, wie es das Leid des Familienzerfalls lindern kann, sondern eine Familienberatung anbieten, die sich mit den kreativen Möglichkeiten des neuen Organismus auseinandersetzt. Statt durch unser Rechtssystem eine von Gegnerschaft bestimmte Beziehung herzustellen, würden wir familiäre Zwischenformen anbieten. Vielleicht würden wir verschiedene Arten eines *Rite du passage* entwickeln, der neu entstehende Familiensegmente einbinden könnte in ein Ritual der Akzeptanz und Heilung. An geschiedene Eheleute würde die Erwartung gestellt, ihre zurückliegenden Erfahrungen als wertvoll anzuerkennen und die gegenwärtige Scheidungssituation als eine notwendige, einverständliche Trennung zu verstehen, die einer freundschaftlichen Zusammenarbeit in der Erziehung nicht im Wege steht.

Mit solchen Perspektiven werden die meisten heute in Scheidung lebenden Familien allerdings nichts anfangen können, weil sie in ihrer Grundeinstellung immer noch die Kernfamilie verteidigen. Gerichte und Anwälte gehen weiterhin vom Modell der Gegnerschaft aus, und wir alle fühlen uns verpflichtet, bei Scheidungen im Freundeskreise nur einer Partei die Treue zu halten. Nach wie vor spricht man bei Scheidungen von «zerbrochenen Familien». Doch Familien wandeln sich mit dem gesellschaftlichen Wandel. Im Laufe der Zeit werden auch die Institutionen den Wandel nachvollziehen.

LESER: Die einen betonen die negativen Aspekte der Scheidung. Du reitest auf den positiven Möglichkeiten herum. Ein Vorurteil ist ein Vorurteil ist ein Vorurteil.

AUTOR: Touché! Aber ich möchte doch wiederholen, daß die Scheidung aus der historischen Perspektive, die wir gewählt haben, nur ein weiterer Abschnitt im ständigen Wandel der Familie ist. Es ist gar nicht erforderlich, einen Prozeß zu fördern oder zu bremsen, der fortdauern wird, ganz gleich, wie wir zu ihm stehen.

LESER: Vielleicht ist der Familienzerfall eine gute Sache. In dem Buch *Der Tod der Familie* von David Cooper habe ich gelesen, daß Familien überholte Korsetts sind, die den Familienmitgliedern ihre Individualität rauben.

AUTOR: Das traf für die sechziger Jahre zu.

LESER: Du behauptest dagegen, daß Familien individuelle Entfaltung fördern.

AUTOR: Das galt auch für die sechziger Jahre.

LESER: Das sind doch verschiedene Fragen! Und du gibst die gleiche Antwort.

AUTOR (*lächelnd*): Das galt auch für die sechziger Jahre.

LESER: Der Scherz war ganz lustig – beim erstenmal. Wenn du einen Moment ernst bleiben kannst, dann möchte ich dir eine Frage stellen. Wenn ich die Absicht deines Buches richtig verstehe, so versuchst du herkömmliche Auffassungen über die Familie in Frage zu stellen und mich dazu zu bringen, meine eigene Wirklichkeit anders zu sehen. Richtig?

AUTOR: Ja. Ich möchte die grundsätzliche Trennung von Kontext und Menschen aufheben.

LESER: Nun, das Trio ist die klinische Beschreibung einer bestimmten Familie. Ein hübscher Fall, aber er hat doch nur anekdotischen Wert. Stones Material klingt interessant, aber...

AUTOR: Laß dir eine Fabel erzählen.

LESER: Hat sie mit meiner Frage zu tun?

AUTOR: Ich glaube ja. Nehmen wir an, ich hätte die Geschichte der Jansons eines Tages einem Biber-Weibchen erzählt. Wie gewöhnlich war die Biberin damit beschäftigt, einen Damm zu bauen.

«Die Scheidungsgeschichte hat mir gefallen», sagte die Biberfrau und stopfte einen kleinen Ast in ihren Damm.

«Ja. Sie hat zu tun mit dem Zeitbegriff des Menschen und seiner Vorstellung, wie die Dinge zu geschehen haben», sagte der Teich (der sich bekanntlich mit dem Menschen beschäftigt, seit sich Narziß das erste Mal über ihn beugte).

«Ist daran irgend etwas Ungewöhnliches?» Die Biberin fügte ein weiteres Zweiglein hinzu.

«Der Mensch ist überrascht, wenn sich die Dinge im Gleichgewicht befinden. Er kann keinen Damm bauen.»

«Aber jeder weiß doch, daß es eine Frage von Kräften und Gegenkräften, von Pegelständen und Gleichgewichten ist», erklärte die Biberfrau und ließ das Maß ihrer wissenschaftlichen Bildung ahnen.

«Nicht jeder. Menschen denken, jeder baut seinen Damm alleine.»

«Das ist töricht!» Die Biberfrau schmierte Schlamm zwischen die Zweige.

«In der Tat!» Der Teich suchte sich einen neuen Weg und lachte.

«Ich verstehe nicht ein Wort von dem, was ihr sagt», beklagte sich der Therapeut.

«Das liegt daran, daß du deine Zeit damit verbringst, Abweichungen zu beschreiben», lautete die Antwort des Teiches.

«Was sind Abweichungen?» fragte das Biberweibchen.

«Das ist die Bezeichnung der Menschen für Leid.»

«Warum verändern sie die Namen der Dinge? Das ist dumm! Die Dinge bleiben trotzdem gleich.»

«O nein», sagte der Teich. «Wie durch Zauberkraft verlieren die benannten Dinge ihre eigene Gestalt und werden mehr und mehr zu dem, was der Name besagt.»

«Das ist merkwürdig», sagte die Biberin und tauchte in einen Tunnel.

«Das ist es», erwiderte der Teich und begann mit dem Wind zu spielen.

LESER: Ich verstehe nicht, was diese Fabel mit System oder Scheidung zu tun haben soll.
AUTOR: Na ja. Jedenfalls ist es eine hübsche Fabel.

Quartett
Muster der Wiederheirat

Dieses Kapitel wurde in Zusammenarbeit mit Virginia Goldner geschrieben

Hallo», grüßte der neue Nachbar und stellte sich vor: «Ich bin Leonard Knox. Meine Frau Helen Leopold und unsere Kinder Terry Coburn und Glen Fisher.» Diese aus «deine, meine und unsere» zusammengesetzte Familienform legt Zeugnis ab von der Flexibilität und Kraft des Menschen, denn sie kann sehr komplex werden. Sogar innerhalb der neuen Kerneinheit gibt es Probleme in Hülle und Fülle. Das neue Leben der Eheleute entfaltet sich unter dem kritischen Blick von Kindern, deren Vorstellung von der ehelichen Zweierbeziehung geprägt ist durch ihre Erfahrungen in der ursprünglichen Familiengruppe. Jeder Elternteil muß auf die eigenen Kinder eingehen, die in der Anfangsphase meist Schutz brauchen, muß aber auch den Stiefkindern im Prozeß des Kennenlernens besondere Aufmerksamkeit zuwenden. Zugleich mag es erforderlich sein, die Gefühlsreaktionen des einstigen Partners zu berücksichtigen. Während einerseits für die Entwicklung einer neuen Partnerbeziehung ein langsamer Anpassungsprozeß erforderlich ist, sind die beiden Beteiligten andererseits gezwungen, von Anfang an als Elternteam zu funktionieren. Die Kinder werden ohne ihr Zutun einem neuen Organismus einverleibt. Sie müssen sich von einem Elternteil trennen, sich an den neuen Stiefelternteil gewöhnen und sich mit den plötzlich vorhandenen Geschwistern anfreunden, und das Ganze meist in einer unbekannten Umgebung – neue Wohnung, neue Schule, neue Freunde.

Man könnte meinen, die entstehenden Probleme seien das Werk eines kaputten oder boshaften Computers, der die menschliche Anpassungsfähigkeit an soziale Konstrukte prüfen möchte. Doch meistens geht es gut. Plötzlich ist ein neues Muster da, von Anfang an in Entwicklung und Veränderung begriffen.

Die Smiths suchten um Therapie nach, weil der heute sechzehnjährige Matt Schwierigkeiten in der Schule hatte. Noch vor einem Jahr war er ein ausgezeichneter Schüler gewesen. Jetzt war er faul und fiel Lehrern und Mitschülern durch endlose Streitgespräche auf die Nerven, in denen sein Verlangen nach sprachlicher Genauigkeit manchmal bizarre Formen annahm. Zu Hause verwickelte er beide Eltern in Machtkämpfe, in denen er seine Unabhängigkeit durchzusetzen trachtete. Man hätte an eine akute Pubertätskrise denken können, wäre seine Sprache nicht manchmal unverständlich geworden. Dies erschreckte die Eltern, und die Sorgen und Ängste des Vaters äußerten sich in größerer Strenge und wütendem Anschreien.

Die Smiths hatten vor drei Jahren geheiratet. Zuvor hatte Joan nach einer Scheidung einige Zeit mit ihrem älteren Sohn (der ein halbes Jahr nach der Wiederheirat aufs College ging) und ihrem zweiten Sohn Jim, heute achtzehn, zusammengelebt. Steven heiratete Joan einen Monat, nachdem seine Scheidung rechtskräftig geworden war. Sein Sohn Matt lebte bei ihm und Joan; die beiden anderen Kinder blieben bei seiner ersten Frau. Steven ist ein erfolgreicher Geschäftsmann, Joan Lehrerin.

Ich kam mit den Smiths über einen Zeitraum von vier Wochen in acht Sitzungen zusammen. Die hier wiedergegebenen Gesprächsauszüge sollen nicht der Illustration therapeutischer Techniken dienen, sondern zeigen, wieviel Flexibilität, aber auch wie viele Fallen diese Familienform aufweist. Die raschen Veränderungen, mit denen die Familie auf die Therapie reagierte, zeigen, daß die Symptome das Ergebnis von Übergangsexperimenten mit neuen Formen waren.

Nachdem die Familienmitglieder in der ersten Sitzung ihre Situation erläutert hatten – wer zu wem gehörte, wie lange die ersten Ehen, wie lange die Trennungszeiten gedauert hatten, wie lange die neue Familie bestand und so fort –, wählte ich meine übliche Eröffnung, die freundliche, indirekte Frage: «Wer möchte denn berichten, warum Sie mich aufsuchen?»

JOAN: Es ist eine lange Geschichte, aber der jüngste Vorfall liegt wohl zwei bis drei Wochen zurück. Wir saßen in der Küche, und nach dem Abendessen teilte Steven Matt mit, daß er in der Schule angerufen und sich nach Matt erkundigt habe. Matt sagte, er wisse selbst, wie es in der Schule laufe, aber er habe nicht die Absicht, sich mit irgend jemandem darüber zu unterhalten. Ich erinnere mich nicht mehr an den Wortlaut, aber Matt sagte etwas, und Steve versuchte zu verstehen, was Matt da sagte. Und Matt sagte: «Das habe ich nicht gesagt», und so ging es eine Weile hin und her. Schließlich wurde Steven wütend, weil jedesmal, wenn er versuchte, etwas zu deuten, was Matt gesagt hatte, dieser erklärte, das habe er nicht gesagt. Und ich sagte überhaupt nichts. Aber als sie wütend wurden – da konnte ich nicht mehr an mich halten, denn solche Auftritte sind mir unangenehm. Ich hasse sie.

MINUCHIN: Und was taten Sie?

JOAN: Ich habe mich eingemischt, und ich glaube, ich war sehr wütend. Ich wurde böse und verteidigte Steven.

Wir erkennen hier eines der möglichen Probleme von Übergangsphasen in Mischfamilien. Die gestörte Interaktion von Vater und Sohn ruft die Frau auf den Plan, die versucht, ihrem Mann beizustehen. Weil Joan merkt, wie Steven leidet, versucht sie ihm zu helfen, seine Probleme mit Matt zu lösen. Dadurch blockiert sie einen Weg, der sonst vielleicht zu irgendeiner Lösung geführt hätte. Außerdem wird die Einmischung durch Joan, die versucht, ihrem Mann zu helfen, nicht von Matt akzeptiert, der mir erklärte: «Sie ist nicht meine Mutter.»

M: Wie stellt es sich in Ihrer Erinnerung dar, Steven?

Steven: Ganz ähnlich. Als Matt die Mittelschule besuchte, sind wir mehrfach benachrichtigt worden und mußten in die Schule, um mit irgendwelchen Lehrern zu sprechen. Ich hatte es satt, mir von Matt einreden zu lassen, daß das Problem ständig bei anderen lag: an diesem oder jenem Lehrer oder an irgendeinem anderen Umstand. Deshalb wandte ich mich dieses Jahr, als er in die Oberstufe kam, an einen Beratungslehrer und bat um einen Bericht vor Ende des Halbjahres. Er berichtete mir, was die Lehrer von Matt hielten, wie sie auf ihn reagierten und so fort. Als ich an diesem Abend nach Hause kam, setzte ich mich erneut mit Matt zusammen und fragte ihn, wie es in der Schule laufe. Ich weiß nicht mehr, wie das Gespräch im einzelnen verlief, aber ich weiß noch, was Matt im Prinzip sagte: zuerst, daß er nicht wisse, wie er in der Schule stehe, dann, daß er es wisse, es mir aber nicht sagen wolle. Darauf lief es wohl hinaus. Dann ging es um… warten Sie. Er wollte es mir nicht sagen, weil ich von ihm verlangen würde, mehr zu tun oder so ähnlich. Ich erzählte ihm immer wieder, ich würde nicht verlangen, daß er mehr tue, sondern wolle lediglich wissen, wie er stehe. Das Ganze artete in ein Geschrei aus. Ich weiß keinen anderen Ausdruck. Ich war frustriert und begann deshalb zu schreien. Ich habe ihn gepackt, das erinnere ich genau, und auf einen Stuhl gesetzt, und etwa zu diesem Zeitpunkt mischte Joan sich ein. Denn irgendwann war ich so frustriert, daß ich einfach nicht mehr weiter wußte.

Während dieser langen Äußerung hat sich Steven die ganze Zeit an Matt gewandt und ihm nonverbale Zeichen gesendet: «Hör mir zu, begreif doch, daß ich dich liebe, sieh ein, daß ich dir helfen möchte.» Matt hat sein Desinteresse signalisiert: zur Decke geblickt, den Kopf geschüttelt, demonstrativ gegähnt. Das hat Stevens Frustration natürlich gesteigert und ihn dazu gebracht, länger zu sprechen. Das Unglück und das Gefühl der

Ohnmacht beim Vater sind ebensowenig zu übersehen, wie seine Unsicherheit, wann die Rede zu beenden sei. Kein Wunder, daß Joan sich angewöhnt hat, ihm zu Hilfe zu kommen.

M: Matt, ist…

MATT *(an Steven gewandt)*: Du sagst, du hättest geschrien und ich hätte geschrien. Das kann ich so stehenlassen. Du hast gesagt, ich bin wütend geworden, du bist wütend geworden, du warst frustriert, das ist richtig. Weil das so ist. Aber was ich zu sagen versuche, ist, du mischst dich zu sehr ein. Ich finde, du solltest mir mehr Freiheit lassen. Ich sage nicht, völlige Freiheit, aber ich finde, du machst dir nach meiner Auffassung zu viele Sorgen um mich, weil ich in gewissem Sinne, wenn du es so sehen willst – alles in allem bemüht bin, unabhängiger zu werden, aber ich glaube, zum Teil liegt das Problem darin, daß du Probleme hast, dir klarzumachen, wie ich bin und was ich bin. Mir sind eine Menge Dinge zugestoßen, und ich weiß, daß meine Welt in der zurückliegenden Zeit zusammengebrochen ist. Aber ich weiß, daß ich stark genug bin, um zu bemerken, was vor sich geht, und ich weiß, daß sich etwas ändern muß. Die einzige Möglichkeit besteht darin, sich zu wehren. Eine andere Möglichkeit zur Veränderung kann ich nicht erkennen. Das ist im Grunde genommen, was ich zu sagen habe.

STEVEN: Ich glaube, Matt, ich weiß wirklich nicht, was du mit deiner Antwort meinst. Versuchst du uns zu sagen, daß wir dich in Ruhe lassen sollen?

MATT: Du hast zu Anfang gesagt, du wolltest nur wissen, wie ich in der Schule stehe. Aber du findest, ich könnte in der Schule besser sein. Das wirft die Frage auf, ob… du wirklich wissen wolltest, wie ich stehe, ob du mich zu irgend etwas drängen wolltest, oder ob du wolltest, daß ich das akzeptiere.

Matts Äußerung war von langen Pausen und sichtlichen Bemühungen unterbrochen, das richtige Wort zu finden. Diese Pausen – die Forderung nach gleicher Redezeit? – verstärkten die Ungeduld des Vaters. In Matts letzten Äußerungen sind drei ausgesprochene und viele unausgesprochene Fragen. Ihre Vielzahl und Vieldeutigkeit schließen jede Möglichkeit einer befriedigenden Antwort aus. In dieser Nebelwand aus Wörtern bleibt Steven jedesmal stecken, wenn er versucht, seinen Sohn zu erreichen. Gleichzeitig ist Matt genervt von der Unbestimmtheit und Unentschlossenheit seines Vaters.

M: Du hast eine Frage gestellt, Matt. Nun hol dir auch die Antwort.
MATT: Ich habe mehrere Fragen gestellt.
M: Ja. Laß ihn antworten.
STEVEN: Wie lautete die Frage, Matt?
MATT: Ob du mich dazu bringen wolltest, mehr für die Schule zu tun...
STEVEN: Nein, das wollte ich nicht.
MATT: Oder ob du...
STEVEN: Nein, das wollte ich ganz und gar nicht.
MATT: Okay. Oder ob du mir klarmachen wolltest, was ich tat und was du tatest, oder ob du wolltest...
STEVEN: Du hörst mir nicht zu. Was ich...
MATT: Ich habe drei Fragen gestellt, und die dritte lautete, glaube ich, ob du...
STEVEN: Einen Augenblick mal, Matt. Hast du die Antwort auf die erste Frage gehört?
MATT: Ja.
STEVEN: Ich muß erschöpft sein, Matt – und ich bin erschöpft. Ich weiß überhaupt nicht mehr, worüber wir reden. Ich meine, ich weiß grundsätzlich, worüber wir reden, aber im einzelnen weiß ich nicht mehr, worum es geht. Fragst du mich, ob ich versucht habe...
M: Steven, können Sie den Platz mit Joan tauschen, so daß

Joan neben Matt sitzt? *(Sie tauschen die Plätze)*. Könnt ihr beide miteinander reden? Ich möchte wissen, ob es nur mit Steven schwierig ist. Kannst du fortfahren, Matt?

MATT: In Ordnung, ich sehe darin nur einen weiteren Versuch, mich zu ändern.

JOAN: Aber dein Vater hat dir doch gesagt, daß das nicht seine Absicht ist.

MATT: Er wollte, daß ich besser werde, darum ging es doch, oder?

JOAN: Nein, er hat nur versucht, dir zu sagen, daß er dich informieren wollte, damit du keine böse Überraschung erlebst. Und du schienst das nicht zu verstehen oder ihm zu glauben.

MATT: Weil ich es schon wußte. Ich wußte, wie ich stehe, und da konnte es natürlich keine Überraschung für mich sein. Es wäre eine für euch gewesen.

JOAN: Aber wir werden doch angerufen, wenn du Probleme in der Schule hast. Deshalb müssen wir es wissen. Wir erfahren es nicht gerne in der letzten Minute.

Wir kennen alle irgendwelche Spielarten dieser komplizierten Scheingefechte. Lesern mit Kindern im Jugendalter wird dieser Tanz sehr vertraut vorkommen, und sie werden Joans und Stevens Ungeduld und Niedergeschlagenheit verstehen können. Andere, die sich an die eigenen Kämpfe um Selbständigkeit erinnern, werden sich besser in Matts ebenso verständliche Frustration hineinfühlen können. Es gehört zur normalen Familienentwicklung, daß die Bedürfnisse der Mitglieder manchmal verschiedene Lösungen verlangen. In solchen Phasen sind Stress, Verwirrung und Konflikt die Nebenprodukte von Verhandlung und Entfaltung. Doch für die Smiths und jede andere neustrukturierte Familie ist das Problem noch komplizierter. Die Familie erlebt zwei auseinanderlaufende Entwicklungsphasen zugleich. Als junge Familie, die kaum drei Jahre alt ist, müssen dort Fragen der Zusammengehörigkeit, enger zu knüpfender Beziehungen und Kooperation geklärt werden. Als Familie mit heranwachsenden Kindern muß sie aber auch mit Problemen der Autonomie und Distanzierung fertig werden. Jede dieser Phasen stellt die Geduld und Klugheit aller Familien und aller Familienmitglieder auf eine harte Probe. Deshalb ist es kein Wunder, daß die Smiths in eine Sackgasse gerieten, als sie versuchten, beide gleichzeitig zu bewältigen.

Im Fortgang der Sitzung exploriere ich die verschiedenen Subsysteme der Familie auf der Suche nach Bereichen, in denen Expansion und Veränderung möglich ist. Zunächst beschäftige ich mich mit der Zweierbeziehung Ehemann/Ehefrau.

M: Steven, es muß doch möglich sein, Matt klarzumachen, daß er sich in einer Weise mit Ihnen verständigen muß, die Sie verstehen können.

STEVEN: Das ist ja einer der Hauptgründe, glaube ich, warum wir hier mit Ihnen zusammensitzen. Ich möchte lernen. Ich mußte vorhin lachen, als Sie sagten, daß ich in langen Sätzen rede, weil ich das wohl wirklich tue. Und wenn ich lernen kann, mir das abzugewöhnen...

M: Joan wird Ihnen dabei helfen, nicht wahr, Joan?

JOAN: Ich habe es schon getan.

M: Mit Erfolg?

JOAN: Am Anfang unserer Ehe habe ich mich gewehrt, wenn er *mir* mit diesen langen, gewundenen Argumenten kam.

M: Und hat er sich Ihnen angepaßt? Denn eine Ehe ist immer ein Anpassungsprozeß.

JOAN: Bestimmt. In Auseinandersetzungen bin ich heute nicht mehr so eingeschüchtert wie am Anfang unserer Ehe. Er hört mir heute besser zu, glaube ich. Ich mußte ihm meine Gefühle erklären. Ich sagte, ich sei auf etwas wütend, und er sagte, das dürfe ich nicht sein, oder er erklärte, warum ich es nicht sein dürfe, oder er nannte mir hervorragende Gründe, keine solche Gefühle zu haben. Wir hatten eine ganze Menge Probleme. Und das schlimmste war, wie wir uns auseinandersetzen sollten, das war die schwierigste Klippe.

M: Wie haben Sie sich verändert, um sich ihm anzupassen?

JOAN: Ich hatte eine Art von Ironie, die ihn verletzte. Ich mußte lernen, meine Zunge zu zügeln und nicht immer gleich mit einer bissigen Erwiderung zur Hand zu sein. Ich komme aus einer großen Familie und wir haben uns auf diese Weise geneckt, und ich hatte Freunde, die das genauso machten. Aber Steven war nicht daran gewöhnt, deshalb habe ich seine Gefühle oft verletzt. Heute tue ich das nicht mehr, ich versuche es jedenfalls.

M: In welcher Weise hat sich Joan verändert?

STEVEN: Eines, was mir so auf Anhieb einfällt, sind die Auseinandersetzungen. Wir hatten sehr heftige Auseinandersetzungen, die sich sehr rasch steigerten, und nach fünf oder zehn Minuten konnte ich sie schreien hören: «Ich hau ab, ich nehme die Kinder und hau ab!» Heute sind unsere Auseinandersetzungen nicht mehr so dramatisch. Wir diskutieren die Dinge ruhiger aus.

Mit unterschiedlichen Erfahrungshintergründen ausgestattet, hatten Joan und Steven ihre Zusammenstöße gehabt, hatten sich mißverständlich ausgedrückt und hatten sich mißverstanden wie jedes andere Paar, das lernen muß, einen einzigen Organismus aus zwei Körpern zu fügen. Langsam lernten sie, einander zu verstehen, und entwickelten eine neue «Kultur» mit eigenen Regeln für die gemeinsame Entfaltung und die Koexistenz.

Wie erging es den Kindern? Joan war vor der Wiederheirat schon einige Jahre geschieden. Sie und ihre Kinder hatten eine relativ stabile Familienform entwickelt. Steven heiratete einen Monat nach seiner Scheidung, nachdem er sich ein Jahr zuvor von seiner Frau getrennt hatte. Matt hatte zunächst bei seiner Mutter gelebt, dann ungefähr ein halbes Jahr mit Steven allein, bevor dieser wieder heiratete. Innerhalb eines Jahres war Joans älterer Sohn ans College gegangen, während Jim begonnen hatte, sich von der Mutter zurückzuziehen. Matt befand sich ziemlich im Mittelpunkt der neuen Familie, verstrickt in die Aufregung, die verbunden war mit der Scheidung seiner Eltern und seiner Entscheidung, beim Vater zu leben und nicht bei der Mutter und zwei älteren Geschwistern. Im neuen Familienmuster war er auch gefangen zwischen zwei Müttern und ihren unterschiedlichen Erziehungsstilen. Dieses Gefühl tritt deutlich zutage, als ich Joan und Matt bei der weiteren Exploration der Zweierbeziehungen bitte, sich zu äußern.

M: Joan, in welcher Weise haben Sie Ihre Beziehung zu Matt verändert, und in welcher Weise hat sich Matt Ihrer Meinung nach in diesen letzten drei Jahren Ihnen gegenüber verändert?

JOAN: Er ist distanziert. Wenn ich ihn in den Arm nehme, erwidert er die Umarmung nicht. Er will nicht, daß ich ihn in den Arm nehme.

M: Aber er ist mittlerweile sechzehn Jahre alt!

JOAN: Na ja, meistens komme ich ihm nicht zu nahe. Aber wissen Sie, es gibt Gelegenheiten – ich tue das bei allen meinen Kindern.

M: Matt, in welcher Weise hat sich Joan verändert, um sich dir im Laufe der letzten drei Jahre anzupassen?

MATT: Ich glaube, ich habe ihr klarer machen können, wie ich die Sache sehe. Ich glaube, sie versucht zu sehr, meine Mutter zu sein, und ich glaube, das ist falsch. Sie meint es sicherlich gut, aber für mich ist es nicht das richtige. Denn dadurch gerate ich zwischen die Stühle.

M: Zwischen die Stühle?

MATT: Zwischen meine richtige Mutter und Joan. Durch die Art, wie Joan mich behandelt, bin ich gemein zu meiner Mutter.

M: Du kannst nicht akzeptieren, daß sie dich erzieht?

MATT: Nein. Warum soll ich zwei Mütter haben? Ich glaube, das ist unfair Joan gegenüber, mir gegenüber und meiner Mutter gegenüber.

JOAN: Ich habe versucht, Elternstelle an dir zu vertreten, und ich habe dir das gesagt.

MATT: Du hast auch gesagt, daß du eine Mutter für mich sein willst.

JOAN: Nun, das ist eine Elternstelle. Ich habe nicht versucht, den Platz deiner Mutter einzunehmen, Matt.

MATT: Ich weiß, aber du hast gesagt, du würdest versuchen, mir eine Mutter zu sein.

JOAN: Und du hast gedacht, ich wollte dich dafür entschädigen, daß du während der Eheprobleme deiner Eltern kein sehr erfreuliches Familienleben gehabt hast?

MATT: Ich glaube, du hast zu vieles auf einmal versucht, und ich meine, es war wirklich unvernünftig, soviel von mir zu erwarten.

JOAN: Ich habe anfangs gar nicht so viel erwartet. Ich war überrascht, wie liebevoll du anfangs warst, aber das war in Ordnung so.

MATT: Mag sein, daß ich dich damals gemocht habe, aber die Art, wie du versucht hast, mich unterzubuttern, mochte ich nicht.

JOAN: Ich wüßte nicht, wie ich dich untergebuttert hätte, Matt.

MATT: Indem du versucht hast, eine Mutter für mich zu sein.

Bei der gemeinsamen Rekonstruktion ihrer Geschichte offenbaren Matt und Joan das Muster, das sie seit langem auf unfreundlicher Distanz hält. Statt ihrer rudimentären Beziehung von Stiefmutter und Stiefsohn zu gestatten, sich entsprechend dieser Voraussetzungen zu entwickeln, drängen sie einander in Phantasierollen, die nichts mit der Wirklichkeit zu tun haben. Joan berichtet, daß sie von Matts liebevoller Zuwendung «überrascht» war. Umgekehrt erinnert sich Matt, daß Joan ihn durch den Versuch, eine Mutter für ihn zu sein, «untergebuttert» habe. Weil die Beziehung zu rasch zu eng wurde, mündete sie im Konflikt. In gewisser Weise war die Familienorganisation an dieser Sackgasse schuld. Ein Abschnitt, der eine Übergangsphase in ihrer Beziehung hätte sein können, wurde zu einem dauerhaften Problem, das Matt und Joan nicht lösen konnten, weil sie viel zu wütend waren. Wir werden weiter unten sehen, welche Anteile Steven an der Fortdauer dieses Musters hatte. Aber ich war noch immer mit der Exploration der Zweierbeziehungen beschäftigt, deshalb wandte ich mich Joans Sohn zu.

M: Ich würde auch gern wissen, Jim, wo du innerhalb dieser Familie stehst.
JIM: Was meinen Sie damit, wo ich stehe?
M: Ich frage mich, ob für dich überhaupt noch Platz in der Familie bleibt, seit Matt so sehr im Mittelpunkt steht.
JIM: Ich glaube, ich habe gar kein Interesse daran. Ich gehe zur Schule und nach der Schule zum Sport, und ein paarmal in der Woche gehe ich vom Sport direkt zur Arbeit; an den Wochenenden arbeite ich auch – also ich bin nicht viel zu Hause. Doch wenn ich zu Hause bin, dann gibt es diese endlosen Gespräche bei Tisch, so wie hier am Anfang, und da mag ich nicht dabeisein, weil sie jedes zweite Mal mit einer Auseinandersetzung enden, und ich mag nicht dabeisitzen, wenn sie Streit haben. Deshalb stehe ich gleich nach dem Abendessen vom Tisch auf und gehe aus oder nach oben.
M: Du drückst dich also.
JIM: Vermutlich. Sie machen schon spitze Bemerkungen, wenn ich zweimal hintereinander zum Abendessen zu Hause bin.
M: Das ist also deine Art, dich der Familie anzupassen, du machst dich einfach rar.
JIM: Wahrscheinlich.
M: Ist es dir so am liebsten?
JIM: Ich denke manchmal darüber nach. Ich glaube, ich lebe in einem Haus, nicht in einem Heim. Ein Heim, das ist für mich ein Ort, wo die Menschen wirklich zusammenleben, aber dies ist für mich kein Heim, nur ein Haus.

M: Hat sich die Beziehung zu deiner Mutter in den letzten drei Jahren verschlechtert?

JIM: O ja, das hat sie. Als sie wieder heiratete, haben sich die Dinge verändert. Da hab ich mich wohl von ihr gelöst. Die Beziehung war nicht mehr so eng. Es gab von Anfang an eine Veränderung durch die Art, an die Steven und Matt gewöhnt waren, wir waren lange nicht mehr so offen. Es war wohl wie mit der Art, uns zu veräppeln. Ich war daran gewöhnt, mit meiner Mutter herumzualbern, das hat sich geändert. Es war einfach nicht mehr so wie vorher.

Während Matt in den Kampf mit Joan verstrickt war, wurde Jim durch diesen Kampf ausgeschlossen. Durch die Konflikte, die sich auf Matt konzentrierten (der dergestalt beide Eltern vereinnahmte), wurde Jim nach außen gedrängt. Dieser hatte überdies das Empfinden, daß ihm die Mutter entglitt – nicht nur in die nutzlosen Auseinandersetzungen mit Matt und Steven, sondern auch in deren Familienmuster, das ihm im Vergleich zum gewohnten Muster seltsam vorkam. Nachdem Jim sowohl die Mutter als auch den affektiven Kontext der Ursprungsfamilie verloren hatte, fühlte er sich natürlich heimatlos. Interessanterweise wurde Jims Verlassenheit und versteckte Depression von der Familie nicht als Problem registriert. Ich weiß nicht, was besser ist: wenn ein Problem etikettiert oder wenn es nicht zur Kenntnis genommen wird. Jedenfalls hatte die Familie Matt als Problem etikettiert und zu einem Therapeuten gebracht. Und Matt hat großes Geschick darin, sich zum Mittelpunkt zu machen, auch wenn es auf seine Kosten geht.

Der nächste Ausschnitt stammt aus einem Interview, das zwei Wochen später stattfand. Joan hatte meine Hinweise rasch begriffen, die besagten, daß sie Steven und Matt nur behindere, wenn sie versuche, ihnen zu helfen. Sie und Steven überließen es nun nach Möglichkeit Matt und seinem Vater, ihre Streitigkeiten auszutragen. Obwohl es noch viele Schwierigkeiten gibt, vergleiche man die folgende Interaktion mit der vorstehenden.

STEVEN: Ich glaube, ich muß irgendeinen Weg finden, daß du mit mir sprechen kannst, ohne daß ich mich aufrege.
MATT: Wenn ich dir ernsthaft zuhören würde, würdest du mich der Außenwelt stärker entfremden.
STEVEN: Verstehe ich nicht.
MATT: Ich glaube, wenn ich auf dich höre, werde ich dadurch anders als alle anderen. Nicht durch das, was du sagst, sondern durch die Art, wie ich es aufnehme.
STEVEN: Ich weiß nicht, was du meinst, Matt.
MATT: Na ja, es fällt mir schwer, es genau auszudrücken, aber ich habe mich dagegen gewehrt, weil das, was du gesagt hast, mein Zusammensein mit anderen beeinträchtigt hat.
STEVEN: Wenn du auf mich hörst, dann kommst du schlechter mit anderen aus?
MATT: Es liegt einfach daran, wie ich aufnehme, was du sagst.
M: Willst du damit sagen, daß dein Vater so viel Einfluß hat?
MATT: Ja.
M: Daß sein Denken dein Denken organisiert?
MATT: Nicht organisiert, sondern *des*organisiert.
M: So mächtig ist sein Einfluß?
MATT: Ich würde ihn nicht als mächtig bezeichnen.
M: Du meinst, daß die Meinung deines Vaters sehr einflußreich sein kann.
STEVEN: Aber er will das gar nicht.
M: Ich glaube, Matt will damit sagen, daß er eine zu enge Beziehung zu Ihnen hat. Oder Sie zu ihm. Ihr Empfinden dagegen sagt Ihnen, daß er sich von Ihnen zu sehr distanziert.
STEVEN: Ja, das habe ich immer gedacht. Und mir immer den Kopf zerbrochen, was ich dagegen tun könnte.
MATT: Darum würde ich mir jetzt noch keine Sorgen machen. Ich glaube, wir müssen das erst einmal definieren.
STEVEN: Mit solchen Äußerungen habe ich große Probleme.

Ich weiß nicht genau, aber für mich bedeuten sie soviel wie: «Laß das sein!» oder «Wenn ich an deiner Stelle wäre, würde ich mich nicht darum kümmern». Das verletzt mich; in mir krampft sich dann alles zusammen.

M: Sehr gut. Matt muß wissen: wenn er Sie ablehnt, macht er Sie verkrampft.

STEVEN: Und wie! Gerade eben hast du gesagt, Matt, daß die Dinge, die ich sage, große Wirkung auf dich haben, größere als du möchtest. Aber wenn du mich dann abweist, indem du sagst «Laß mich in Ruhe» oder etwas Ähnliches, dann geht mir das an die Nieren. Es macht mich wütend, wahnsinnig wütend.

M: Verstehst du, was er sagt?

MATT: Er sagt, daß, wenn... wenn ich ihn ablehne...

M: Er leidet.

MATT: Ja, und wenn ich ihn akzeptiere, leide *ich*.

Matt fühlt sich von seinem Vater bevormundet, während dieser sich von Matt abgelehnt fühlt. Beide haben sie das Gefühl, der andere habe zuviel Macht, und reagieren zu heftig – Steven, indem er den Sohn noch wütender bedrängt, Matt, indem er sein Verlangen nach Distanz übertreibt. Ich beschreibe diese endlose Verfolgungsjagd und mache dadurch sichtbar, was sich hinter diesen ewigen Streitereien verbirgt: die tiefe gegenseitige Abhängigkeit von Vater und Sohn. Sie lieben sich und brauchen sich und verbergen das hinter wechselseitigen Schuldzuweisungen.

Im nächsten Ausschnitt bediene ich mich einer Metapher, der Schnur, die Fisch und Fischer miteinander verbindet, um deutlich zu machen, wie komplementär ihre Transaktionen sind. Eine Prise Humor entschärft die Emotionen, und mit freundlicher Lenkung gelingt es, Vater und Sohn aus dem Teufelskreis von Kontakt, Kampf und Flucht herauszuführen.

M: Sind Sie Angler, Steven?

STEVEN: Nein.

M: Ich komme nur darauf, weil Matt Sie ködert. Und ich frage mich, warum Sie anbeißen. Ich glaube nicht, daß du ihn absichtlich köderst, Matt, aber du tust es.

MATT: Warum sollte ich?

M: Ich weiß nicht, Matt, wirklich nicht. Die Seele des Menschen ist so rätselhaft, daß ich den Grund nicht kenne. Ich weiß nur, daß du es tust und daß dein Vater dir jedesmal an den Haken geht. Dann reagierst du auf seine Wut und fängst an, unverständlich zu reden. Also, wie könnt ihr das in Zukunft verhindern?

MATT: Sie behaupten also, ich beginne mit den Streitereien? Das stimmt nicht. Sie sagen, ich ködere ihn? Auch das ist nicht wahr.

M: Ich hab beobachtet, wie du es hier tust. Ich bin sicher, daß auch dein Vater es tut. Ihr seid aneinander gefesselt wie Angler und Fisch.

MATT: Er ködert aber auch!

M: Ich glaube, du fühlst dich als Fisch nicht wohl. Aber als Angler fühlst du dich sicherlich auch nicht wohl.

MATT: Aber es gibt einen Unterschied: Ich schreie nicht zurück.

M: Nein, wenn du am Haken sitzt, sprichst du unverständlich. Wenn er sich wie ein Fisch fühlt, schreit er und greift dich an, und er fühlt sich krank von all den Knoten in seinem Inneren. Die Frage ist, wer schneidet die Schnur durch? Das Ganze ist doch schmerzhaft für euch beide.

STEVEN: Das alles ist so festgefahren, daß ich schon mit solchen Sachen rechne und überhaupt keine Geduld mehr habe.

M: Aber Sie verstehen, daß Matt Ihnen erklärt, er fühle sich manchmal wie ein Fisch?

MATT: Wenn er schreit und wenn ich mich im Kreise drehe, wieso ist das dann das gleiche?

M: Wollt ihr beiden aus diesem Wirrwarr heraus? Oder gefällt er euch?

STEVEN *(lacht)*: *Ich* möchte da raus.

MATT: Was hat das damit zu tun, daß ich mich beim Reden im Kreis bewege? Das müssen Sie mir mal ganz genau erklären.

M: Die Frage lautet, ob du da bleiben möchtest. Denn wenn das der Fall ist, möchte ich dir den Spaß nicht verderben.

MATT *(lacht, offensichtlich mit sich selbst zufrieden)*: Das ist wirklich komisch. Das sollen wir wohl begreifen: Wer sich beim Reden im Kreise bewegt, ist ein Fisch.

Was als eine weitere Runde im erbitterten Kampf zwischen Vater und Sohn um psychischen Raum begann, hat sich in ein Spiel verwandelt. Matts Weitschweifigkeit und die Tiraden des Vaters werden in eine einzige Metapher gefaßt – «sprechen wie ein Fisch» – und dadurch entschärft. Die Namensänderung des Spiels fordert sowohl den Jungen wie den Vater heraus: «Wer von euch schneidet die Schnur durch?» Beide Seiten antworteten lachend. Dieser Zwischenfall bezeichnete den Beginn einer radikalen Veränderung in Matts Verhalten und in der familiären Situation. Damit begann auch eine Phase in der Therapie, in der es stärker darum ging, Fragmente zu einem größeren Muster zusammenzufügen.

STEVEN: Manchmal fand ich, daß du zu nachgiebig warst – daß du Jim zuviel Freiheit gelassen hast. Und du hattest das Gefühl, daß ich ihm nicht genug Freiheit gelassen habe.

JOAN: Du meinst sein Kommen und Gehen?

STEVEN: Ja, sein Kommen und Gehen, wie oft er das Auto bekommt und lauter solche Sachen.

JOAN: Ah ja.

STEVEN: Ich fand, die Autos solle er nur für ganz besondere Gelegenheiten kriegen, und ein eigener Wagen sei unnötig. Ich meine diese Art von Rahmenvorgabe.

JOAN: Weil ich gesagt habe, wenn er sein Geld selbst verdient, könnten wir ihm nicht vorschreiben, wie er es ausgibt. Der Meinung bin ich noch heute.

STEVEN: Deine Mutter und ich sind in diesem Punkt unterschiedlicher Meinung, Jim. Vielleicht nicht mehr ganz so gegensätzlich wie früher.

M *(an Jim gewandt)*: Bist du also Teil eines Dreiecks geworden?

JOAN: Das haben wir wohl nie mit Jim besprochen. Dieser Disput findet nun zwischen uns beiden statt.

Ein Familiensubsystem kann schwerlich allein funktionieren. Wenn Eltern gegensätzliche Vorstellungen hinsichtlich eines Kindes haben, muß dieses die Spannung spüren. Joans Unkenntnis über die Vorgänge in der eigenen Familie ist nichts Ungewöhnliches.

M: Ich denke auch, daß die Dinge in deinem Inneren ziemlich rätselhaft ablaufen, Jim. Wenn Steven ärgerlich wird auf dich, denkst du dann nicht manchmal: «Mama würde sich ganz anders verhalten» oder: «Mein eigener Vater ist da ganz anders»? Suchst du manchmal Hilfe bei deiner Mutter?

JIM: Ich suche keine Hilfe, und ich glaube auch nicht, daß andere Leute anders denken bei solchen Sachen.

STEVEN: Du gehst doch aber bei solchen Entscheidungen zu deiner Mutter, Jim. Das geschieht sehr häufig. Ich bespreche ein Problem mit dir oder bitte dich, etwas zu tun, und höre nichts mehr. Ein paar Tage später spreche ich Joan darauf an und stelle fest, daß ihr beiden darüber geredet und entschieden habt, was zu tun ist. Ich meine damit nicht, daß ich unglücklich über eure Entscheidungen bin, ich sage nur, du löst deine Probleme häufig, indem du mit Joan über sie sprichst. Ich glaube, das gehört zu den Dingen, die ich gerne ändern würde.

M: Das Dreieck wird also auch durch Jim aufrechterhalten?

STEVEN: Ich glaube ja.

Steven scheiterte nicht nur mit seinen Versuchen, mit Matt ins reine zu kommen, er mußte obendrein noch die Zurückweisung seines Stiefsohnes hinnehmen. Ich ermunterte Steven, mit Jim zu sprechen.

STEVEN: Vielleicht habe ich einige der Grenzen selbst gesetzt, aber da du so viel lieber mit deiner Mutter sprichst als mit mir und da du dich so viel bereitwilliger an sie wendest, habe ich bei weitem kein so offenes Verhältnis zu dir, wie ich möchte. Ich wäre gern mit dir befreundet. Worauf ich mit dem ganzen hinauswill, ist, daß ich gerne mit dir befreundet wäre. *(Jim reagiert nicht.)* Hast du verstanden, was ich gesagt habe?

JIM: Na ja, so im großen und ganzen.

M: Hast du verstanden, worum er dich bittet? Er hat ganz offen mit dir gesprochen und dich um etwas gebeten. Willst du ihm nicht antworten?

JIM: Ich weiß, was er meint. Wenn er mich um etwas bittet oder wenn ich eine Frage habe, dann soll ich mit ihm darüber sprechen und nicht mit Mama.

M: Kannst du ihm darauf antworten?

JIM: Ich habe verstanden, was er gesagt hat.

M: Warum antwortest du ihm dann nicht?

JIM: So, wie es bei mir angekommen ist, war es keine Frage. Er hat nur gesagt, wie ihm zumute ist.

Jetzt ist klar, wie Jim und Steven in dieser Situation gefangen sind. Joans Anwesenheit an der dritten Ecke eines uneingestandenen Dreiecks hat die Entwicklung ihrer Beziehung verzögert. Solange sie als bequeme Mittlerin zur Hand war, wurde kein Neuland betreten. Infolgedessen waren sich die beiden – Steven und Jim – noch immer so fremd und unvertraut wie zu Beginn ihres gemeinsamen Lebens drei Jahre zuvor.

Die Entwicklung neuer Beziehungen in Mischfamilien kann durch unterschiedliche Vertrautheit in den Beziehungen ihrer

Mitglieder beeinträchtigt werden. Jim und Joan hatten fünfzehn Jahre gemeinsamer Geschichte hinter sich, bevor Steven in ihr Leben trat. Außerdem bestimmten jahrhundertealte Normen die Mutter-Sohn-Beziehung. Jim und Steven konnten sich lediglich auf ein paar Jahre im selben Haushalt stützen. Deshalb mußten sie ganz bewußt die Bedingungen ihrer Beziehung festlegen, wenn sie diesen Namen verdienen sollte. Das verlangt eine besondere Art einfühlsamer Zusammenarbeit, die leicht durch alte Bedingungen gestört werden kann. Steven fand einfach keinen Zugang zu Jim auf eine ihm gemäße Art.

Während dieser Sitzung blockte ich wiederholt Joans versteckte Einmischungsversuche ab, um die direkte Interaktion zwischen Vater und Stiefsohn zu fördern. Als sie beide anfingen, den neuen Dialog als angenehm zu empfinden, konnte ich ihnen eine Aufgabe zuweisen. Jim befand sich in dem langwierigen, schwierigen Prozeß der Suche nach einem geeigneten College und der Zusammenstellung seiner Bewerbungsunterlagen. Aus Unwissenheit und Angst schob er die Sache vor sich her und schuf damit ein Problem, das Steven und Joan große Sorge bereitete. Ich forderte Steven auf, Jim bei seinen Collegebewerbungen zu helfen, und bat Joan, die Aufgabe nicht dadurch zu entwerten, daß sie sich Jim auch in diesem Bereich als Ansprechpartner zur Verfügung stellte. In der letzten Sitzung hatte Jim drei Bewerbungen fast postfertig, und die beiden Männer unterhielten sich über ihr gemeinsames Interessengebiet Autos mit einer Lebhaftigkeit, die ihnen beiden Freude zu bereiten schien.

Die folgenden Gesprächsauszüge stammen aus der sechsten Sitzung. Bemerkenswert ist, wie sich Matts Beiträge seit der ersten Sitzung gewandelt haben. Er bittet um Erlaubnis, sich an einem Dialog zwischen Joan und Steven beteiligen zu dürfen, und seine Äußerungen sind direkter und angemessener. Wir erörterten die Frage, wer wen erzieht.

M *(an Joan gewandt)*: Steven hat den Eindruck, daß Sie eine feste Regel haben, die besagt: «Mein Sohn ist ganz allein meine Angelegenheit.»

JOAN: Darüber haben wir schon gesprochen. Ich glaube nicht...

M: Solche Regeln werden so unmerklich mitgeteilt, daß man beim besten Willen nicht sagen kann, wie sie zustande kommen. Hat Steven Ihnen gesagt, wie Sie seine Kinder behandeln sollen?

JOAN: Ja, das hat er. Jetzt nicht mehr.

M: Und wie lautete die Botschaft?

JOAN: Na ja, sie war nicht verbal. Ich habe sie gespürt, seinem Verhalten entnommen, und sie besagte, daß ich mich zu sehr um Matt kümmerte, ihn zu oft zurechtwies. Ich hatte den Eindruck, daß ich ihn überhaupt nicht zurechtweisen sollte. Wir haben es dann geklärt, aber anfangs habe ich mich geweigert, darüber zu sprechen.

STEVEN: Könntest du ein bißchen konkreter werden.

JOAN: Wenn ich Matt zurechtwies, mochtest du das nicht. Du hast ihn in Schutz genommen.

STEVEN: Ich fand dich zu kurz angebunden.

MATT: Was heißt das? Oder ist das ein Zweiergespräch?

M: Nein, nein, du darfst dich gern beteiligen.

STEVEN: Ich fand, daß Joan zu kurz angebunden war, zu schnell mit einem Tadel bei der Hand, zu sarkastisch.

JOAN: Ich glaube nicht, daß ich Matt gegenüber sarkastisch war.

MATT: Ich glaube doch. Ich kann mich an Augenblicke erinnern, wo du wütend warst...

M: War das bei dir das gleiche, Jim? Deine Mutter hatte das Gefühl, daß Steven zu brüsk mit dir war und hat deutlich gemacht, daß er das nicht dürfe. Steven hatte den Eindruck, sie würde Matt, sein Kind, nicht verstehen. Das ist eine Art Parallelprozeß.

MATT *(an Steven gewandt)*: Das ist jetzt vorbei, Papa, aber anfangs hatte ich das Empfinden, du wolltest, daß ich mich Joans Regeln anpasse, mich entsprechend verändere. Wann ich ins Bett mußte zum Beispiel. Ich habe mich verändert. Ich fand das Leben ganz anders, etwas traumatisch.

STEVEN: Was war traumatisch, Matt?

MATT: Daß ich zu einer anderen Zeit ins Bett mußte. Ich paßte mich an, aber ich glaubte, wir würden Joans Lebensweise übernehmen. Es kam mir nicht so vor, als würden wir beide Lebensweisen miteinander verbinden. Nach meinem Eindruck veränderten wir beide uns so, daß wir in Joans Leben paßten.

STEVEN: Ich weiß. Wir haben darüber gesprochen. Ich erinnere mich, daß ich dich gebeten habe, dir Mühe zu geben und vernünftig zu sein. Ich erinnere mich daran.

M: Das ist interessant, Steven. Matt hatte das Gefühl, daß von Ihnen und ihm mehr Anpassung verlangt wurde.

MATT: Ich habe mich angepaßt, aber ich fühlte mich noch stark verbunden mit meiner eigenen Familie. Und ich finde noch heute, daß die Umstellungszeit sehr kurz war. Wenn ich heute daran zurückdenke – man hat uns einfach auseinandergerissen.

M: Du sagst, du hast dich der anderen Familie verbunden gefühlt. Ist dies jetzt deine Familie?

MATT: Hm, im Grunde ja. Wissen Sie, man hat uns nun einmal so zusammengebracht, aber ich fühle mich noch immer der anderen verbunden.

STEVEN: Du sagst verbunden, Matt – was meinst du damit?

MATT: Ich kann die alte Familie nicht einfach aus meinem Gedächtnis streichen.

M: Hast du manchmal das Gefühl, daß dein Vater dich verrät? Hast du das Gefühl, daß er dich nicht genügend unterstützt, wenn du eine Meinungsverschiedenheit mit Joan hast?

MATT: Ich nehme an, daß ich dazu neige, wenn ich wütend bin, ja.

M: Sollte er deine Partei ergreifen?

MATT: Na ja, wenn du von Anfang an immer meine Partei ergriffen hättest, hätten wir uns wohl immer mehr auseinandergelebt. Wir alle hätten nicht zusammengefunden, wenn du immer auf meiner Seite gewesen wärst. Doch wenn ich wütend bin, habe ich das Gefühl, daß man mich runtermacht.

JOAN: Daß man sich gegen dich verbündet?

MATT: Genau.

M: Das gleiche hat Jim vorhin gesagt. Beiden ist euch die neue Heirat als Verrat erschienen.

MATT: Ich glaube, so könnte man das ausdrücken. Heute denke ich nicht mehr so, weil ich irgendwo in der Mitte zwischen Ärger und Zufriedenheit stehe.

Natürlich haben beide Eltern anfangs versucht, den Zugang des neuen Partners zum eigenen Kind zu kontrollieren. Schließlich hat die gemeinsame Geschichte Elternteil und Kind gelehrt, im anderen zu lesen. Der neue Ehepartner ist in ihrer Sprache ein Analphabet. Der Zugang zu den Neuankömmlingen muß sich langsam herausbilden. Bei den Smiths verlief dieser Prozeß unterschiedlich in den beiden Halbfamilien. Während Steven und Jim keine autonome Beziehung entwickeln konnten, kamen sich Joan und Matt zunächst sehr nahe, um sich dann weit voneinander zu lösen. Vieles mag zu diesen Szenarien beigetragen haben. Unterschiede in den ursprünglichen Zweierbeziehungen können zu verschiedenen Ergebnissen geführt haben, als eine dritte Partei ins Spiel kam. Entsprechend mögen bei Joan und Steven unterschiedliche Formen der Annäherung an die Stiefsöhne in diesen unterschiedliche Arten des Widerstands hervorgerufen haben – während Joan sich aktiv um Matt bemühte, begnügte sich Steven mit einer passiven Beobachtung Jims. Wichtiger vielleicht noch war der unterschiedliche Entwicklungsstand der beiden Jungen. Jim war ein älterer Jugendlicher, der sein Identitätsgefühl aktiv in einem sozialen Netzwerk von Gleichaltrigen festigte. Der zwei Jahre jüngere Matt war noch verzweifelt bemüht, sich von dem Vater zu lösen, um die eigene Persönlichkeit entfalten zu können. Deshalb ist verständlich, daß Jim auf die verwirrende Erfahrung veränderter Familien- und Haushaltszusammenschlüsse mit einer Beschleunigung seiner Distanzbestrebungen reagierte, während Matts Reaktion darin bestand, sich noch verbissener in die heftigen Auseinandersetzungen mit beiden Eltern zu stürzen.

Die gegensätzlichen Zielsetzungen der Familienmitglieder, die in allen Familien zwangsläufig Konflikte und Ängste hervorrufen, werden durch die Verhältnisse in Mischfamilien verstärkt. In der Smith-Familie wurde der natürliche Gegensatz zwischen Selbständigkeit und Geborgenheit zu einem Kampf zwischen den neuen Eltern und den Kindern, zu einer Auseinandersetzung nicht nur über Nähe und Ferne, sondern auch über Vergangenheit und Gegenwart. Die Botschaft der Eltern lautete im Grunde genommen «Einreihen». (Steven erinnert sich, daß er Matt gesagt hat, er solle «mitziehen und vernünftig sein», und Joan hatte Matt zu verstehen gegeben, sie wolle «ihn entschädigen für das, was seine leibliche Mutter ihm nicht gegeben hat».)

Eine solche Botschaft kann von Kindern als Negierung empfunden werden, als Negierung nicht nur ihrer früheren Erinnerungen und Erfahrungen, sondern auch ihrer Gegenwart. Kinder in Mischfamilien bewegen sich oft in einem sehr viel komplexeren Beziehungsgefüge als ihre Eltern. Häufig nehmen sie aktiv an zwei Familiensystemen teil, wandern zwischen zwei Haushalten hin und her oder stehen zumindest in Kontakt mit den Mitgliedern des alten Familiensystems und all den neuen, welche der Gruppe zugewachsen sind. Wenn die neuen Ehepartner die Kinder drängen, sich der neuen Familie anzupassen, statt ihnen zu ermöglichen, für ein komplexes Problem eine komplexere Lösung zu entwickeln, kann es leicht dazu kommen, daß die Kinder sich «einigeln». Oder anders gesagt, in dem Maße, wie die Kinder von den Eltern dazu aufgefordert werden, die Vergangenheit zu leugnen, werden sie sich weigern, die Gegenwart zu akzeptieren. In der Smith-Familie empfanden beide Jungen die Heirat ihrer Eltern als Verrat. Offensichtlich entsprach der Druck, sich der neuen Familie anzupassen, nicht ihrer Vorstellung von einer Zusammenarbeit auf Viererbasis, sondern war für sie die Negation ihrer eigenen familiären Subkultur, ein Triumph der Kultur der «anderen».

Am Ende der siebten Sitzung schlug ich den Eltern vor, den beiden Kindern von ihrer Jugendzeit zu erzählen. Bei eigenen Kindern bereitet Eltern dies oft großes Vergnügen. In Mischfamilien können dadurch wichtige Kommunikationsmöglichkeiten gebahnt werden, denn die Familie muß sich in kürzester Zeit eine gemeinsame Geschichte zulegen. Was dabei herauskam, berichteten Joan und Steven in der achten und letzten Sitzung. Die quälende Spannung der ersten Sitzungen hatte einer gelasseneren Stimmung Platz gemacht.

STEVEN: Wir haben über die Dinge gesprochen, die ich in der Schule erlebt habe. Es ging darum, daß ich in der Grundschule eine Klasse übersprungen hatte. So fühlte ich mich ziemlich fehl am Platze, weil ich ein Jahr jünger als die anderen Kinder war. Ich wollte Freunde haben und suchte mir dazu die Burschen in der Klasse aus, die am meisten Aufmerksamkeit erregten. Ich wollte zu ihnen gehören. Wenn jemand mit einem Radiergummi schmiß … so habe ich Anschluß an die Gruppe gefunden. Wir haben darüber gesprochen, und Joan hat ein paar Erlebnisse aus ihrer Schulzeit erzählt.

M: Sie haben Matt erzählt, daß Sie vor langer Zeit auch einmal jung gewesen sind.

JOAN: Steven und ich unterhielten uns darüber, und Matt begann sich dafür zu interessieren.

M: Waren sie interessant, Matt?

MATT: Ich glaube ja. Sie waren menschlich.

M: Du hast das nicht gewußt?

MATT: Es ist leider so, daß sie jung waren, bevor man geboren wurde, oder?

M: Ja, so ist das gewöhnlich.

MATT: Sie werden menschlicher, wenn man weiß, daß sie keine braven kleinen Kinder waren.

M: Hilft das?

MATT: Ja. Ich fühle mich weniger unbehaglich und kann leichter reden. Gestern abend...

STEVEN: Ich war nicht wütend gestern abend.

MATT: Ich weiß, aber du hast mich angeschrien: «Bring die Verlängerungsschnur nach unten.»

STEVEN: Ich war böse auf Jim, und Jim war nicht da, nur du. Da habe ich dich angeschrien, und der Ton meiner Stimme war...

MATT: Ich habe anders darauf reagiert als früher. Mir war klar, daß es Jims Schuld war. Ich stand einfach da und war ganz ruhig.

STEVEN: Ja, und ich war dir dafür dankbar, als ich später darüber nachgedacht habe. Wenn du gemeckert hättest, hätte es die Sache nur schlimmer gemacht. Doch du hast mich in Ruhe gelassen, ich habe eine Weile getobt, und dann war es vorbei.

MATT: Ich habe zu helfen versucht.

M: Du brauchst mich nicht mehr. Du bist soweit, daß du deinem Vater Beistand leisten kannst. Mich brauchst du nicht mehr.

Die Menschen lernen keine neue Sprache über Nacht. Dennoch sprachen die Smiths in einem anderen Idiom. Das Ziel, das ich mir als Trainer für Familien im Übergang setze – nicht, sie etwas Neues zu lehren, sondern ihnen eine Sichtweise zu vermitteln, die ihnen ihre Wirklichkeit in einer anderen Perspektive zeigt – war erreicht. Die Muster hatten sich verändert, und alte Fertigkeiten konnten plötzlich in viel weiterreichender Weise angewendet werden.

LESER: Ich glaube, ich weiß jetzt, warum du diese Familien im Übergang gewählt hast. Aber weißt du, ich mache mir doch Sorgen um die traditionelle Familie. Was wird aus…

AUTOR: Die traditionelle Familie wird bleiben, was sie ist – eine von vielen möglichen Familienformen. Und ich weiß gar nicht, ob das, was wir vor Augen haben, wirklich so neu ist. Ich lebe in einer traditionellen Familie: Meine Frau und ich haben zwei Kinder, das ältere ist ein Sohn, und wir sind seit zweiunddreißig Jahren verheiratet. Tatsächlich jedoch – wir sagen es im Scherz, aber es ist durchaus wahr – haben wir mindestens dreißig Scheidungen und Wiederheiraten hinter uns. Jedesmal eine neue Möglichkeit.

LESER: Das ist interessant. Als ich das Kapitel «Trio» las, war ich mir sicher, daß du geschieden und wiederverheiratet bist. Du schienst mir entschlossen, die Schwierigkeiten zu übergehen und dich auf die Chancen zu konzentrieren.

AUTOR: Du hast recht, aber der Grund ist, daß Familien Organismen sind, die einem ständigen Veränderungsprozeß unterworfen sind, während sie versuchen, sich selbst gleichzubleiben. Man kann der Gestalt nachtrauern, die verlorenging, doch vernünftiger ist es, die Möglichkeiten der neuen ins Auge zu fassen. Ich habe vor kurzem meine Mutter verloren. Ich bin zweiundsechzig, und sie war zweiundachtzig. Seither habe ich ihr Bild von meinen Großeltern auf dem Schreibtisch stehen und bin mir schmerzlich bewußt, daß die Überlieferung, die meine Mutter noch im Gedächtnis trug, mit ihr gestorben ist. Meine Erinnerungen sind zusammengeschmolzen. Ich bin weniger geworden. Doch mit dem Tode meiner Mutter sind meine Frau und ich zur ältesten Generation geworden, und plötzlich erlebe ich voller Vergnügen die Fürsorglichkeit meiner Kinder. Die Zeit wird die Wunden heilen, und es werden sich neue Verbindungen knüpfen, vor allem zu meinen Geschwistern. Wir werden Großeltern werden, und mit der Zeit und der Veränderung werden sich Krisen, Übergänge und Möglichkeiten ergeben.

LESER: Das mit deiner Mutter tut mir leid. Ich verstehe, worauf du hinauswillst. Du glaubst an Entwicklung durch Experimente. Du hältst dich an die Hoffnung.

AUTOR: Besser als sich an Drogen zu halten.

LESER: Bist du hoffnungssüchtig?

AUTOR: Ich glaube, wir bleiben alle gewaltig hinter unseren Möglichkeiten zurück.

LESER: Einen Augenblick. Du meinst, eine systemische Sichtweise könnte das korrigieren? Wenn der einzelne akzeptieren würde, daß er Teil eines größeren Ganzen ist, würde er viele seiner Einschränkungen verlieren und paradoxerweise zu individueller Entfaltung in der Lage sein? Du meinst, die Komplementarität unserer Situation zu verstehen, hieße, Harmonie herzustellen?

AUTOR: Ja, und Demut – weniger Zank und Streit, weniger Vorwürfe und Aggressionen.

LESER: Jetzt hörst du dich mehr an wie ein Priester als wie ein Sozialwissenschaftler.

AUTOR: Ich habe Rabbiner unter meinen Vorfahren. Doch ich spreche nicht vom gottgefälligen Leben, sondern von einem epistemologischen Wandel. Weißt du, man kann sich selbst als zugehörig begreifen. Ich habe mich immer als Teil von Mustern empfunden – als Teil meiner Geburtsstadt in Argentinien, eingebettet in ihre ländliche Umgebung, als Mitglied des jüdischen Minuchin-Clans, als Sohn und Bruder, in Konkurrenz den Freunden meiner Kindheit verbunden, als Neffe, Vetter, Ehemann, Vater. Ich habe mich immer eingebunden gefühlt. Du nicht?

LESER: Wenn du so fragst, muß ich natürlich mit Ja antworten. Sicherlich gibt es eine Fülle von Bindungen – die wichtigen Menschen in meiner Vergangenheit, die ich noch in mir trage. Doch wir unterscheiden uns insofern, als ich sie als Einschränkungen, ja, als Kontrolle empfinde.

AUTOR: Das ist eine Frage der Interpunktion. Stets konstruieren wir unsere Gegenwart und rekonstruieren die Vergangenheit, radieren Kommas aus und fügen Ausrufezeichen hinzu. Unsere Kultur neigt zur Überbetonung des Ichs und zur Verwischung der Bindungen.

LESER: Dein Umgang mit der Wirklichkeit ist etwas leichtfertig. Du läßt die Tatsachen so aufmarschieren, daß sie deine Behauptungen bestätigen, als sei alles nur eine Frage der Perspektive.

AUTOR: Perspektive ist Wirklichkeit unter einem bestimmten Blickwinkel und umgekehrt. Weißt du, mein Denken wurde anders, als ich anfing, die Menschen im Kontext zu sehen. Ich begann, die Grenzen meines Ichs in Frage zu stellen und eine gewisse Verwandtschaft sogar mit Wespen und Bienen zu empfinden.

LESER: Aber du selbst bist das Allerwichtigste.

AUTOR: Ja natürlich. Ich weiß, daß es nicht stimmt, aber ich kann mich nicht daran hindern, mich so zu empfinden.

LESER: Jeder empfindet es so. Kannst du dich selbst wirklich als Bestandteil, als Fragment fühlen?

AUTOR: Du hast mich überführt. Ich fühle mich tatsächlich als Mittelpunkt des Universums, als in sich abgeschlossene Insel. Aber ich weiß, daß es töricht ist und daß ich in Wahrheit nur das Teilchen in einem Kaleidoskop bin. Eine winzige Drehung genügt und ich werde zu einem Teil in einem anderen Muster.

LESER: Nun, das weiß ich wohl auch, obwohl es kein sehr angenehmer Gedanke ist. Nehmen wir die Mischfamilie. Ist sie eine der Drehungen im Kaleidoskop unserer heutigen Kultur?

AUTOR: Ich glaube ja. Sie scheint einige Funktionen der erweiterten Familie wahrzunehmen. Der Unterschied liegt darin, daß in unserer Kultur das Bezugssystem horizontal ist. Laß mich zwei Szenen aus meiner eigenen, heutigen Familie anführen.

Sehr aufgeregt bereitet sich Amy, die Tochter unserer Nichte Ellen, auf die dritte Hochzeit ihres Vaters vor. Sie und ihre Halbschwester väterlicherseits sollen bei der Hochzeitsfeierlichkeit die Blumen streuen. Amy hat auch eine Stiefschwester, Jill, die Tochter ihres Stiefvaters, mit der sie jedes Wochenende spielt, wenn Jill ihren Vater besucht. Obwohl Amy ein Einzelkind ist, hat sie eine sehr gute Beziehung zu ihren beiden «Geschwistern», und sie fragt sich jetzt, ob der Vater einen Sohn haben wird, denn sie findet den Gedanken, einen Bruder zu haben, zugleich unangenehm und erfreulich.

Vor kurzem ging ich zum Begräbnis eines Vetters meiner Frau, eines Mannes, den ich bewundert habe. Seine dritte Frau und ihre Kinder saßen in der ersten Reihe, seine erste Frau und eine ihrer Töchter in der letzten, seine zweite Frau war nicht gekommen, aber in der mittleren Reihe saß eine Freundin, mit der er den größten Teil seiner letzten Jahre zusammengelebt hatte. Diese drei «Familien» teilten ihre Erinnerungen und ihre Trauer. Wenn erforderlich, findet die Gesellschaft eine Lösung.

LESER: Das ist aber eine Lösung, die noch nicht sehr reibungslos funktioniert.

AUTOR: Das liegt daran, daß wir keine Rituale haben. Wir haben keine Überlieferung oder Richtlinien für Familien, in kollektiver Trauer zu verschmelzen, etwa als Teilnehmer einer Art kollektiven *Schiwah*. Die Unterstützung, die diese horizontalen Familien liefern können, sind bislang ein Ergebnis reiner Improvisation und guten Willens. Vielleicht werden wir in einer nicht zu fernen Zukunft «Verschmelzungszeremonien» entwickeln, um Beziehungen gegenseitiger Unterstützung zwischen Familiensegmenten mit gemeinsamen Mitgliedern zu fördern. Das wäre doch einen Versuch wert.

Der Schlüssel
Fragmentierung einer Kommune

Die sechziger Jahre sahen einen seltsamen Kreuzzug. Von Mund zu Mund eilte eine Botschaft um den Erdball und stampfte eine Armee aus dem Boden, deren Soldaten aus den fernsten Winkeln kamen, aus Mansarden und Kellern, aus dunklen Bars, von sonnigen Stränden, Soldaten, die mit einer Blume und einem Lächeln bewaffnet der nichtsahnenden Welt unter dem Banner der Liebe entgegentraten. LSD und Hasch waren Teil dieses Kreuzzugs, aber nicht sein Wesen: Sie waren lediglich die Artefakte, die der Welt erlauben sollten, die Wahrheit des Traums zu erkennen. Die Farben sollten wirklicher werden und wir zur uneingeschränkten Fähigkeit des Fühlens und Empfindens zurückkehren. Die Zeit würde pulsieren und sich krümmen, wie Einstein es verkündet hatte, und die Menschen würden die Menschen entdecken.

In Paris träumten etliche alte Prominente davon, sich den Blumenkindern anzuschließen und zu den Strategen der Bewegung zu werden. R. D. Laing schlug vor, das Trinkwasserversorgungssystem von Manhattan mit LSD zu versetzen und am nächsten Tag die Träume in der Wall Street zu beobachten. (Vielleicht hat er es getan.) Am Dam Platze in Amsterdam wurden Hunderte von Jugendlichen aus aller Welt von der Stadtverwaltung darüber informiert, wo sie Hilfe finden konnten, wenn sie einen Bad Trip hatten. Neue Propheten wie Timothy Leary beteten zum Zeichen des Pilzes, und unzählige Jugendliche erträumten sich Flügel und flogen zur Sonne; für andere wurden diese Träume zu Alpträumen.

Ende der sechziger Jahre hielt ich mich in Amsterdam auf und veranstaltete ein Seminar über Familientherapie. Die Therapeuten in meinem Seminar brachten mich zu Beratungszwecken mit Familien zusammen, die in Behandlung waren. Ich nahm an den Sitzungen teil und versuchte in einer Mischung aus Englisch und übersetztem Holländisch in der Zeit, welche die verlängerten Sitzungen boten, den Familien und den Therapeuten zu helfen. Joss war ein typischer Therapeut seiner Zeit. Er hatte langes Haar, trug Jeans, bevor die Jeans von Cardin entworfen wurden, und ein Polohemd. Ein Zimmer betrat er nur auf Strümpfen, wie ein Meister des schwarzen Gürtels. Er saß im Lotussitz und veränderte seine Position manchmal, indem er auf den Händen balancierte, manchmal, indem er auf die Füße sprang und im Raum umherging, bis er den richtigen Ort gefunden hatte, um sich wieder im Lotussitz niederzulassen. Er beobachtete mich fünf Tage, bis er zu dem Schluß kam, daß ich trotz meines Alters vertrauenswürdig sei. Er wollte eine marxistische Kommune zur Beratung vorstellen: vier Leute, die sich selbst als Familie bezeichneten und als Einheit gesehen werden wollten.

Das Problem, das die Gruppe zu diesem Schritt veranlaßt hatte, war Marys Migräne. Sie hatte vor einigen Monaten begonnen und bedeutete eine schwere Belastung für ihr Leben. Auf merkwürdige Weise war sie zu einem politischen Problem geworden. Mary verlangte einen eigenen Raum, zumindest aber Abgeschiedenheit während der Anfälle. Das hieß einen Schlüssel für die Tür, also Privatsphäre, also Kapitalismus. Die jungen Leute waren intelligent, gutaussehend, voller Träume. Sie verfochten ein neues Konzept der Familienorganisation und mißtrauten meinem Alter, meinem Beruf, meinem Ruf. Ich wollte von ihnen akzeptiert werden, sie zumindest aber beeindrucken. Von den entlegenen Regalen meines Gedächtnisses holte ich einen Band vom *Kapital* hervor und begann mit Tom und Jim zu debattieren. Sie waren mir überlegen, erkannten aber mein Bemühen an. Vielleicht würden sie ihr Mißtrauen zurückdrängen, bis sie gesehen hatten, was ich ihnen bieten konnte.

Nach zehn Minuten hatte ich begriffen, worin das Problem des Quartetts lag: Die beiden Männer fühlten sich von der hübschen Mary angezogen, während die zweite Frau bemüht war, diesen Vorgang nicht zur Kenntnis zu nehmen. Mary befand sich im Zentrum eines unterdrückten Gefühlssturms. Deshalb legte sie sich die Migräne zu, eine saubere Lösung, die Abstand schuf, ohne das Gleichgewicht der Kommune in Frage zu stellen. Die Reaktion der Männer war chauvinistisch (gab es diesen Begriff damals schon?), von ihrer psychologischen Naivität ganz zu schweigen. Sie verlangten von Mary, ihre weibliche Hysterie zu überwinden.

Ich weiß noch, daß ich Mary aufforderte, sich in einen niedrigen Stuhl zu setzen, und diesen Stuhl dann hin- und herschob (ich war damals noch kräftiger), sie also als Objekt behandelte. Ich vertiefte dieses Thema und forderte die Gruppe in Marxens Namen auf, die individuellen Bedürfnisse ihrer Mitglieder zu akzeptieren.

Dann folgt eine Gedächtnislücke. Ich kann mich einfach nicht erinnern, was anschließend geschah. Vielleicht hat die Uhr Mitternacht geschlagen, und ich habe mich plötzlich wieder in einen Psychiater mittleren Alters verwandelt, der seit fünfzehn Jahren mit derselben Frau verheiratet war. Vielleicht wurde meine psychologische Taktik als kapitalistische Propaganda entlarvt. Ich weiß es einfach nicht mehr. Das ist eine der unbefriedigenden Seiten an der Rolle des Beraters. Man leitet einen Prozeß ein, aber man erfährt nicht, wie er sich weiterentwickelt. Ich habe immer das Gefühl, daß ich das Theater nach dem ersten Akt verlassen habe.

Natürlich mag ich den Schluß nicht versäumen. Schon als Kind haßte ich die schlechte Angewohnheit des Filmcowboys, in den Sonnenuntergang davonzureiten und das Mädchen, das er eben geküßt hatte, allein und schutzlos in der offenen Prärie stehenzulassen. Damals war eines meiner Lieblingsspiele, mir den Fortgang der Geschichte auszumalen, und noch Jahre danach fröne ich dem gleichen Zeitvertreib. Von dieser Neigung her sind die Fragen zur Kommune zu erklären. Ist sie heute noch, siebzehn Jahre danach und mit Mitgliedern, die älter und vielleicht auch klüger geworden sind, ein lebensfähiger Organismus? Oder hat sie sich (wie so viele Kommunen der sechziger Jahre) im Laufe der Zeit hin zu anderen Formen der Familienorganisation entwickelt? Was folgt, ist eine der Möglichkeiten. «Der Schlüssel» ist den Blumenkindern gewidmet, den Helden des sicherlich merkwürdigsten Kreuzzuges in der jüngeren Geschichte. In Dankbarkeit und Hochachtung.

Der Schlüssel
Erste Szene

(Das Bühnenbild besteht aus drei Zimmern. Der mittlere Raum ist eine Eß-Wohn-Küche. Die seitlichen Räume sind zwei kleinere Schlafzimmer, jedes mit Doppelbett, einem Stuhl und einem Schrank. Das linke Zimmer ist abgedunkelt; dort liegt Mary im Bett. Das rechte ist hell; dort liegt Jane und liest. Die Wohnung ist hübsch und sauber, an den Wänden Poster von Picassos «Guernica» und der Friedenstaube. Solide Möbel stehen neben Angeboten aus Billigläden.

Zu Beginn des Stücks halten sich Tom und Jim im Mittelzimmer auf. Tom macht einen Salat; er schneidet Gemüse. Er geht dabei sehr langsam und methodisch zu Werke. Jim deckt den Tisch. Die Männer sind sehr sorgfältig bei ihren Vorbereitungen, als sei es ein besonderer Anlaß).

TOM *(dozierend)*: Wir *sind* Gefangene, die nur die Illusion der Freiheit genießen. Wir füllen unser Leben mit Dingen.

JIM *(zeigt auf die Sachen, die den Tisch bedecken, während er spricht)*: Brennende Kerzen, Wein und Gläser, weiße Tischdecke, unser bestes Porzellan.

TOM: Im Ernst, Jim *(macht sich ans akkurate Schneiden der Zwiebeln)*, wir sind als Kinder hypnotisiert worden. *(Die Zwiebeln treiben ihm die Tränen in die Augen, und er putzt sich die Brille mit einer Serviette.)* Wir tragen immer noch die Wirklichkeitsvorstellung unserer Eltern im Kopf.

JIM *(ironisch)*: Laß dich nicht von der Rührung übermannen, wenn du von deinen Eltern sprichst, sonst weinst du noch in den Salat.

TOM *(wischt sich die Augen und lächelt)*: Na gut, du Witzbold, wenn du mit Tischdecken fertig bist, dann geh und sieh nach, ob Marys Kopfschmerzen besser geworden sind. Das Essen ist gleich fertig.

(Jim geht auf Zehenspitzen in das Zimmer auf der linken Seite, öffnet vorsichtig die Tür, steckt den Kopf hinein und sieht, daß Mary sich aufsetzt. Er tritt ein, nimmt auf dem Stuhl Platz und bleibt dreißig Sekunden sitzen, ohne etwas zu sagen.)

JIM *(leise)*: Wie geht es dir?

MARY: Viel besser. Es ist nur eine Migräne. Wenn ich eine halbe Stunde alleine bleibe und die Augen schließe, geht sie vorbei. *(Jim massiert ihr die Schläfen, dann die Stirn; Mary lächelt. Als sie spricht, ist ihre Stimme lebhaft, voller Energie.)* Weißt du, es ist fast ein erzwungenes Zen-Erlebnis. *(Leichthin.)* «Konzentriere dich auf einen Punkt, der vor dir liegt!» Manchmal sehen die Menschen merkwürdig aus, wie Giacomettis Menschen – mit langen, schmalen Gesichtern und Körpern und verzögerten Bewegungen, wie in einer Puppenwelt. Früher hat mich das erschreckt, aber jetzt...

JIM: Hast du das Gefühl, daß du dir mit dem Eintritt in die Kommune zuviel zugemutet hast? Ich habe ein schlechtes Gewissen, weil ich dich dazu gedrängt habe.

MARY: Nein, Jim, du hast mich nicht dazu gedrängt. Ich bin *mit* dir eingezogen. Ich möche die Welt der Spießer in Frage stellen.

JIM: Na ja, es war okay, als wir vor einem Jahr eingezogen sind. Doch jetzt habe ich das Gefühl, daß ich dich zu etwas gedrängt habe, was du nicht wolltest. Zugehörigkeit läßt sich im Abstrakten eben leichter herstellen. *(Er massiert ihr Schultern und Stirn; sie lächelt und entspannt sich.)*

(Im Mittelzimmer ist Tom noch immer mit Kochen beschäftigt. Nachdem er mit dem Salat fertig ist, schlägt er acht Eier in eine Schüssel und rührt sie. Jane hört auf zu lesen, schließt das Buch und geht ins Mittelzimmer.)

TOM *(mit dem Kopf zum anderen Zimmer deutend)*: Jim hilft Mary bei ihren Kopfschmerzen. Ich glaube, sie torpediert unser Leben.

JANE: Glaubst du, ihre Kopfschmerzen sind psychisch?

TOM: Nein, nur kleinbürgerlich. Aber die Tatsache, daß sie unbedingt einen Zimmerschlüssel haben will, wird unsere Familie kaputtmachen. Wir sind ein sozialer Organismus, nicht eine Anhäufung von Menschen. *(Er rührt die Eier mit verbissener Energie.)*

JANE *(als sage sie eine Lektion her, die sie auswendig gelernt hat)*: Wir sind eins. Ich bin ein Teil von dir, aber dein Experiment braucht Menschen, die deine Vision teilen.

TOM *(gönnerhaft)*: Jane, es ist nicht «mein Experiment». Ich habe keine Erleuchtung gehabt, als ich beobachtete, wie eine Proletarierbiene die Bienenkönigin bumste und dann starb. Es ist ganz einfach. Wenn wir den Besitz abschaffen, wenn wir nicht mehr besitzen, dann gehören wir. Wir geben teil, und wir nehmen teil.

JANE: Du kannst von Mary nicht erwarten, daß sie dich versteht…

TOM *(unvermittelt)*: Das Essen ist gleich fertig. *(Er konzentriert sich auf das Kochen, und Jane geht sich ihr Buch holen. Sie kommt zurück und liest auf der Couch. Im anderen Zimmer öffnet Mary die Augen und lächelt.)*

MARY: Ich fühle mich jetzt gut, danke. Ich glaube, es war richtig, daß wir eingezogen sind. Die Welt wäre bestimmt besser, wenn die Menschen sich nicht gegenseitig in Dollarzeichen verwandeln würden. *(Sieht Jim an.)* Wieviel bist du wert auf dem freien Markt, Jim?

JIM: Du bist eine brave Schülerin von Professor Tom.

MARY: Ich glaube, er hat recht. Unrecht hat er nur damit, daß er einen solchen Wirbel um den Schlüssel für das Schlafzimmer macht. Ich brauche ihn doch nur, um mich einzuschließen, wenn ich Kopfschmerzen habe. Ich kann nicht einsehen, daß die Zukunft der Menschheit darunter leiden soll, wenn ich ein paar Stunden allein bleibe.

JIM: Du weißt, was Tom sagt: Wenn wir die Wohnung aufteilen, dann lassen wir unsere Eltern eindringen.

MARY: Zum Teufel mit Professor Tom und seiner gepachteten Wahrheit *(beginnt Jim im Bett zu necken)*. Glaubst du, wir sind egoistisch, wenn unser Orgasmus nicht synchron mit ihrem erfolgt?

JIM: Wir sagen ihnen einfach nicht den genauen Zeitpunkt.

MARY *(stürzt sich auf ihn)*: Das ist Rebellion, mein lieber Jim! Damit hast du dich mit dem amerikanischen Kapitalismus verbündet.

JIM *(stößt sie zurück)*: Nicht jetzt. Sie warten auf uns, um mit dem Treffen anfangen zu können. *(Mary kitzelt ihn, und sie rangeln.)*

TOM *(gießt Milch in die Eier)*: Wenn sie einen Schlüssel besitzt, besitzt sie eine Tür. Sie sondert sich ab. Sie manipuliert unseren Raum, und wir werden von ihren Grenzen verschlungen.

JANE *(sieht in das Buch)*: Wie kann sie das nur tun, Tom? Die Gruppe ist größer als ihre Teile.

TOM: Es ist der Gedanke, daß einer von uns uns alle zu kontrollieren versucht. Wenn wir einen Verkehrspolizisten akzeptieren, dann ist das Experiment zu Ende. *(Mary und Jim kommen herein.)*

JIM: Nicht zu Ende, sondern der erste Geburtstag der Familie.

(Geht zum Tisch und zündet die Kerzen an.) Herzlichen Glückwunsch zum Geburtstag uns allen!

(Tom nimmt die Küchenschürze ab, wischt sich die Hände ab und tritt in die Mitte des Zimmers. Jane klappt ihr Buch zu und geht zu ihm. Die vier fassen sich um die Taille und bilden einen Kreis. Langsam beginnen sie, sich zu drehen. Dreimal drehen sie sich in eine Richtung und dreimal in die andere.)

ALLE *(im Singsang)*: Der Kreis ist der Mittelpunkt des Lebens; der Kreis ist der Anfang und das Ende; es gibt keine Schuld und keine Scham, denn wir sind eins. *(Sie halten inne und legen vier Kissen auf den Boden. Sie setzen sich im Viereck, so eng, daß sich ihre Arme berühren.)*

TOM *(intonierend)*: Das Quadrat ist die vollkommene geometrische Figur. Vier ist eine vollkommene menschliche Struktur. Heute, am sechsten Mai 1968 nach der Zeitrechnung unserer Eltern, nach unserer jedoch am Tage eins im Jahre zwei unserer Kommune, eröffne ich als Sekretär unsere Sitzung. Wer möchte sprechen?

MARY *(trotzig)*: In der letzten Sitzung konnte die Frage des Schlüssels für eines der Zimmer nicht geklärt werden.

TOM: Bestehst du noch immer darauf?

MARY: Ja.

TOM: Du gefährdest den Zusammenhalt unserer Gruppe.

MARY: Das will ich ganz und gar nicht, aber meine Kopfschmerzen lassen nach, wenn ich eine halbe Stunde im Dunkeln liege. Ich begreife nicht, warum du das mit Kapitalismus gleichsetzt.

TOM: Wenn du Raum beanspruchst, dann führst du die Illusion ein, daß jeder von uns ein Ganzes ist...

MARY *(entschieden)*: Ich will niemanden zurückweisen. Ich möchte lediglich allein sein, wenn ich Kopfschmerzen habe.

TOM: Ist vielleicht dein Elternhaus mit Dienstmädchenkammer und sechs Badezimmern nach wie vor das Vorbild für dein Wirklichkeitsverständnis? *(Tom und Mary fixieren sich wie zwei Boxer, die bereit sind loszuschlagen.)*

JIM *(sarkastisch)*: Merkst du eigentlich gar nicht, daß du redest wie ein Prediger? Worin besteht Marys Verbrechen? Sie hat Kopfschmerzen. Worum bittet sie? Um etwas Raum für sich selbst. Wieso soll das unsere kollektive Erleuchtung zunichte machen?

TOM: Jim *(steht auf)*, ein Schlüssel in der Tür versieht das Zimmer mit einem Schild. Dann ist da ein Schlafzimmer für dich und Mary und eines für Jane und mich, und wir spalten uns auf in zwei Paare. Und wenn ich mit Mary in eurem Zimmer schlafe, dann machen wir dich zum Hahnrei.

JIM *(erhebt sich ebenfalls und steht nun Tom gegenüber)*: Wie immer, Professor, ist deine Logik vollkommen, nur mit deiner Menschlichkeit hapert es. Ich gehe *nur dann* zu den Mädchen, wenn sie mich wollen. Wenn Mary oder Jane allein sein will, bleibe ich auch allein.

JANE *(blickt auf)*: Tatsache ist aber, Jim, daß du Mary häufiger besuchst als mich. Magst du mich nicht?

MARY: Jane, was soll dieser Scheiß? Bist du ein weiblicher Besitzgegenstand der beiden Kommissare?

TOM: Das ist unfair. Ich respektiere Jane.

MARY *(steht auf)*: Du bist ein Kapitalist! Du hast zwei Kühe und melkst sie bis zur Erschöpfung, und wenn eine müde ist, dann machst du (*schreit*) das Recht des Eigentümers geltend! Wir sind Objekte, die ihr nach Belieben hin- und herschiebt. *(Nimmt ein Kissen und wirft damit. Sie zieht Tom auf die Couch und setzt sich rittlings auf ihn.)* Möchtest du mich so haben *(dreht sich herum, immer noch auf ihm sitzend)*, oder *(legt sich auf den Boden und öffnet die Beine)*, so, oder *(kauert sich hin, das Gesäß nach oben gereckt)* so?

JIM *(schützend und beruhigend)*: Beruhige dich doch, Mary. Es ist ja okay. Tom hat unrecht.

MARY: Es geht nicht nur um Tom. Es geht auch um dich, Jim. Jane und ich sind keine gleichberechtigten Partner in eurem

Experiment. Wir sind nur... die Frauen. Sag mir zum Beispiel mal, warum ich nur die Wahl hab zwischen dir und Tom? Was ist mit Jane? *(Legt ihren Arm um Jane.)* Du hältst dich für weniger attraktiv als mich, nur weil Tom ständig um mich rumschleicht. Doch wenn dies wirklich eine Kommune ist, wer sagt dann, daß sie heterosexuell sein muß?

JANE *(beunruhigt)*: Was meinst du damit?

TOM *(pedantisch)*: Wir haben eine sehr empfindliche Struktur. Du läßt an einer Ecke locker oder ziehst an einer anderen zu heftig, und schon stürzt das ganze Kartenhaus zusammen.

MARY: Hast du deshalb Angst vor Veränderungen, Professor?

TOM: Ja, weil wir nur den Anfang der Veränderung unter Kontrolle haben.

MARY *(sieht Jim an)*: Aber wir haben uns doch der Familie angeschlossen, weil wir in ihr eine Chance zur Veränderung gesehen haben.

TOM: Nur innerhalb ihrer Regeln.

JANE *(setzt sich neben Tom auf die Couch)*: Ich glaube nicht, daß ich mich verändert habe. Ich habe Tom umarmt und mich im Gleichtakt mit ihm bewegt. Für mich ist keine Veränderung erkennbar, weil unser Abstand gleichgeblieben ist.

MARY *(sitzt auf dem Kissen am Boden neben Jim)*: Willst du damit sagen, daß du hier eingezogen bist, nur um Tom nahe zu sein?

JANE: Ja. Ich bin keine Intellektuelle. Ich liebe Tom, deshalb weiß ich, daß er recht hat. Als ich klein war, hatte ich Angst vor der Dunkelheit. Um einzuschlafen, habe ich mich auf eine Falte im Kopfkissenbezug konzentriert. Du hättest mich in meinem Bett an jeden Ort der Welt schaffen können. Solange die Falte im Kissenbezug bei mir war, hatte *ich* mich nicht vom Fleck gerührt.

MARY: Machst du dich über mich lustig?

JANE: Nein! Sieh doch, wie viele Leute reisen durch die Welt – Indien, Australien, Afrika – und bleiben doch immer im gleichen Holiday Inn.

TOM: Genau! Ich konzentrier mich auch nur auf das Wesentliche. Dann bist du im Mittelpunkt. Die Welt bewegt sich, du nicht.

JIM: Du läufst aber Gefahr, dich einzuengen.

TOM: Aus *meiner* Sicht nicht. Es hängt davon ab, was du für wesentlich hältst. Ich habe mich für zwei Wahrheiten entschieden, den Marxismus und Zen. Mit ihnen, einer Zahnbürste, einmal Unterwäsche zum Wechseln bin ich zu Hause, wo immer ich bin.

MARY: Ich komm da nicht ganz mit. Meinst du, die Welt gibt es nicht?

TOM: Doch. *Ihr* seid meine Welt. Deshalb habe ich Angst vor jeder Veränderung. Unsere Familie ist von zarter Konstitution. Nur ein bißchen Durcheinander, und wir befinden uns im freien Fall.

MARY *(zu Jim gewandt)*: Täusche ich mich, oder redet Tom doppelzüngig? Ist er ein Konservativer, der sich als Zen-Marxist verkleidet?

TOM: Natürlich bin ich ein Konservativer. Die Revolution haben wir gemacht, als wir die Welt unserer Eltern zurückgewiesen haben. Nun gilt es, sie, die Revolution, zu bewahren, und *dein Schlüssel* bedroht unsere Welt.

JIM: *Ich* glaube, ein paar Veränderungen wie der Schlüssel in Marys Tür können unsere Entfaltung nicht bedrohen.

TOM: Du bist naiv. Wir sind noch immer ein neues Lebewesen, ein Mutant, und die Welt dort draußen ist unser Feind.

MARY: Also, was sollen wir tun? Uns selbst an diesem Punkt festnageln? Ein Cézannesches Stilleben, das seine flachen Pfirsiche auf ewig darbietet?

TOM: Was schlägst du vor?

MARY *(steht auf)*: Das weiß ich noch nicht, aber eines weiß ich mit Sicherheit. Wenn ich Zeit für mich brauche, dann nehme ich sie mir. Wir werden eine Zeitlang eine neue Form besitzen, Jane wird das bestimmt gefallen – sie ist eifersüchtig auf uns drei.

JANE: Mich in einem bestimmten Abstand zu befinden, während ihr drei euch näher wart, war eine Spielart, die ich akzeptiert habe.

MARY: Aber hat es dir gefallen?

JANE: Ich habe es akzeptiert.

MARY: Verdammt noch mal, Jane, ob es dir gefallen hat?

JANE: Ich weiß, daß es sich ändern wird, wenn die Zeit reif ist.

MARY: Halleluja und Amen. Die Zeit ist *jetzt* reif. Ich brauche *jetzt* Abstand.

TOM: Willst du der Gruppe deinen Willen aufzwingen, Mary?

MARY: Ich will nicht, daß du mir *deinen* aufzwingst.

TOM: Warum sagst du das?

MARY: Weil du mich und Jim in deiner Nähe und Jane auf Abstand haben willst. *(Sie rückt Tom, Jim und Jane so zurecht, daß Jane abgesondert ist.)*

TOM: Nein, das stimmt nicht. Ich möchte von euch allen umgeben sein. *(Er rückt Jane so zurecht, daß sie vor ihm sitzt.)*

MARY: *Du* im Mittelpunkt von allen!

TOM: Nein, *ich* beschützt von euch allen.

JIM *(an Mary gewandt)*: Welche Anordnung wäre dir am liebsten?

TOM: Ist das eine Abstimmung?

JIM: So etwas Ähnliches. Mary? *(Mary stellt Jim einen Meter entfernt von sich auf, Tom anderthalb Meter und Jane sechzig Zentimeter.)*

TOM: Ich kann es nicht glauben.

MARY: Du ziehst deine eigene Version vor.

JIM: Du kannst nicht akzeptieren, daß ich Mary näher bin.

MARY: Aber ich möchte auch die Alternative haben *(geht ein paar Schritte zurück)*, auf Abstand gehen können, wenn ich meine Migräne habe.

JIM: Was für eine Anordnung möchtest du haben, Jane?

JANE *(stellt wieder Toms Anordnung her)*: Diese hier.

MARY: Mit Tom oder mit dir im Mittelpunkt?

JANE: Das spielt wirklich keine Rolle.

MARY: Für mich spielt es eine Rolle, Jane. Siehst du nicht, was passiert ist? Du hast dich selbst verloren.

JANE: Ich weiß, wo ich bin.

MARY: Du weißt nicht, wer du bist. Siehst du das denn nicht? Sie haben das Sagen in dieser Kommune. Wir leben schon so lange in einer Männerwelt, daß wir ihre Regeln klaglos hinnehmen. *(Führt Jane zur Couch, setzt sich dicht neben sie, berührt sie.)* Jane, du hast eine Fähigkeit zu geben und Geborgenheit zu vermitteln, die weder Tom noch Jim hat. Tom nennt es «Weiblichkeit», und du hast ihm das abgenommen *(streichelt ihr Haar, ihr Gesicht)*, genauso wie ich. Wir haben die Nischen akzeptiert, die sie für uns gebaut haben. Aber ich sehe dich jetzt anders. Je mehr du gibst, desto mehr scheinst du dich zu entfalten.

JANE *(weint und hält Marys Hand, die ihr übers Haar fährt)*: Das ist schön, Mary. *(Langsam zieht Mary die andere Frau hoch und führt sie zu einem der Schlafzimmer; Mary öffnet die Tür und wendet sich Tom und Jim zu.)*

MARY: Wir möchten kein Abendessen. Gute Nacht.

JANE *(dreht sich um, lächelt)*: Gute Nacht. *(Schließt die Tür.)*

TOM: Nun ja, es sieht so aus, als hätte Mary ihren Schlüssel gefunden.

(Die Frauen betreten das rechte Schlafzimmer, machen Licht und setzen sich auf das Bett. Sie halten sich an den Händen und blicken sich zögernd an. Leise reden sie miteinander. Im Mittelraum sehen sich Tom und Jim an, offensichtlich vom Gang und Tempo der Ereignisse überrascht.)

JIM: Herzlichen Glückwunsch zum Geburtstag, Tom.

TOM: Das ist doch völlig absurd.

JIM: Aber es ist geschehen… vor unseren Augen. Mary hat Jane verführt.

TOM: Jane ist die geborene Gefolgsperson. Sie braucht jemanden, der stärker ist und an den sie sich klammern kann. Wenn der sich bewegt, glaubt sie, sie hätte sich auch bewegt.

JIM: Ja, Jane ist leicht zu verstehen, aber was mit Mary los ist, begreif ich einfach nicht. Wir wissen beide, daß sie Spaß am Sex hat. *(Zählt an den Fingern auf.)* Sie genießt das Bumsen, sie probiert gern neue Stellungen aus und hat heftige vaginale Orgasmen.

TOM: Na ja, bei mir ist sie anders... tatsächlich ist sie bei mir ziemlich passiv. Ich lieg immer oben, und sie kommt durchaus nicht jedesmal. Aber ich bin schon deiner Meinung – sie ist sehr weiblich. Wenn sie mit Jane anbändelt, geschieht das sicherlich nur aus Trotz.

JIM: Mein Gott, was für eine Verschwendung!

(Im anderen Zimmer geht das Licht aus.)

TOM: Guck dir an, was sie mit uns gemacht haben!

JIM: Ich sehe, was sie getan haben – *(wütend)* lassen uns in der Kälte stehen, schließen sich ein und trinken die Ambrosia aus den eigenen Titten.

TOM: Merkst du nicht die Herausforderung? Mary hat das Stichwort gegeben. Was fangen wir mit ihm an?

JIM: Was meinst du damit?

TOM: Mary hat uns den Fehdehandschuh hingeworfen. Jane und sie probieren es mit der Homosexualität. *(Seine Stimme verändert sich.)* Mary sagt: *Wir* genügen uns selbst. *(Sehr langsam.)* Ihr... habt... einander.

JIM: Ja *(nachdenklich)*, natürlich.

TOM *(sieht angespannt aus und fährt mit den Handflächen über die Hose, als seien sie feucht)*: Theoretisch hat sie recht. Wenn wir wirklich Revolutionäre sind, müssen wir auch für die entfernten Flügel eine Möglichkeit finden, sich zu berühren.

JIM *(bemerkt die Veränderung, die mit Tom vorgeht)*: Professor, du willst doch damit nicht sagen, daß wir miteinander bumsen sollen? *(Lacht brüsk auf.)*

TOM: Nein, nicht bumsen... *(leise)* obwohl die griechischen Patrizier...

JIM *(steht auf)*: Ich bin kein Grieche *(fährt mit einer erzwungenen Leichtigkeit fort, die in deutlichem Kontrast zu Toms ruhigem Ernst steht)*. Weißt du, ich bin eher der primitive blonde Typ mit Gardemaß. Aber ohne Flachs, warum nimmst du Mary so ernst?

TOM: Weil du immer ängstlicher wirst. Setz dich hin!

JIM *(sarkastisch)*: Jetzt kommt die psychoanalytische Platte! Du übertreibst es, mein Guter. Ich geh lieber schlafen. *(Er geht in das linke Zimmer und verbarrikadiert die Tür mit einem Stuhl.)*

(Tom steht auf, macht das Licht aus und wirft sich auf die Couch.)

TOM *(in der Dunkelheit)*: Er hat mich nicht verstanden.

Zweite Szene

(Am folgenden Tag. Tom schläft unter einer Decke auf der Couch. Mary und Jane betreten das Mittelzimmer. Jane sieht selbstbewußter aus und trägt ihr Haar anders. Sie beginnen, Frühstück zu machen. Tom öffnet die Augen.)

JANE: Hast du gut geschlafen?

TOM: Ich hab die ganze Nacht kein Auge zugetan. Nur gehustet und mich hin- und hergeworfen und aufs Frühstück gewartet.

(Mary geht zu Jims Tür, versucht sie zu öffnen und stellt fest, daß es nicht geht. Sie sieht Tom an.)

MARY: Hat Jim einen Riegel?

(Im anderen Zimmer nimmt Jim den Stuhl von der Tür und öffnet sie.)

JIM: Hallo! *(Lächelt verlegen.)*
MARY *(freundlich)*: Wir machen Frühstück. Wasch dich und komm herein.
JIM: Okay. *(Geht ins Badezimmer.)*

(Tom steht mit dem Rücken zu den beiden Frauen, die das Frühstück bereiten. Jim geht in sein Zimmer zurück. Tom verschwindet im Badezimmer. Dann kommen sie beide herein und setzen sich an den Tisch, ohne einander anzublicken.)

MARY *(an Jane gewandt)*: Setz dich zu ihnen. Ich mach hier fertig. Tom und Jim, wollt ihr Rühreier?
TOM *(lächelnd)*: Du kannst die Eier nehmen, die wir gestern abend nicht gebraucht haben.
MARY: Nein, heute ist der Beginn eines neuen Zeitalters.
JANE *(setzt sich zu Tom und Jim)*: Tut mir leid, wenn wir euch gestern abend so schlechte Karten gegeben haben.
JIM: Das kannst du laut sagen!
TOM: Was geschieht jetzt?
JANE: Ich fürchte, ich habe eine Überraschung für euch.
JIM: Ich weiß schon, Mary und du, ihr seid schwanger *(lacht)*.
MARY *(lächelnd aus der Küche)*: Kein schlechter Gag.
TOM *(besorgt)*: Was ist das für eine Überraschung, Jane?
JANE: Ich verlasse heute die Gruppe. *(Mary kommt mit großen Kaffeetassen.)*
TOM *(spricht hastig, verschluckt die Endungen)*: Das habe ich mehr oder weniger erwartet, aber warum? Warum heute?

Warum bleibst du nicht, Jane? Was ist heute nacht geschehen?

JANE: Heute nacht ist gar nichts geschehen, bis auf die Tatsache, daß ich herausgefunden habe, wer ich bin.

TOM: Soll das heißen, du hast festgestellt, daß du lesbisch bist?

JANE: Wohl kaum. Sexuell gesehen, war es kein großer Erfolg. Im Bett ist sie kläglich. Nein, ich habe herausgefunden, daß ich ein vollwertiger Mensch bin.

TOM: Damit setzt du mich ganz schön auf die Anklagebank.

JANE: Nein, Tom, wir haben gemeinsame Sache gemacht. Während ich mich an dich geklammert habe, hast du alle Entscheidungen getroffen. Schließlich wurde ich zu deinem Schatten.

JIM: Was für ein... Zauber war denn letzte Nacht?

JANE: Mary... sie ist wirklich eine erstaunliche Person, Jim. Sie hat mir das Gefühl gegeben, begehrt zu werden. Sie... hat über meine Witze gelacht. Mein Gott, seit ich acht war, hat keiner mehr über meine Witze gelacht. Wir haben die ganze Nacht kein Auge zugetan. Um drei Uhr morgens habe ich ihr Geschichten aus meiner Jugend erzählt... meine Träume... und ich habe angefangen, mir selbst zuzuhören. Ich entdeckte einen interessanten, interessierten, neugierigen Menschen. Was habe ich mir selbst angetan? Und Mary war da. Sie hörte einfach zu, und ich fühlte mich bestätigt. Es war die herrlichste Nacht meines Lebens. Mit einemmal begann ich mich stark zu fühlen.

TOM: Was gedenkst du zu tun, wenn du fortgehst?

JANE: Ich hatte Angst, du würdest böse sein.

TOM: Natürlich bin ich böse und verletzt. Mary und ihr gottverdammter Schlüssel! Wie die Posaunen von Jericho zerstört er unsere Welt.

JANE: Es war nicht Mary, Tom. Wir haben uns alle verändert.

(Mary kommt mit den Eiern und verteilt sie am Tisch.)

JIM *(steht auf, ironisch)*: Die Zauberin. Also *(an Jane gewandt)* wohin gehst du?
JANE: Erst einmal zu meinen Eltern. Eigenartig, daß sie immer ein bequemer Ausweg für uns sind, wenn es uns dreckig geht, und engstirnige Spießer, wenn es uns gutgeht. Ich glaube, ich gehe packen. *(An Tom gewandt:)* Ich gehe besser, bevor du mich davon überzeugst, daß es klüger wäre, zu bleiben. *(Sie begibt sich in das rechte Zimmer und beginnt zu packen.)*

(Die drei anderen sehen sich schweigend an. Sie lächeln, während sie mit irgendwelchen Gegenständen auf dem Tisch spielen.)

JIM: Na ja, das war's dann wohl.
TOM: Was tun wir jetzt?
MARY: Ich frage mich, ob ein Trio funktionieren kann.
TOM: Nein *(blickt auf den Platz, an dem Jane gesessen hat)*, ein Dreieck ist nur ein halbes Quadrat. Ich glaube nicht, daß es funktionieren kann.
MARY: Was wirst *du* tun?
TOM *(schon im Stehen)*: Ich habe mich gerade entschieden. Ich verschwinde auch noch heute. Ich weiß nicht wohin, aber *(leichthin)* ich habe eine Zahnbürste und einmal Unterwäsche zum Wechseln.
MARY *(sieht Jim an)*: Na ja, dann bleiben wir zusammen, genau wie in alten Zeiten.
JIM: Nicht ganz, Mary. Die letzte Nacht ist nicht spurlos an mir vorübergegangen.
MARY: Ist zwischen dir und Tom was passiert?
JIM: Nein... nichts. Ich brauche einfach ein bißchen Zeit. *(Mary sieht ihn beunruhigt an.)* Ich bin in... höchstens ein oder zwei Wochen zurück. *(Er steht auf und geht langsam in sein Zimmer.)*

MARY: Zwei Wochen... zwei Monate... zwei Jahre. *(Sie nimmt Toms Tasse und gießt den Kaffee kreisförmig auf dem Tisch aus, dann nimmt sie die andere Tasse und gießt den Kaffee auf den Boden, in einem Kreis um ihren Stuhl herum, wie ein Hund, der sein Territorium markiert – sie selbst umschlossen von diesem Kreis. Mit verlorenem Kleinmädchengesicht trinkt sie ihren eigenen Kaffee.)* Scheiße!

(Vorhang)

LESER: Willst du damit sagen, daß Kommunen keine lebensfähigen Organismen sind?

AUTOR: Keineswegs. Nur, daß es nach meiner Meinung diese nicht war. Ihre Mitglieder verstanden sich als Individuen, doch ihre Ideologie machte sie blind für individuelle Bedürfnisse. Deswegen war der Organismus nicht lebensfähig.

LESER: Warum hast du die Homosexualität genommen, um die Krise in der Kommune auszulösen? Nach Marx...

AUTOR: Aus genau demselben Grund: um zu zeigen, wie notwendig es ist, daß sich die menschlichen Prozesse mit den begrifflichen Modellen decken. Weißt du, der Flexibilität sozialer Systeme sind Grenzen gesetzt. Ideologen diffamieren diese Grenzen oft als Erfindungen schwachbrüstiger Scheißliberaler.

LESER: Du wirst plötzlich so rhetorisch. Warum?

AUTOR: Das passiert mir häufig, wenn ich das Denken anderer in Frage stelle und Angst vor der eigenen Konsequenz bekomme. Ich will es noch einmal versuchen. Familienmitglieder entwickeln durch ständige Interaktion ein gemeinsames Wirklichkeitsmodell. Das filtert ihrer aller Erfahrung und wirkt sich deshalb zugleich einschränkend und förderlich auf ihre Entwicklung aus. Die Herstellung dieses Bezugssystems erfolgt langsam, in vielen Wiederholungen, selektiv, verwirrend und oft genug unlogisch. Doch das Ergebnis ist immer sehr persönlich, der Entwurf der Besonderheit der jeweiligen Gruppe stets auf den Leib geschnitten. Ideologien dagegen liefern Erklärungen für allgemeine Konstanten. Sie sind logisch, allumfassend, widerspruchsfrei und in der Theorie allgemeingültig wahr. Talmudisten, Jesuiten, selbstgestrickte Rechtgläubige, Politiker – Ideologen jeder Couleur (einschließlich der Psychiater natürlich) behaupten, daß sie im Besitz der Wahrheit sind und daß die Fähigkeit der menschlichen Systeme, sich dieser Wahrheit anzupassen, unbegrenzt ist.

LESER: Willst du damit allen Ernstes behaupten, Marys homosexuelles Experiment sei ebenso ein Ausdruck von Ideologie wie Toms Marxismus?

AUTOR: Natürlich.

LESER: Aber sie muß doch irgendwelche lesbischen Neigungen haben.

AUTOR: Vielleicht, vielleicht aber auch nicht. Ihr Verhalten könnte auch eine Reaktion auf die Organisationsform der Kommune gewesen sein.

LESER: Warum hat es dann zum Zerfall geführt?

AUTOR: Systeme, die Veränderung bewirken sollen, haben einen entscheidenden Nachteil. Sie bringen die Dinge zwar in Bewegung, ihre Konsequenzen sind aber nicht abzusehen.

LESER: Angesichts der Wechselbeziehungen zwischen den Menschen in einem System muß sich die Veränderung eines Mitglieds doch auf die anderen auswirken.

AUTOR: Ja, aber mehr noch – manchmal zeitigen kleine Ursachen große Wirkungen. Es lassen sich einfach nicht alle Aspekte berücksichtigen.

LESER: Welchen Wert hat eine Theorie, die keine Vorhersagen zuläßt? Wenn man sich für die individuelle Ebene entscheidet, lassen sich die Variablen zumindest leichter handhaben. Und noch etwas: Wenn du die Beschäftigung mit dem Individuum durch die Frage nach dem System ersetzt, wendest du dich damit nicht der Anonymität zu? Verzichtest du nicht auf den klar definierten Ich-Begriff zugunsten der geistlosen Komplexität des Bienenstocks?

AUTOR: Wenn du über Bienenstöcke reden willst…

LESER: Eigentlich nicht. Tieranalogien erscheinen mir zweifelhaft, um es vorsichtig auszudrücken. Bleiben wir bei den Menschen. Sagen wir, Times Square um fünf Uhr nachmittags.

AUTOR: Wir sprechen aber auch nicht über Fremde, sondern über Organismen mit gemeinsamer Geschichte, gemeinsamem Ort, gemeinsamer Zeit und gemeinsamer Zukunft.

LESER: Sieh mal, ich weiß, daß meine Familie Einfluß auf mich hat. Aber ich erinnere mich auch an die Zeit, als ich zwölf war – das Licht und die Dunkelheit damals. Das teile ich mit niemandem auf der Welt. Was fängst *du* mit diesen individuellen Erinnerungen an?

AUTOR: Ich trage sie als wertvollen Besitz mit mir herum, genau wie du. Aber ich merke auch, daß sie sich im Laufe des Lebens verändern. Einige verliere ich. Andere wachsen und werden ausgeschmückt. Einige entfalten sich mit der Zeit und dem Erfahrungshorizont. Ist dir aufgefallen, welche Wirkung deine Kinder auf deine Erinnerungen haben?

LESER: Ja, aber deswegen bleibe ich doch ich selbst. Natürlich weiß ich um die wechselseitigen Einflüsse…

AUTOR: Du verstehst noch immer nicht.

LESER: Redest du wirklich von einem Organismus aus mehreren Körpern?

AUTOR: Ja.

LESER: Dann redest du von Zukunftsmusik. Ich habe mal eine Sciene-fiction-Geschichte gelesen über fünf Menschen mit verschiedenen Besonderheiten, die telepathisch miteinander verbunden waren. Aber Menschen zu verstehen als…

AUTOR: *More than Human* von Theodore Sturgeon. Das Buch gefällt mir. Es ist eine neue Sichtweise, eine Perspektive im übrigen, die die Auffassung vom Individuum erweitert und nicht einengt. Aber du hast recht, sie widerspricht allen gängigen Auffassungen und der Art und Weise, wie man uns beigebracht hat, unsere Erfahrungen einzuordnen.

LESER: Woher dann also deine Überzeugung, daß die Menschen sich verändern werden?

AUTOR: Weil sie es bereits getan haben.

LESER: Ich nehme an, du meinst das Umweltbewußtsein, die Kybernetik, das «Raumschiff Erde»?

AUTOR: Mehr oder weniger.

LESER: Aber es gibt einen Riesenunterschied zwischen einer technologischen Veränderung, die ein paar Technikern erlaubt, Telstar kybernetisch zu handhaben, und der Wahrnehmung unserer Familien als Systeme.

AUTOR: Es hat immer etwas länger gedauert, bis wir unsere neuen Erkenntnisse in die gesellschaftlichen Bezugssysteme integriert hatten. Aber weißt du, wir sollten jetzt damit anfangen. Wir scheinen auf einem Plateau angekommen zu sein. Und im nächsten Kapitel werden wir uns mit einem der besten Beispiele für Systemeffekte beschäftigen – der Behandlung psychosomatischer Krankheiten durch Familientherapie.

Eine magersüchtige Familie
Umstrukturierung durch Therapie

Lieber Dr. Minuchin,

Ich habe eine Tochter, die unter Magersucht leidet. Sie ist 1,60 m groß und wiegt 80 Pfund. Die Krankheit wurde vor einem Jahr diagnostiziert. Meine Tochter wurde zweimal ins Krankenhaus eingewiesen, als ihr Gewicht den Mindestwert unterschritt, der vom behandelnden Arzt festgesetzt worden war. Seither ist sie ständig in Behandlung, doch ihr Zustand verändert sich so gut wie gar nicht. Darunter leidet die ganze Familie: Sie kocht opulente Desserts und besteht darauf, daß alle davon essen, sie trinkt allen Fruchtsaft, der sich im Kühlschrank befindet, versteckt überall im Haus Behälter mit Erbrochenem und lügt generell in allen Punkten, die mit Essen und Trinken zu tun haben.

Alle Fragen, die mit Gymnastik, der Art, dem Zeitpunkt des Essens und so fort zu tun haben, sind eine Obsession für sie. Unseres Wissens stellen wir keine übertriebenen Ansprüche an sie, eher im Gegenteil. Trotzdem ist sie extrem leistungsorientiert, die Drittbeste in ihrer Klasse.

Letzte Woche habe ich den Arzt gefragt, ob sie irgendwelche Fortschritte macht, und er hat die Frage entschieden bejaht, meinte aber, es könnte ein bis zehn Jahre dauern, bis alle Probleme ausgeräumt seien. Ich fragte ihn nach den Aussichten einer Verhaltenstherapie, die, wie ich gehört habe, rasche Erfolge bringt, doch er sagte, sie würde nur die Magersucht beseitigen. Wenn man ein Problem behebe, zeige sich an seiner Stelle ein anderes. Er möchte der Sache auf den Grund gehen, zu den Ursprüngen vordringen, ganz gleich wie lange es dauert.

Ich glaube, wenn man die schlimmsten Probleme erst einmal

behebt, dann werden auch andere Teile des Puzzles an ihren Platz rücken, mögen die tieferliegenden Probleme auch fortbestehen. Ich weiß jedenfalls im Augenblick nicht weiter. Deshalb wende ich mich an Sie. Wir brauchen dringend Hilfe. Es geht um die Gesundheit meiner Tochter und um das Seelenheil der ganzen Familie...»

Dieser Brief kann für viele stehen, die ich in den letzten fünfzehn Jahren bekommen habe. Als meine Arbeit mit magersüchtigen Patienten bekannt wurde, meldeten sich viele besorgte Eltern bei mir.

Das Ganze begann eher zufällig mit einer Familie, die eine Therapie wünschte, weil ihr heranwachsender Sohn sich weigerte zu essen. Seine Weigerung kam langsam, logisch und war sogar von noblen Motiven gespeist. Als Sproß einer überzeugten Quakerfamilie, die dem Leben höchste Wertschätzung entgegenbrachte, wurde er zunächst Vegetarier, weil er das Töten ablehnte; in einem nächsten logischen Schritt verzichtete er auf Schuhe und Gürtel aus Leder. Später verweigerte er alle Nahrung, wenn sie kein Saatkorn enthielt, das er bergen und einpflanzen konnte. So begann er langsam zu sterben, beging Selbstmord im Namen des Lebens, das er schützen wollte.

1970 veröffentlichte ich einen Artikel über diesen Fall, und bekam schon bald zahlreiche Zuschriften, in denen es um magersüchtige Patienten ging, meist um Mädchen natürlich. Alle Fälle wiesen große Ähnlichkeit auf – fleißige, perfektionistische, brave Mädchen im Jugendalter, mit enger Bindung an die Mutter, depressiv, besessen von allen Aspekten des Essens und der Angst, dick zu werden. Als ich die Familien in die Therapie einbezog, stellte ich bald fest, daß auch sie sich ähnelten.

Schließlich wurde diese Arbeit mit magersüchtigen Familien zum Ausgangspunkt einer Untersuchung über psychosomatische Krankheiten bei Kindern und ihre Behandlung mittels der Familientherapie. Diese Forschungsarbeit wurde andernorts beschrieben. Sie ist hier nur insofern von Bedeutung, als ich weiß, daß ich mich auf vertrautem Boden bewege, wenn ich einer Familie begegne, die ein magersüchtiges Kind hat. Ich weiß, daß diese Familien einen vorherrschenden Charakterzug haben: Die Mitglieder sind so ineinander verstrickt, daß die Grenzen viel zu schwach sind, um den einzelnen zu definieren und zu schützen. Magersüchtige Familien befinden sich in jener Form von Abhängigkeit, in der Verpflichtung, Treue und Wohlergehen der Gruppe absoluten Vorrang haben. Das ist ein sehr günstiges Umfeld für somatische Reaktionen auf psychischen Stress.

Die sechzehnjährige Loretta Genotti ist die älteste Tocher einer italo-amerikanischen Arbeiterfamilie. Ihre Eltern kamen kurz nach der Heirat aus Sizilien in die Vereinigten Staaten. Sie haben beide keinen Schulabschluß, sind aber intelligent und tüchtig. Der Vater ist Postbeamter, die Mutter Hausfrau. Ihr Englisch ist manchmal eher hastig als fließend.

Mit vierzehn wurde Loretta mit heftigen Bauchschmerzen in ein großes städtisches Krankenhaus eingewiesen. Zwei Monate blieb sie dort und konnte wegen der Schmerzen gelegentlich keine Nahrung zu sich nehmen. Nach gründlicher medizinischer Untersuchung konnten organische Ursachen für die Schmerzen ausgeschlossen werden. Die Diagnose: «Psychische Probleme». Zu einem Psychiater wollte sie nicht.

Zwei Jahre lang nahm Loretta kontinuierlich ab. Das Problem wurde zur Obsession. Die Diagnose lautete jetzt: «Einfache Schizophrenie mit oberflächlichen depressiven Zügen». Sie bekam Thorazin. Drei Monate später kam Loretta abermals ins Krankenhaus. Die neue Diagnose: Anorexia nervosa, also nervöse Magersucht. Bei der Einweisung wog sie etwa 80 Pfund. Sie blieb sechs Wochen im Krankenhaus. Sie aß wieder besser und nahm zu. Man empfahl eine Fortsetzung der Behandlung auf ambulanter Basis, doch die Familie hielt sich nicht daran.

Vier Monate später wurde Loretta erneut ins Krankenhaus eingewiesen – auf die Intensivstation. Dort konnte ihr Zustand stabilisiert werden, doch sie mußte für weitere zwei Monate im

Krankenhaus bleiben, ohne daß wesentliche Fortschritte erzielt wurden. Gegen den ärztlichen Rat nahmen die Eltern sie nach Hause. Das Mädchen wog 75 Pfund. Die Eßprobleme hielten an. Sie war amenorrhoisch und depressiv. Die Schule besuchte sie seit Monaten nicht mehr.

Irgendwie erfuhr Mrs. Genotti, daß ich in einer kommunalen Beratungsstelle die exemplarische Therapie eines Falls von Magersucht vornehmen wollte. Da sie meinen Namen aus einem populärwissenschaftlichen Artikel über Anorexia nervosa kannte, schrieb sie mir, ihre Familie würde sich gern für diese Beratung zur Verfügung stellen. Daß sie von diesem Projekt gehört hatte, das eigentlich nur unter Fachleuten publik gemacht worden war, zeigt, wie interessiert sie war und wie verzweifelt sie sich an jede Hoffnung klammerte.

Die Familie Genotti besteht aus dem Vater Carlo, der Mutter Margherita, beide Mitte Vierzig, Loretta (sechzehn), Sophia (fünfzehn), Maria (dreizehn) und zwei jüngeren Geschwistern, die nicht am Interview teilnahmen.*

MINUCHIN: Ich möchte zunächst einmal wissen, was geschehen ist. Loretta nimmt seit drei Jahren ab. Ist das richtig?
LORETTA: Ja.
VATER: Seit zwei Jahren.
M: Wann hat es begonnen, Loretta?
VATER: Vor zwei Jahren.
MUTTER: Es begann mit der Fastenzeit. Ich bringe sie ins St. Francis Hospital, weil Loretta, sie fühlt sich nicht gut. Überall hat sie Schmerzen. Deshalb wollen sie Bilder machen in ihrem Bauch, aber ich sage nein. Ich sage: «Ich bringe meine Tochter nach Hause.»

* *Anmerkung*: Eine andere Analyse dieses Interviews erschien in: Minuchin, Rosman und Baker, *Psychosomatic Families*. Ein Videoband der Sitzung für Ausbildungszwecke kann bezogen werden bei: South Beach Psychiatric Center, Staten Island, New York.

M: Erinnerst du dich daran, Loretta? *(Sie nickt.)*

MUTTER: Deshalb nehme ich meine Tochter nach Hause, weil ich nicht will, daß jemand meine Tochter berührt. Deshalb nehme ich sie nach Hause, und am nächsten Tag ist es mit Loretta ganz schlimm. Sie weint. Sie hat Schmerz. Deshalb rufe ich das Taxi, setze Loretta in das Taxi und fahre sie zu Dr. Smith. Er ruft das Tenafly Hospital an, und von dort fahren wir direkt in das Tenafly Hospital. Loretta bleibt dort zwei Wochen im Krankenhaus.

M: Was meinst du, Loretta, was du hast?

Ich höre mir an, was die Familie zu sagen hat, aber ich reagiere auch auf die Hartnäckigkeit, mit der die Eltern auf Fragen antworten, die an Loretta gerichtet sind. Ich weiß aus Erfahrung, daß sich Symptome, wie sie Loretta zeigt, in der Regel legen, wenn sie die Selbständigkeit erwirbt, die ihren sechzehn Jahren entspricht. Ich weiß auch, daß Lorettas Abhängigkeit und die Sorge ihrer Mutter ineinandergreifende Elemente ein und desselben Musters sind: Immer wenn ich mit dem einen in Berührung komme, komme ich auch mit dem anderen in Berührung.

LORETTA: In der Nacht, als ich ins St. Francis Hospital kam, hatte ich starke Bauch- und Rückenschmerzen. Sie stellten fest, daß ich eine Nierenentzündung hatte, und ich bekam eine Infusion, weil die Schmerzen so groß waren.

M: Aha, du bist dort also wegen einer bestimmten Krankheit eingeliefert worden. Und ins Tenafly Hospital bist du aus dem gleichen Grund gekommen?

LORETTA: Das weiß ich nicht. Ich meine, da haben sie eigentlich nie etwas Konkretes gesagt.

M: Da deine Mutter das Gedächtnis der Familie ist, soll sie es erzählen, aber du hörst gut zu, denn es ist dein Leben, von dem sie erzählt. In Ordnung?

Die Mutter hat in der Familie offensichtlich am meisten zu sagen, zumindest soweit es Lorettas Krankheit angeht. Ich muß das aus verschiedenen Gründen respektieren – wegen des tatsächlichen Einflusses der Mutter, aus Gründen der Höflichkeit, und weil es notwendig ist, sich so weit an die gewohnten Familienmuster zu halten, daß sich die Mitglieder in das therapeutische System einbinden lassen. Gleichzeitig beginne ich deutlich zu machen, daß ich die Sitzung zu dominieren gedenke: Loretta soll sich ihre Erfahrung zu eigen machen.

MUTTER: Da nehm ich sie ins Tenafly zu meinem Doktor. Zwei Wochen lang untersuchen sie Loretta. Loretta, sie ißt nicht genug, und der Doktor sagt: «Nehmen Sie Ihre Tochter nach Hause und bringen Sie sie zu einem Psychiater.»

M: Warten Sie einen Augenblick – ich möchte etwas überprüfen. Als du im Krankenhaus warst, Loretta, hast du da nichts gegessen?

LORETTA: Eine Zeitlang war ein Schild an meinem Bett, das besagte, ich dürfe nichts essen, weil die Ursachen meiner Schmerzen noch nicht bekannt waren. Und dann hatte ich keinen Appetit mehr. Deshalb wurde ich die ganze Zeit intravenös ernährt.

M: Weißt du, daß das vielen Menschen so geht? Wenn sie zwei oder drei Tage nichts gegessen haben, verlieren sie den Appetit. Da hast du also aufgehört zu essen. Wann war das? Vor zwei Jahren?

Loretta hat auf die direkte Ansprache und den vorsichtigen Hinweis, daß ihre Mutter nicht die höchste und letzte Autorität sei, mit verstärkter Informationsbereitschaft reagiert – ein gutes Zeichen. Meine Äußerungen fangen an, ihre Erfahrung zurechtzurücken – eine Möglichkeit, ihre Position als krankes Mitglied der Familie in Frage zu stellen.

LORETTA: Genau.
MUTTER: Deshalb bleibe ich zwei Wochen mit Loretta im Krankenhaus.
M: Sie sind im Krankenhaus geblieben? *Bei* ihr?

Mein Tonfall bringt ehrliche Bewunderung für diese Frau zum Ausdruck, der es gelungen ist, sich über den bürokratischen Apparat eines riesigen städtischen Krankenhauses hinwegzusetzen.

VATER: Ja, sie hat viele Nächte bei ihr verbracht.
M: Das ist großartig. Das schafft nur eine italienische Mutter!
MUTTER: Eines Tages hat mein Mann verlangt, nach Hause zu kommen und nach den Kindern zu sehen, und hat gesagt: «Wenn du morgen wieder hierher willst, bring ich dich.» Ich hab gesagt, ich will sehen, was ich tun kann. Da fahren wir nach Hause. Als ich nach Hause fahre, bekomme ich ein komisches Gefühl. Loretta, sie fühlt sich nicht gut, da sage ich zu meinem Mann: «Du bringst mich besser wieder zum Krankenhaus. Ich habe ein komisches Gefühl wegen Loretta.» Er sagt: «O nein, du bleibst hier.» Ich sage: «Du bringst mich oder ich geh.» Da bringt mich mein Mann. Als ich zurückgehe, finde ich Loretta ganz schwarz und blau. Sie hat Schmerzen. Sie schreit: «Ich habe hier überall Schmerzen, und da tut es auch weh!» Sie schreit. Ich sage: «Wir rufen den Doktor!» Da sagen sie, Loretta fehlt nichts. Und ich sage: «Was meinen Sie damit, Loretta fehlt nichts? Sie ist ganz schwarz und blau.» «Das stimmt, aber werden Sie nicht nervös.» Da kriegt sie eine Spritze, und Loretta, sie schläft die ganze Nacht.
M: Das heißt, Sie hatten das Gefühl…
MUTTER: Loretta könnte sterben.

Ich stehe vor einem Problem. Offensichtlich führt die übermäßig enge Beziehung zwischen Mrs. Genotti und Loretta zu ernsthaften Störungen. Aber es ist auch klar, daß es sich in dieser Familie um ein anerkanntes Muster handelt, untermauert von der ganzen Machtfülle, welche die Mama in der sizilianischen Kultur genießt. Ich muß eine Möglichkeit finden, die zu enge Beziehung in Frage zu stellen, ohne mich gegen die Normen der Genottis zu wenden.

M: Würden Sie so etwas auch bei Ihrer Tochter Maria spüren?

MUTTER: Bei allen. Bei allen meinen Kindern.

M: Ich glaube nicht, daß Maria Schwingungen aussendet. Was meinst du, Maria? Wenn du Schmerzen hast, weiß deine Mama das?

MARIA: Ja.

M: Sie weiß es also. Was ist mit deinem Vater? Das ist eine besondere Gabe. Hat er sie auch?

MARIA: Ja.

M: Stimmt das, Carlo? Können Sie die Schmerzen der Kinder spüren wie Ihre Frau?

VATER: Na ja, ich kann es sehen, wenn ich sie bloß angucke. Wenn sie nicht gut aussehen, dann nehm ich an, es stimmt was nicht.

M: Aber Margherita sagt, sie kann die Schwingungen aus dem Krankenhaus hören.

VATER: Ich hab sie vom Krankenhaus geholt, nicht wahr? In dem Augenblick, als wir zu Hause waren, sagt sie: «Ich will zurück.» Als wir zurückkamen, war Loretta in schlechtem Zustand.

Der Vater nimmt für sich, was das Wohlergehen seiner Kinder anbetrifft, kein übernatürliches Wissen in Anspruch, er macht aber auch deutlich, daß er den Anspruch seiner Frau nicht in Zweifel zu ziehen gedenkt. Ich weiß jetzt – wenn ich es nicht schon vorher wußte –, daß ich die Mama oder das mütterliche

Prinzip in dieser Familie nicht in Frage stellen darf. Vielleicht kann ich jedoch seine Definition in Frage stellen.

M: Dieses Gefühl ist sehr, sehr wichtig, wenn die Kinder klein sind. Das ist ein entscheidender Gesichtspunkt. Ich möchte dir ein paar Fragen stellen, Loretta. Du bist jetzt sechzehn?
LORETTA: Ja.
M: Stört es dich jetzt, wo du älter wirst, nicht manchmal, daß deine Mama sich immer noch so um dich sorgt?
LORETTA: Manchmal.
M: Wie empfindest du das, Sophia? Vergißt sie manchmal, daß du fünfzehn bist? Behandelt sie dich, als wenn du jünger wärst?
SOPHIA: Ja.
M: So ist das immer. Wenn man sehr einfühlsam auf die Schmerzen kleinerer Kinder reagiert, hat man Probleme, zur Mutter älterer Kinder zu werden. Eine gute Mutter kleinerer Kinder wird manchmal zu einer schwierigen Mutter für ältere Kinder. Deshalb sind Sie immer noch eine sehr gute Mutter für Maria, Giuseppe und Enrico, aber ich glaube, bei Sophia und Loretta gibt es ein paar Probleme. Ich glaube, Sie überwältigen sie!
MUTTER: Nein. *(Vater lacht.)* Wieso?

Ich bin seit einer halben Stunde mit den Genottis zusammen, ich tauche in ihre Erfahrung ein, nehme ihre Sprache auf, beobachte ihre Transaktionen. Mit ihrer Hilfe habe ich ein therapeutisches Thema entwickelt, das die Arena werden soll, in der ich ihre Wirklichkeit in Frage zu stellen gedenke. Statt dem Motto zu folgen «Wir sind eine normale Familie mit einem magersüchtigen Kind und hilfreichen Eltern», wird die therapeutische Exploration sich an das Thema halten «Ihr seid eine Familie, die in ihrer Entwicklung steckengeblieben ist und die sich bemühen muß, mit der Entwicklung ihrer heranwachsenden Kinder Schritt zu halten». Die Familie und ich werden diese Alternative mit Materialien entwerfen, die vorsichtig aus ihrer Sprache und ihren Transaktionen zusammengestellt sind, so daß die Familienmitglieder das Gefühl haben, sich auf vertrautem Boden zu bewegen. Im Fortgang der Sitzung wird es dank der Alternative möglich sein, die Rigidität dieser Familienorganisation in Frage zu stellen und Loretta von ihrer Rolle als Familienstabilisator zu befreien.

LORETTA: Du hast ständig Streit mit mir und Sophia. Ständig.

M: Carlo, helfen Sie den beiden Mädchen! Mama ist zu stark, die beiden sind in der Klemme. Helfen Sie ihnen auszudrükken, wie sie Mama manchmal gerne hätten.

VATER: Warum sagt ihr nicht selbst, was der Doktor hören will? Mit fünfzehn solltet ihr doch ein paar Worte selbst sagen können, was?

SOPHIA: Ich habe gar nicht so viel Streit mit Mama.

VATER: Wir sprechen darüber, wie du willst, daß Mama dich behandelt, jetzt, wo du fünfzehn geworden bist.

SOPHIA: Ich weiß nicht. Sie behandelt mich nicht schlecht.

Sophia befindet sich schon wieder auf dem Rückzug; offenbar mag in dieser Familie niemand Kritik an der Mutter äußern.

VATER: Glaubst du, Mama muß ein bißchen verändert werden, damit du dich besser fühlst?

LORETTA: Wirklich verändern kann man sich nicht, Papa. Man ist der, der man ist. Man kann sich nur Mühe geben und ein paar Kompromisse schließen.

VATER: Aber du möchtest doch, daß sich Mama ein bißchen zu dir hin verändert.

LORETTA: Sie soll sich nicht völlig verändern, nur ein bißchen weniger Sorgen machen.

M: Du meinst also, Loretta, deine Mama braucht sich nicht grundsätzlich zu ändern, sondern soll sich nur ein bißchen weniger Sorgen um dich und die anderen Kinder machen.

LORETTA: M-hm.

Loretta und dem Vater fällt es nicht leicht, so zu sprechen. Auch für Carlo gibt es Bereiche, in denen er den Ansprüchen seiner heranwachsenden Tochter mit den strengen und fürsorglichen Vorstellungen der Alten Welt begegnet. Ferner hat er große Schwierigkeiten, seiner Frau die Meinung zu sagen. Für die Mädchen ist er kein verläßlicher Bundesgenosse. Mit meinem Eingriff wiederhole ich Lorettas Kritik, mildere sie aber so ab, daß sie möglicherweise akzeptabel ist, und versuche, ein Einverständnis zwischen Loretta und ihrem Vater herzustellen.

M: Glauben Sie, daß die Mama einfach ein zu liebevolles Herz hat und sich deshalb mehr Sorgen macht als notwendig?
VATER: Nun, wie ich das sehe, macht Mama zu viele von den Sachen, die die Mädchen selber machen könnten. Sie macht es zu leicht für sie. Jetzt haben sie Schwierigkeiten, alleine fertig zu werden und in neuen Situationen zurechtzukommen.
M: Das ist eine sehr interessante und kluge Auffassung. Könnten Sie sie wiederholen? Ich glaube nämlich, Margherita ist taub auf diesem Ohr *(berührt ihr Ohr.)*

Meine sorgfältig gewählten Beiwörter stellen zwischen dem Vater und mir so etwas wie Kollegialität her: Wir sind beide Männer, die etwas verstehen von der Kompliziertheit seelischer Vorgänge. Gleichzeitig wird meine Herausforderung der Mutter abgemildert durch eine leicht verführerische, humorvolle Geste. Ich möchte diese Menschen dazu befähigen, das Gespräch miteinander aufzunehmen.

VATER: Ich bin sicher, Margherita hat mich schon verstanden.
M: Verstehen Sie, was er sagt? Wie denken Sie darüber?
MUTTER: Was soll ich davon denken? Ich bin eine Mutter. Die Dinge, die sie nicht machen können, mache ich.
M: Wenn die Kinder sagen: «Tu dies oder das!», dann tun Sie es?

MUTTER: Was soll ich tun – die Kinder im Stich lassen?

M: Nun zu dem, was Carlo sagt. Tun Sie mehr, als nötig ist?

VATER: Du hast es gemacht, und du machst noch immer alles für sie, oder?

MUTTER: Natürlich. Ich helfe meinen Kindern, immer und auf jede Weise. Wenn sie Hilfe brauchen, meine Kinder, ich geb sie ihnen. Das mach ich für meine Kinder die ganze Zeit.

M: Ich glaube, Sie verstehen noch immer nicht ganz deutlich, was Ihr Mann Ihnen sagt und was Loretta sagt. Sag es noch mal, Loretta, damit Margherita es hört.

Margherita hat sich hinter einer dicken Mauer verschanzt: Sie tut nur das, was die Mutterpflicht von ihr verlangt. Doch jetzt sind Carlo und Loretta bereit, ihre Überfürsorglichkeit in Frage zu stellen, zumal mein scherzhafter Ton die Situation entkrampft und entschärft. Die Exploration kann jetzt getrost ein wenig weiter vorangetrieben werden.

LORETTA: Du machst dir zuviel Sorgen. Dabei könntest du dir weniger Sorgen mache, denn ich bin sechzehn, Sophia ist fünfzehn und Maria ist dreizehn, aber du machst dir Sorgen, als wenn wir zehn und nicht sechzehn oder fünfzehn wären. Und laß uns aus eigener Kraft etwas versuchen. Doch wenn wir etwas versuchen, sagst du: «Nein, laß mich es tun. Es ist besser, wenn ich es tue.»

MUTTER: Einen Augenblick, Loretta, ich gebe euch die Chance…

LORETTA: Bei manchen Dingen, die ganz leicht sind. Aber bei anderen hast du Angst, uns eine Chance zu geben.

M: Loretta, ich möchte dir gratulieren! Ich glaube, du machst das sehr gut. Sophia, hilfst du ihr manchmal?

Bei meiner Arbeit mit Magersüchtigen habe ich festgestellt, daß die Fähigkeit zu direkter Kritik *in einem Bereich, der mit Essen nichts zu tun hat*, eine Voraussetzung für Fortschritte ist.

Deshalb lobe ich Lorettas selbstbewußte Äußerung, während ich gleichzeitig herauszufinden suche, ob sie Unterstützung findet, wenn ich ihre Führungsposition im Subsystem der Geschwister stärke.

SOPHIA: Helfen wobei?

M: Hilfst du Loretta? Denn sie hat die Führung übernommen, als es galt, euch drei Schwestern zu verteidigen. Schließt du dich ihr manchmal an?

SOPHIA: Nein.

M: Dann nimmst du also als einzige den Kampf auf, Loretta?

LORETTA: Ja.

M: Sie haben eine wunderbare Frau, Carlo. Ihre Kinder haben eine wunderbare Mutter. Aber ich glaube, sie kann zu einem Problem für heranwachsende Kinder werden.

VATER: Ja, ich habe das auch gedacht. In der Situation dieser beiden Mädchen, wo sie jetzt Dinge tun wollen, auf die sie nicht richtig vorbereitet sind, nur weil...

M: Es ihnen an Erfahrung fehlt, ja.

LORETTA: Ja, aber man muß irgendwo anfangen.

VATER: Und das macht meiner Frau noch mehr Sorgen, wissen Sie, wenn die beiden Mädchen etwas tun wollen, was wir für ungewöhnlich halten.

M: Was für Dinge? Mich interessiert Ihr Standpunkt.

VATER: Zum Beispiel: Sophia will abends ausgehen. Dann entscheidet meine Frau, ob sie darf oder ob sie nicht darf.

SOPHIA *(lacht)*: Ich glaube, das ist genau andersherum.

MUTTER: Das glaub ich auch. Tut mir leid, damit bin ich nicht einverstanden.

VATER: Du glaubst auch, es ist andersherum? Wer macht sich mehr Sorgen, ich oder Mama?

SOPHIA: Na ja, Sorgen macht sie sich, aber sie würde uns gehen lassen, während du – na, du weißt schon.

MUTTER: Danke dir, Sophia. Gott sei Dank!

VATER: Was ich sagen wollte, sie macht sich die Sorgen; sie

macht sich zuviel Sorgen. Da läßt sie sie lieber nicht gehen, damit sie sich nicht soviel Sorgen machen muß, wenn sie um zehn noch nicht wieder zu Hause ist.

Die überfürsorglichen Verhaltensmuster scheinen ausgelöst zu werden, wenn die heranwachsenden Mädchen mehr Selbständigkeit verlangen. Möglicherweise reagieren sowohl die Mutter wie der Vater mit stärkerer Kontrolle, sehen aber jeweils im anderen den weitaus strengeren Elternteil. Es kommt noch ein anderer Faktor hinzu, da Loretta und Sophia eine High-School in der Innenstadt besuchen.

VATER: Man muß sich ja auch Sorgen machen. Wenn sie ausgehen und nicht rechtzeitig zurück sind...

MUTTER: Ich bin die Mutter, stimmt's? Deshalb sage ich: «Du mußt auf dich aufpassen und um zehn zu Hause sein.» Was soll daran falsch sein?

M: Ich weiß nicht, was überhaupt falsch sein soll.

VATER: Wissen Sie, man hört soviel Schlimmes. Wir wollen nicht, daß die Kinder mit so etwas zu tun bekommen – wissen Sie. Drogen, Sex und...

Als Vater kenne ich solche Elternängste und habe Verständnis für sie. Die Frage lautet, wie wird man einerseits der elterlichen Aufsichtspflicht gerecht und wie ermutigt man seine Kinder andererseits zur Selbständigkeit.

M: Kannst du deiner Mutter widersprechen, Loretta?

LORETTA: Das kann ich, aber dann gibt es Streit. Manchmal halt ich lieber den Mund, weil ich weiß, daß es wieder auf einen Streit hinausläuft.

M: Kannst du deinem Vater widersprechen?

LORETTA: Nein, es ist bei beiden nicht leicht, denn wenn ich einem widerspreche, dann tun sie sich zusammen und sagen das gleiche.

M: Erinnerst du dich an irgendeine bestimmte Situation, wo du ihnen widersprochen hast?
LORETTA: Mir fällt keine ein.

Die Sitzung hat gezeigt, daß Loretta sich recht erfolgreich auf einen zwischenmenschlichen Konflikt einlassen kann, daß aber ihre Selbsteinschätzung ihr offenbar sagt, sie verliere immer. Das ist sehr typisch für die Ich-Erfahrung magersüchtiger Mädchen, die in einer Atmosphäre groß werden, in der Konflikte vermieden werden, die Treue den anderen gegenüber Anpassung verlangt und Widerspruch einen Verrat am familiären Wertsystem darstellt.

M: Wie steht es mit dir, Sophia? Kannst du deiner Mutter widersprechen?
SOPHIA: Nein.
M: Kannst du deinem Vater widersprechen?
SOPHIA: Ich glaube nicht.
LORETTA: Trotzdem tust du es hin und wieder, Sophia.
M: Aber du glaubst, du kannst es nicht. Nun ja, was ist mit dir, Maria, kannst du der Mama widersprechen?
MARIA: Nicht im Ernst. Sie behält immer recht.
M: Sie behält immer recht. Und wie steht es mit dem Papa? Kannst du ihm widersprechen? *(Maria seufzt.)* Nehmen wir an, Sophia, du möchtest irgend etwas schrecklich gern. Kannst du deine Mutter überzeugen?

Indem ich mich den Erfahrungen der drei Teenager zuwende und ihre Gemeinsamkeiten als Mitglieder eines Subsystems hervorhebe, lenke ich von Loretta als Patientin ab.

SOPHIA: Ich glaube nicht.
M: Die Mädchen haben das Gefühl, Sie sind zu stark für sie.
MUTTER: Nein.
M: Sie behaupten es aber.

MUTTER: Mit Sophia gibt es keine Probleme. Sie fragt mich nie etwas, auf das ich ja oder nein sagen muß. Mit Loretta, da haben wir ein kleines Problem.

M: Margherita. Sie hören nicht zu.

LORETTA: Darf ich einen Augenblick unterbrechen? Es ist ein Riesenproblem, daß meine Eltern aus der alten Heimat kommen und wir hier aufgewachsen, erzogen und geboren sind, weil wir bestimmte Wörter benutzen und sie sie nicht verstehen.

MUTTER: Oh, Loretta!

LORETTA: So wie jetzt, du wirst böse, weil ich es sage, aber es ist wahr. Du verstehst manchmal nicht, was Papa sagt, was der Arzt sagt oder auch was ich jetzt sage. Du wirst böse auf mich.

Loretta erschien zur Sitzung niedergeschlagen und verzweifelt, denn «das Problem» war immer sie. Durch die therapeutische Intervention hat sich das Problem verschoben: Es geht um das Aushandeln von Regeln für die heranwachsenden Kinder. Loretta hat die Frage aufgegriffen und vertritt sie sehr überzeugend.

Auch andere Themen zeichnen sich ab: die Beschäftigung des magersüchtigen Mädchens mit seiner äußeren Erscheinung und die Angst vor dem Dickwerden. Das verzweifelte Gefühl der Eltern, in einen aberwitzigen Kampf um Nahrung und Essen verstrickt zu sein. Lorettas Empfinden, daß sie in diesem Kampf allein gelassen und zum Untergang verurteilt ist. Ich versuche immer wieder, die Aufmerksamkeit auf das elterliche Bemühen um Kontrolle und das natürliche Unabhängigkeitsbestreben von Jugendlichen zu lenken, wobei ich das Thema so weit fasse, daß auch die Konflikte der Eheleute berücksichtigt sind, die Isolierung des Vaters von seinen Töchtern und seine Unfähigkeit, seine Frau in Wahrnehmung ihrer Mutterrolle einzuschränken. So oft wie möglich knüpfe ich Verbindungen zwischen Carlo und Loretta: Eine Möglichkeit, zwischen der

Mutter und den Kindern Abstand zu schaffen, besteht darin, für eine engere Beziehung zwischen dem Vater und Loretta zu sorgen. Die Sitzung dauert jetzt eine Stunde – Zeit fürs Mittagessen.

M *(blickt auf die Uhr)*: Zwölf Uhr fünfzehn. Ich würde jetzt gern etwas essen. Loretta, ich finde, du hast dich wacker geschlagen. Ich bin beeindruckt von dir.

VATER: Ja, sie ist ein tapferes Mädchen.

M: Aber ich weiß nicht, wie sie das sieht. Wenn sie nicht das Gefühl hat, daß sie kämpfen und gewinnen kann, wird sie sich wahrscheinlich zu Tode hungern.

MUTTER: Sie ist groß genug, um alles zu tun, was sie will. Sophia genauso. *(Das Essen, das zuvor von der Familie bestellt wurde, wird hereingebracht. Loretta läuft weinend hinaus und erklärt, daß sie nicht essen werde. Ich gehe ihr nach.)*

Wenn man mit magersüchtigen Familien ißt, so hat man in einigen Fällen die Möglichkeit, die Aufmerksamkeit von den Eßgewohnheiten des magersüchtigen Mitglieds auf die familiären Interaktionen zu lenken, die sich ums Essen drehen: Kontrolle, Gehorsam/Ungehorsam, Erpressung und Loyalitätsforderungen. Manchmal führt die explizite Aufdeckung dieser Konflikte zu Krisen, die den erklärten Patienten und die Familie aus ihren pathologischen Beziehungsmustern herausreißen. In diesem Falle aktivierte der bloße Anblick des Essens Lorettas übliche Verweigerungshaltung. Die Familie, die im Behandlungszimmer wartete, hatte wahrscheinlich das Gefühl, wieder am Punkt Null angekommen zu sein. Doch bei dem Gespräch mit Loretta in der Eingangshalle konnte ich an ihre positive Erfahrung aus dem ersten Teil der Sitzung anknüpfen. Loretta und ich vereinbarten, daß sie nicht essen werde. Sie sollte das mit ihren Eltern aushandeln und sich durchsetzen. Ich versprach, ihr zu helfen. Unter dieser Voraussetzung war sie bereit, in das Sprechzimmer zurückzukehren. Inzwischen hatte die Mutter die belegten Brote und Getränke verteilt und dabei eines der Brote auch vor Lorettas Platz gestellt. Als ich wieder Platz nahm, erklärte ich, ich hätte mit Loretta vereinbart, daß sie während der Sitzung nicht essen werde, daß aber der Rest der Familie ruhig zugreifen solle.

M: Was glaubst du, Loretta, für wie alt mag deine Mutter dich halten?

LORETTA: Ich weiß nicht. Bestimmt nicht für sechzehn.

M: Da bin ich ganz deiner Meinung. Bevor du nicht sechzehn bist, wirst du auch nicht ordentlich essen.

MUTTER: Sie setzt immer ihren Kopf durch, meine Tochter! Wenn ich sage nein, Loretta hört auf zu essen. Wenn wir nicht tun, was Loretta will, müssen wir die Hände in die Luft halten und dürfen keinen Finger rühren. Ich muß Sophia zur Ruhe bringen. Ich muß meinen Mann zur Ruhe bringen. Ich muß das Telefon zur Ruhe bringen. Ich darf mit niemand sprechen, weil Loretta, sie nervös. Sie tut alles, damit ich, mein Mann, ihre Schwester, ihre Brüder tanzen nach ihrer Pfeife. Wir sagen: «Ja, Loretta.» Wir müssen alles tun, was Loretta will, dann ist alles okay. Wenn wir etwas anderes tun, dann kannst du vergessen – Loretta, sie sagt nein.

(Während sie spricht, beginnen wir übrigen zu essen; wie auf Verabredung blickt niemand in Lorettas Richtung.)

M: Magst du deiner Mutter antworten, Loretta? Carlo, lassen Sie die Mama neben Loretta sitzen. Loretta, sprich mit Mama. Sie sagt, du unterdrückst die ganze Familie.

Loretta hat das Gefühl, hilflos fremder Kontrolle unterworfen zu sein. Überdies ist der Druck, dem sie ihre Familie durch ihre Ernährungsweise aussetzt, lange nicht so groß wie derjenige, den die Mutter durch Überfürsorglichkeit ausübt. Aber da psychosomatische Familien Konfliktvermeider sind, werden alle Kontrollstrategien mit dem Mäntelchen der Liebe und der Fürsorge zugedeckt. Solche familiären Muster lassen sich therapeutisch dadurch in Frage stellen, daß man zu offenen Konflikten in Bereichen normaler Autonomie ermutigt.

LORETTA: Ich unterdrücke niemanden, Mama.
MUTTER: Du unterdrückst deinen Vater, du unterdrückst mich, Sophia, Enrico, Maria, Giuseppe. Warum, Loretta?
LORETTA: Ich unterdrücke niemanden. Aber irgend jemand muß etwas tun.
MUTTER: Das ist die Aufgabe von mir und von deinem Vater. Du kannst etwas tun für dich selbst. Aber misch dich nicht ein bei Sophia, Maria ...
LORETTA: Ich möchte auf eigenen Füßen stehen, und du verhinderst das!
MUTTER: Nein, Loretta.
LORETTA: Doch, Mama! Vielleicht merkst du es manchmal nicht, aber du tust es trotzdem.
MUTTER: Aber manchmal, Loretta, richtest du es ein, daß wir machtlos sind. Wir müssen mit dir einer Meinung sein. Aber manchmal wir können das nicht. Und wenn du nicht kriegst, was du willst, du fängst zu weinen an.
LORETTA: Nein, Mama.
MUTTER: Zu schreien. Schmeißt mit Stühlen. Rückst alles so, wie du es willst.
M: Hat sie Wutanfälle? Wie ein Kleinkind?

Der Konflikt liegt jetzt offen zutage. Ich habe Lorettas Verhalten als angemessenen Widerstand gegen die Bevormundung der Eltern unterstützt. Deshalb kann ich jetzt die Eltern unterstützen, wenn sie Lorettas kindisches Verhalten in Frage stellen, ohne daß sie das Gefühl hat, ich würde sie in den Bereichen, in denen sie recht hat, im Stich lassen. Dadurch wird zweierlei gefördert: einmal das offene Austragen von Konflikten, zum anderen die wechselseitige Forderung nach angemesserem Verhalten.

VATER: Na ja, sie ist ganz in Ordnung, wenn sie ruhig ist. Aber wenn sie sich aufregt...

M: Sind Sie wie Ihre Frau der Meinung, daß Loretta die Familie unter der Fuchtel hat?

LORETTA: Das ist nicht wahr! Ihr redet, als wär ich ein Unmensch!

MUTTER *(freundlich)*: Nein, du bist kein Unmensch.

Loretta hat signalisiert, daß ihr das Konfliktniveau unangenehm wird, und die Mutter hat wie immer fürsorglich reagiert. Meine Aufgabe ist es, das übliche Muster der Familie – die Verwandlung von Fragen der Verhaltenskontrolle in emotionale Erpressung – zu unterbrechen. Deshalb sorge ich für einen Fortgang des Konfliktes.

M: Sie sagt, du hast Wutanfälle, Loretta. Sie sagt, du bist kindisch.

LORETTA: Ich schrei vielleicht, ich kreisch vielleicht, aber ich bin nicht kindisch. Auf keinen Fall werf ich mit Sachen um mich.

MUTTER: Loretta, ich sage nicht, daß du...

LORETTA: Wenn jemand mit Sachen wirft, dann bist *du* es. Du wirfst mit Schuhen nach mir, oder was dir sonst in die Finger kommt. Und dann versuchst du, so zu tun, als wenn ich ein Unmensch wäre.

MUTTER: Nein, Loretta, du bist kein Unmensch.

Wieder geht das Warnlicht an, und wieder erfolgt die Reaktion der Mutter. Doch diesmal beharrt Loretta selbst auf ihrem Standpunkt.

LORETTA: Ich bin der Unmensch in der Familie. Ich bin das schwarze Schaf der Familie, bloß weil ich sage, was ich denke. Die anderen Kinder sind immer die guten. Sie sind immer deine Lieblinge, weil sie den Mund nicht aufmachen.

MUTTER: Nein, Loretta, niemand ist Liebling...

LORETTA: In allem stimmen sie dir und Papa zu. Mit allem, was du sagst, sind sie einverstanden.

MUTTER: Wenn du etwas willst, was ich nicht kaufen kann, du weinst drei Tage, du wirst nervös. Du hörst auf zu essen. Einfach so – kein Essen, kein Aufstehen. Du willst niemanden sehen. Du willst mit niemandem sprechen. Und Mama weint.

M: Meint deine Mutter damit, daß du sie erpreßt? Daß du sie mit deiner Art zu essen unterdrückst?

Loretta und Margherita haben einen interessanten Pas de deux begonnen. Auf mein Betreiben hin erproben sie die Möglichkeit offenen Widerspruchs. Das erfordert Distanz, doch Distanz scheint ihnen Unbehagen zu bereiten. Beide reagieren sie mit schulderzeugenden Äußerungen («Du nennst mich einen Unmenschen»; «Du bist eine Erpresserin, die mich unglücklich macht»), die auf eine Aufhebung der Distanz drängen. Glücklicherweise läßt sich der Vorwurf der Mutter dazu benutzen, Lorettas Symptom mit dem Funktionieren der Familie zu verknüpfen, so daß ihre Essensverweigerung zu einer zwischenmenschlichen Transaktion wird. Diese Verschiebung des Bezugssystems kann Lorettas Körper von den Symptomen befreien und sie in die Hände aller Familienmitglieder legen.

LORETTA: Das ist nicht wahr!

MUTTER: Das gleiche machst du im Krankenhaus! Du erpreßt den Doktor.

LORETTA: Ich erpresse niemanden.

MUTTER: Das haben sie mir erzählt. Du ißt nicht. Sie bringen das Essen ins Zimmer, und du gibst es jemand anders.

LORETTA: Und zum Schluß bin ich immer der Lügner.

Nachdrücklich haben jetzt sowohl die Mutter wie auch ich die Essensverweigerung als manipulativen Akt bezeichnet. Doch wie so häufig werden die Tatsachen rasch zu einem emotionalen Pingpongspiel zwischen Mutter und Tochter mißbraucht: Hie «Du hast im Krankenhaus nicht gegessen», da «Du hast kein Vertrauen zu mir».

MUTTER: Los, erzähl Dr. Minuchin, daß du fast zwei Monate kein Essen im Leib hast. Nur die Art Nahrung, die sie dir durch den Schlauch geben. Du weinst. Mama weint draußen im Flur, wenn sie dir den Schlauch in die Nase schieben. Mama weint.

LORETTA: Du tust mir nicht leid, Mama. Es tut mir leid, daß du unrecht hast. Ich bin keine Lügnerin.

MUTTER: Du hast einen Kuchen gemacht für mich zum Essen. Ich will ihn nicht essen. Du sagst einfach: «Du willst ihn nicht essen, weil ich ihn gemacht.» Der Doktor im Krankenhaus hat mir gesagt: «Ihre Tochter ist in Gefahr und könnte sterben.» Ich sehe, sie ißt nicht. An diesem Morgen, ich sehe, sie steht auf, und sie kommt zu mir. Noch nicht einmal ein Glas Wasser. Es ist nichts da drin. Ich muß mir Sorgen machen.

Wir sind wieder mitten in der endlosen Auseinandersetzung ums Essen. Ich bin bestrebt, dem ganzen wieder eine zwischenmenschliche Perspektive zu geben.

M: Ich glaube, Loretta hat das Gefühl, der Verlierer in Ihrer Familie zu sein. Sie sagen, Loretta ist der Gewinner. Ich glaube, sie ist der Verlierer.

MUTTER: Ich kann gar nichts machen mit Loretta. Loretta sagt: «Du liebst mich nicht, weil du nicht haben willst dies oder das», und ich muß tun, was Loretta will.

M: Ich glaube nicht, daß Sie ihr das Gefühl geben, sechzehn Jahre alt zu sein.

Mutter: Nein, sie ist der Gewinner. Loretta, sagt Mama dir nicht, daß du sechzehn bist?

Loretta: Ja, du sagst es, aber du gibst mir nicht das Gefühl. Du behandelst mich nicht wie sechzehn. Du behandelst mich, als wäre ich zwei.

Loretta benützt meine entwicklungstheoretischen Überlegungen als Krücke, um sich gegen die Mutter aufzulehnen.

M: Margherita, Sie tun so viele Dinge für Ihre Tochter, daß sie ein ausgesprochen kindischer und unselbständiger Mensch wird.

Vater: Ganz richtig. Da muß ich Ihnen zustimmen.

M: Und irgendwann muß Ihre Tochter erwachsen werden. Dazu muß zunächst einmal Ihre Frau erwachsen werden. Das ist sehr schwierig. Loretta, du wehrst dich gegen deine Mutter, weil sie eine sehr liebevolle Mutter ist. Carlo, wie können Sie Ihrer Tochter helfen, sechzehn Jahre alt zu werden? Denn sie wird erst zu essen beginnen, wenn sie sechzehn Jahre alt ist, vorher nicht.

Vater: Ich wünschte, sie hätte mir gesagt, was sie möchte. Ich wünschte, sie wäre vernünftig und würde verstehen, daß manches nicht möglich ist.

M: Wissen Sie, Loretta ist sehr kindisch. Aber ich glaube, alle Familienmitglieder, und vor allem Sie, Margherita, unterstützen ihre kindische Art!

Mutter: Wie? Wie, Loretta?

M: Wenn Sie ihr sagen, *wie* sie sich den Stuhl zurechtrücken soll, behandeln Sie sie, als wäre sie sechs. *So* machen Sie das. Ganz einfach so. Wenn Sie ihr sagen, daß sie mit einem Freund ausgehen kann, ohne ihren Vater zu fragen, weil Sie sie vor dem Unwillen des Vaters beschützen wollen – dann tun Sie es. Sie sorgen dafür, daß sie ein Kleinkind bleibt.

Ich habe ein Familienmitglied abgestempelt («Loretta, du bist kindisch») und gleichzeitig die Verantwortung für diesen Stempel einem anderen Mitglied gegeben («Margherita, Sie sorgen dafür, daß sie kindisch bleibt»). Das ist eine Konstellation, die von sich aus eine Lösung nahelegt: «Loretta ist kindisch; folglich muß Margherita erwachsen werden.»

VATER: Wenn die beiden in Fahrt kommen, ist es nicht möglich, Loretta zu verstehen. Meistens kommt es durch kleine Dinge zu Situationen, die unmöglich sind, weil sie so wütend sind.

M: Ich glaube, Sie müssen mit Ihrer Frau darüber sprechen, daß sie Loretta als kleines Mädchen behandelt.

VATER: Ich schreie sie oft genug an, daß sie zuviel tut, und diese Mädchen nicht die Dinge tun läßt, die sie selber tun könnten. Auch als sie noch kleiner waren. Und ich glaube, da hat sich nicht viel geändert.

M: Kann Margherita Sie hören, oder ist sie taub?

MUTTER: Nein, ich höre meinen Mann. Ich höre, was er sagt. Aber ich möchte Ihnen etwas sagen. Loretta, sie wurde vor langer Zeit erwachsen. Wenn sie will, ist sie ein junger Teenager. Sie weiß es.

M: Nein, Loretta, ich glaube nicht, daß du erwachsen bist. Ich glaube, du bist sehr abhängig von deiner Mutter, unfähig, Entscheidungen zu treffen und die Initiative zu ergreifen. Du kämpfst um das Erwachsenwerden auf die schlechteste Weise, die möglich ist – indem du dich umbringst. So willst du der Mama beweisen, daß sie im Unrecht ist. Du kannst gewinnen, aber ich weiß noch nicht recht, ob du es auch willst. Du wirst erst essen, wenn du sechzehn Jahre alt bist. Ich glaube nicht, daß du fühlst, handelst oder denkst, als wärst du sechzehn. Und ich denke, es liegt daran, daß die Familie, vor allem Mama, immer alles für dich erledigt. Die Mutter bewegt deine Hände, sie bewegt deine Arme. *(Ich nehme Lorettas Hände und Arme und bewege sie.)* Du hast nichts, was dir gehört. Deshalb glaube ich auch, daß du jetzt nichts essen solltest. Aber du wirst in dem Augenblick essen, wo du sechzehn Jahre alt wirst.

Mein Verhalten – daß ich Loretta wie eine Puppe behandle – hat ihre Aufmerksamkeit auf mich gelenkt. Dadurch wächst die Distanz zur Mutter. Gleichzeitig habe ich mir die Kontrolle über Lorettas Symptom angeeignet («du wirst erst essen, wenn du sechzehn bist») und dadurch seine metaphorische Bedeutung als Banner der Selbständigkeit aufgehoben. Nichtessen ist jetzt ein Symbol für Lorettas *Abhängigkeit*. Da ich mich in Lorettas Kampf um Selbständigkeit auf ihre Seite geschlagen habe, sind wir jetzt gemeinsam bemüht, einen Familienkontext herzustellen, der es ihr ermöglicht, zu essen und sich zu entfalten. So kämpfen *wir* darum, daß sich die Familie verändert. In diesem Bezugssystem handle ich eine Vereinbarung mit Loretta aus. Sie wird essen, aber sie wird alleine essen – abseits des Familientisches. Ich werde sie wiegen, wenn sie zu den Sitzungen kommt, aber ihr Gewicht wird ein Geheimnis zwischen ihr und mir bleiben. Als wir dies vereinbart haben, komme ich zum Schluß der Sitzung, wobei ich noch einmal deutlich mache, daß die Essensfrage zu einer Frage der Selbständigkeit umgedeutet worden ist.

M: Loretta, ich denke, du solltest nicht mit der Familie essen, bevor du sechzehn bist. Wie alt bist du jetzt?
LORETTA: Sechzehn.
M: Wann hattest du Geburtstag?
LORETTA: Letzte Woche.
M: Aber du bist noch nicht sechzehn. Und da Loretta erst essen wird, wenn sie sechzehn ist, möchte ich, daß sie alleine ißt. Sie wird genau zu dem Zeitpunkt sechzehn sein, wo sie zu essen anfängt. Ich finde, Loretta, du solltest nicht zuviel zunehmen, weil dein Gesicht so schmal sehr hübsch aussieht. Aber zehn Pfund müßtest du wohl doch zunehmen. Doch

das mußt du dir selbst überlegen. Denn mit sechzehn mußt du solche Dinge alleine entscheiden. Carlo, ich möchte, daß Sie zu Hause zuerst mit Ihrer Frau und dann mit Loretta darüber sprechen, welche Rechte eine Sechzehnjährige hat und welche Pflichten. Können Sie Ihrer Frau helfen, sich das klarzumachen? Daß eine Sechzehnjährige Pflichten hat?

VATER: Ich werde es versuchen.

M: Kann sie uns hören?

MUTTER: Ich höre gut.

M: In Ordnung. Carlo, Sie müssen mit Margherita sprechen. Ich denke, sie hat sich zu lange ganz alleine um die Familie gekümmert. Du mußt mit deinem Vater über deine Berufswünsche sprechen, Loretta. Vielleicht kann er dir dabei und bei anderen Dingen helfen. Carlo, können Sie Loretta zeigen, daß Sie...

VATER: Was ich mir wünsche – entschuldigen Sie, daß ich Sie unterbreche –, das ist, daß Loretta anders von mir denkt. Sie soll nicht immer denken, daß ich ein Hindernis bin.

LORETTA: Das kann ich nicht, Papa, wenn du mir nicht zeigst, daß du es nicht bist.

M: Loretta, ich möchte, daß du dich in dieser Woche zweimal mit deinem Vater unterhältst. Vielleicht könntest du ihm das erste Mal etwas über dich erzählen, ja? Damit er dich kennenlernt. Das zweite Mal sollen Sie ihr etwas über sich erzählen, Carlo. Ich glaube, sie muß Sie kennenlernen. Das wird eine Hilfe sein. Carlo sollte sich mehr darum kümmern, Loretta zu helfen. Würde Ihnen das helfen, Margherita? Margherita, sie wird essen, wenn sie sechzehn ist, und sie wird nicht daran sterben. Wenn sie abnimmt, dann müssen wir uns etwas überlegen. Wenn sie ihr Gewicht hält, dann besteht im Augenblick keine Gefahr. Also machen Sie sich keine Sorgen.

Die Familie ging in hoffnungsfroher Stimmung fort; sie hatte eine neue und konstruktivere Definition ihrer Probleme erhalten. Ich hatte zwei Stunden mit ihnen verbracht. In der «verdichteten Zeit» einer therapeutischen Sitzung besitzen die Transaktionen eine Erfahrungsintensität, die eine ganzheitliche Sicht ermöglicht. Ich kannte nun die Stärke dieser Familie, ihre Flexibilität und ihre Fähigkeit, das Verhaltensrepertoire zu erweitern. Ich hatte das Gefühl, daß Loretta schon angefangen hatte, sich zu verändern, und ich hatte erlebt, wie Carlo und Margherita ihre Repertoires in den Transaktionen mit mir erweitert hatten. Meine Prognose für die Familie Genotti war positiv.

Sie blieben vier Monate in Behandlung. Es ging in der Therapie um das Problem der Individuation und Unabhängigkeit. In den ersten drei Monaten nahm Loretta neuneinhalb Kilo zu. Dann stabilisierte sich ihr Gewicht bei ungefähr siebenundvierzigeinhalb Kilo. Bei einer Nachuntersuchung anderthalb Jahre später stellte sich heraus, daß Loretta seit sechs Monaten als Kellnerin arbeitete. Inzwischen hatte sie auch den Besuch der High-School wiederaufgenommen und beabsichtigte, sie zu beenden. Sie hatte viele Freunde und unterhielt nach wie vor eine kämpferische Beziehung zu ihren Eltern.

AUTOR: Gibt es noch irgendwelche Fragen?

LESER: Nein, ich habe keine Fragen.

AUTOR: Das stellt mich vor ein Problem. Wenn du nicht als nichtüberzeugter Leser auftrittst, kann ich nicht als überzeugender Autor in Erscheinung treten.

LESER: Bist du so abhängig?

AUTOR: Das ist ein interessantes Wort. Ich nehme an, du benutzt es, um meinen Charakter zu beschreiben. Indes, wie kann ein einzelner abhängig sein?

LESER: Ich kenne viele abhängige Menschen und will mich selbst nicht ausnehmen.

AUTOR: Dann verstehst du, worauf ich hinauswill. Menschen

sind definitionsgemäß abhängig. Wir befinden uns in wechselseitiger Abhängigkeit, weil wir Teile sind. Glaubst du, Margherita ist abhängig?

LESER: Nun ja, sie ist überlebensgroß. Wie sie die Schwingungen aus der Familie auffängt... ja, sie ist abhängig, aber auf andere Weise. Sie hängt davon ab, daß die Kinder von ihr abhängig sind. Es ist, warte mal...

AUTOR: Wörter sind nur ein Vehikel. Wir müßten sie unter Kontrolle haben, statt umgekehrt. Loretta und Margherita befinden sich in gegenseitiger Abhängigkeit. Doch wenn wir versuchen, ihre Interaktionen zu beschreiben, dann verkürzen wir. Wir dichotomisieren, um zu verdeutlichen – weiß/schwarz, abhängig/unabhängig. Solche Verkürzungen – Entweder/Oder, Ursache/Wirkung – verleihen den Verhältnissen wundervolle Klarheit, aber das Leben hält sich nicht daran. Es ist auch weiterhin kompliziert, unklar, eine Pandorabüchse voller Schlamm.

LESER: Entdecke ich da Feindseligkeit? Ich dachte, die Beziehung zwischen Autor und Leser sollte geprägt sein von geistiger Harmonie.

AUTOR: Tut mir leid. Ich habe gelernt, mich vor logischen Vereinfachungen zu hüten. Wenn wir das Leben beschreiben wollen, dann brauchen wir Metaphern.Objektivität reicht nicht aus.

LESER: Aber brauchen wir nicht Bezugssysteme? Modelle, Beschreibungstechniken?

AUTOR: Ich erinnere mich an ein Buch von Papini *, in dem ein Bildhauer auf der Suche nach dem schöpferischen Augenblick eine Wachsfigur mit rotglühenden Meißeln modellierte. Die Figur wurde im Augenblick ihrer Entstehung zerstört.

* Giovanni Papini, 1881-1956, italienischer Schriftsteller: Essays, Biographien, autobiographische Schriften. Direktor des italienischen Renaissanceforschungszentrums.

LESER: Was hat das mit Familien zu tun?

AUTOR: Nichts. Aber es hat was mit Fallenaufstellen zu tun. Ich möchte einen Familienreigen beschreiben, in dem die Mitglieder zugleich Tänzer, Tanz und Musik sind.

LESER: Yeats? Würde es dir etwas ausmachen, die Poesie beiseite zu lassen und dich wieder meinen Fragen zuzuwenden?

AUTOR: Wie lauten deine Fragen?

LESER: Gut. Ich nehme zur Kenntnis, daß du bei den Genottis und der Magersucht Erfolg gehabt hast. Ich habe aber Zweifel, ob deine Methode dem einzelnen Familienmitglied nützt.

AUTOR: Ich wäre beunruhigt, wenn du Gewißheit hättest. Zweifel sind Wege zu Fragen und – wenn man Glück hat – zur Hinnahme der Ungewißheit. Was macht dir Kopfzerbrechen?

LESER: Loretta, Margherita, Sophia, Carlo, Maria... Wie wirkt sich auf jeden von ihnen die Familientherapie aus? In der Individualtherapie ergeben sich die Fortschritte aus der Begegnung zwischen Therapeut und Patient und durch die Exploration frühester Erfahrungen in einer Atmosphäre gegenseitiger Achtung und Anerkennung. Richtig?

AUTOR: Für unser Gespräch hier mag das genügen. Welche Fragen ergeben sich für dich daraus?

LESER: Warum sollten sich die einzelnen Mitglieder der Familie Genotti ändern?

AUTOR: Das ist der gordische Knoten. Soll ich ihn für dich durchhauen oder aufdröseln?

LESER: Ich akzeptiere jede Metapher, die meinem Verständnis auf die Sprünge hilft.

AUTOR: In Ordnung, der Weg kann lang und verschlungen sein. Beginnen wir mit den Genottis ein Jahr, bevor Lorettas Symptome auftraten. Gehen wir davon aus, daß die Familie bis zu diesem Zeitpunkt in einer mehr oder weniger vorhersagbaren Umgebung gelebt hat und eine mehr oder weniger intakte Familie war. Als Loretta und Sophia ins Jugendlichenalter kamen und Zugang zur Welt der Jugendlichen fanden, stellten ihre Ansprüche die implizite Organisation der Familie in Frage. Mit ihren Ausflügen in die Außenwelt gefährdeten Loretta und Sophia die Grundlage von Loyalität und gegenseitiger Abhängigkeit, auf die die Genottis bauten. Jetzt – und das ist ein interessantes Paradoxon – entwickelte Loretta ein Rebellionssymptom, das zugleich ein Element größerer Nähe enthielt. Es war eine Veränderung ohne Veränderung, da durch ihre Krankheit eine Fürsorge und Bevormundung hervorgerufen wurde, die in dieser Familie üblich war, während sich ihre Rebellion auf das Essen beschränkte. Es handelt sich um einen Fall, den Systemanalytiker eine Veränderung erster Ordnung nennen: das Individuum oder Element verändert sich in einer Weise, welche die Strukturen des Systems unangetastet läßt.

LESER: Welche Ziele hattest du, als die Genottis zu dir kamen?

AUTOR: Wie immer in Fällen von Magersucht: Heilung und Entfaltung – in dieser Reihenfolge. Da sich aber Loretta nicht in unmittelbarer Gefahr für Leib und Leben befand, konnten sich meine Interventionen bei den Genottis an der Komplementarität von Entfaltung und Heilung orientieren. Meine Eingriffe hatten größtenteils das Ziel, die Rigidität der Familie aufzubrechen und den Familienmitgliedern eine erweiterte Wirklichkeitserfahrung zugänglich zu machen. Vergegenwärtigen wir uns noch einmal die Sitzung. Zu Beginn des Interviews beobachtete ich, daß die Mutter und Loretta in eine Beziehung verstrickt waren, die – wie ich vermutete – schon seit langer Zeit so eng geworden war, daß sie jetzt die Beweglichkeit von Fliegen in einem Siruptopf besaßen. Dieser zwischenmenschliche Kontext bestimmte ihre Auffassung von sich und anderen, legte weitgehend die Spannbreite ihrer Gefühlsreaktionen fest und wurde durch gemeinsame Sprach- und Verhaltensweisen aufrechterhalten. Natürlich umfaßte ihre Beziehung das größere System der Familie und wurde von ihm umfaßt. Doch bleiben wir im Augenblick bei Loretta, da du ja wissen möchtest, wie die Familientherapie auf den einzelnen wirkt. Lorettas Erfahrung von sich selbst war die Erfahrung des Selbst im Kontext. In der Familie sind die Kontexte die anderen Mitglieder in einer vorhersagbaren Organisationsform. Die Zweierbeziehung Loretta/Mutter folgte bestimmten Mustern. Doch als ich hinzukam und Loretta in ihrem Bestreben unterstützte, das Beziehungsmuster in Frage zu stellen, veränderte es sich und mit ihm die Erfahrung und Sprache des Mädchens. Als ich Carlo unterstützte, seiner Stimme mehr Gewicht gab, während er Margheritas Überfürsorglichkeit den Mädchen gegenüber kritisierte, veränderte sich für Loretta, aus der Geschwisterperspektive, die Beziehung zwischen dem Ich und dem anderen. Das gleiche geschah, als sie versuchte, in ihrer Rolle als älteste Tochter die Eltern zu kritisieren, als sie sich von Sophia verraten fühlte, als ich Margherita in dem Vorwurf unterstützte, Loretta nutze ihre Umgebung aus, als Carlo sie um Verständnis bat, als ihre Symptome an der Familie festgemacht wurden und so fort. Wie das Glasteilchen in einem Kaleidoskop erlebte Loretta sich in verschiedenen Konfigurationen – im Mittelpunkt oder am Rande, glänzend oder matt, groß oder klein, im Vorder- oder im Hintergrund, und in jeder Position kreiste sie um sich selbst, erlebte sie neue Bewegungen, neue Abstände, neue Intensitäten, neue Formen des Schweigens, neue Wörter. Und in dem Maße, wie sich ihre Auffassung von den anderen Familienmitgliedern veränderte, wie diese Seiten erkennen ließen, die sie vorher nicht gezeigt hatten, vollzog sich ein solcher Bedeutungswandel auch in den anderen Genottis. Nicht die gleiche Bedeutung, nicht zur gleichen Zeit. Es kam zu Spannungen unter ihnen, weil die verschiedenen Perspektiven sie unsicher machten. Die Welt verlor ihre Vorhersagbarkeit. Und weil die Genottis, wie du und ich, auf Zusammenhang und Eindeutigkeit angewiesen sind, fingen sie an, nach einheitlichen Bedeutungen zu suchen. Ich half ihnen mit neuen Metaphern, Beschreibungen, Bezugssystemen. Da wir alle Geschöpfe der Redundanz sind, spielten die Genottis diese neuen Muster zwischen verschiedenen Mitgliedern, in verschiedenen Zusammenhängen und in verschiedenen Zeiten durch. Damit begannen die alten Muster aufzubrechen. Mit etwas Glück fangen die Genottis jetzt an, sich und einander komplexer zu sehen. Sie sind Menschen mit unterschiedlichen Eigenschaften, denen mehr als eine Reaktionsweise offensteht.

LESER: Aber ist das genug? Müssen sie nicht verstehen, woher sie kommen? Glaubst du nicht an die Bedeutung von Kindheitserfahrungen und den Einfluß von Erfahrungsmodellen auf die Organisation individuellen Verhaltens?

AUTOR: Wenn ich ja sage, nehme ich meiner These die Wirkung. Wenn ich nein sage, nehme ich meiner These die Wirkung. Ich weiß nicht mehr weiter.

LESER: Wenn du nicht mehr weiter weißt, dann fahr bitte fort.

Zweiter Teil:

Muster der Gewalt

Mata a su madre sin causa justificada» (er hat seine Mutter ohne jeden Grund getötet). Offenbar besaß der Muttermord allein keinen Nachrichtenwert für diese spanische Zeitung in New York City. Interessant für den Leser war, daß er «ohne jeden Grund» geschah. Bei meiner Beschäftigung mit dem Familienprozeß bin ich mit all den Gefühlen in Berührung gekommen, die familiäre Transaktionen bestimmen: Wut, Frustration, Hilflosigkeit, Neid, Fürsorglichkeit, Liebe, Sorge. Die Menschen, die uns am nächsten stehen, werden zu den Empfängern unserer emotionalen Reichtümer und Verwirrungen; wir sind ihre Projektionsleinwände und sie die unseren. Das Durcheinander der Gefühle bewirkt, daß Familienmitglieder nicht immer vorhersagbar, nicht immer logisch oder rational, nicht immer Herr ihrer Reaktionen sind.

Aber Gewalt oder die Ableitung emotionaler Transaktionen in destruktive Kanäle ist etwas anderes. Um diesen Vorgang zu verstehen, müssen wir über die Grenzen der Familie hinausblicken. Die Gewalt in der Familie verlangt ein semipermeables Bezugssystem, das Blut und Tränen hinein- und hinausläßt. Solch ein Bezugssystem bieten zum Beispiel die Schlagzeilen jeder beliebigen Tageszeitung.

DIE KETTE DER GEWALTTATEN IN MIAMI REISST NICHT AB

GESPRÄCHE IN ISRAEL ERGEBNISLOS

EL SALVADOR: 12% DER TRUPPEN VERLETZT ODER TOT

ARGENTINIEN VERSUCHT FALKLANDKONFLIKT ZU VERGESSEN

ARBEITSLOSIGKEIT ERREICHT 10%

Diese Auswahl aus dem «Philadelphia Inquirer» vom 31. Dezember 1982 berücksichtigt nicht die Unruhen in Indien, die Bombenanschläge in Manila, Johannesburg, Irland und England, nicht den sauren Regen, die Einrichtung neuer Volksküchen für die Hungrigen in den Vereinigten Staaten, nicht die unvermindert anhaltenden Hungersnöte in der Dritten Welt. Davon wird man erst in den Abendnachrichten erfahren. In diesem Spannungsfeld soll das Gesundheits- und Rechtssystem die familiäre Gewalttätigkeit kontrollieren und stabilisieren. Dazu konzentriert man sich gewöhnlich auf die Familie als unabhängige Einheit. Doch wenn man die Familie aus ihrem sozialen Zusammenhang löst, verfährt man, als wollte man die Gesetze des Schwimmens an einem Fisch in der Bratpfanne untersuchen. Das Ergebnis sind Maßnahmen ohne Perspektive.

Während der Zeit meiner Berufstätigkeit hatte ich die ausgedehnteste institutionelle Berührung mit familiärer Gewalt als Kinderpsychiater an der Wiltwyck School for Boys. Es war eine sehr lehrreiche Zeit für mich, aber ich weiß heute auch, daß die Einbindung in den institutionellen Prozeß meine Wahrnehmung verzerrt hat. Während ich einerseits meinen therapeutischen Spielraum erweiterte, trug ich andererseits zur Erhaltung des Systems bei, das ich in Frage stellte.

Wiltwyck war ein privates, gemeinnütziges Behandlungszentrum auf Internatsbasis für einhundert Jungen im Alter bis zu zwölf Jahren. Diese Kinder waren das Produkt der Slums, in denen sie aufgewachsen waren.

> Auf den Fluren und den stinkenden, überfüllten Vortreppen haben sie Betrunkene ausgeplündert und sich an den Umgang mit Strichjungen, Prostituierten und Rauschgiftsüchtigen gewöhnt. Diese Kinder leben in beklagenswerter Armut. Aus nächster Nähe erleben sie Alkoholismus, Homosexualität, Rauschgiftsucht, Promiskuität, Prostitution und Geisteskrankheit. Vieles davon in der eige-

> nen Familie. Pathologie und Armut bestimmen ihr Leben so nachhaltig, daß viele von ihnen keine andere Wirklichkeit kennen. Es *ist* ihre Wirklichkeit. Du mußt für dich selbst sorgen. Wenn du nichts zu essen hast, dann klaust du es – vom Nachbarn, vom Verwandten oder vom Kaufmann an der Ecke. Wenn du Geld klauen kannst, um so besser. Du brauchst nicht zu einer bestimmten Zeit zu Hause zu sein. Mahlzeiten werden unregelmäßig eingenommen. Zu Hause teilst du das Bett mit anderen Kindern. Im Sommer treibst du dich auf den schmutzigen Straßen herum, immer auf der Suche nach Abwechslung und Abenteuer. Du bist ständig in Bewegung und Aktion. Und stellst was an. Denn wenn etwas los ist und du dabei bist, dann hast du wenigstens das Gefühl, daß du *irgendwer* bist.

Meist wurden diese Kinder vom Jugendgericht als «straffällige und verwahrloste Jugendliche» an die Schule überstellt. Mir schien klar, daß die Straffälligkeit nur unter Bezugnahme auf das soziale Umfeld zu verstehen war. Ich wehrte mich gegen die enge Perspektive und Rechtsprechung und begann mit einer Untersuchung der Familien, aus denen diese Kinder kamen. Meine Mitarbeiter (Edgar H. Auerswald, Charles King, Braulio Montalvo, Clara Rabinowitz) und ich setzten uns mit den Kommunikationsmustern der Familienmitglieder auseinander: der inkohärenten Struktur des Dialogs, dessen sich die Mitglieder untereinander bedienten, und der starken zwischenmenschlichen Komponente, die bewirkte, daß zwei plus zwei vier war oder auch nicht, je nachdem, in welcher Beziehung man zu dem anderen stand. Und natürlich untersuchten wir die Kontrollmechanismen und den Alles-oder-nichts-Charakter der elterlichen Reaktionen auf Fehlverhalten der Kinder. Manchmal erfolgte überhaupt keine Reaktion, manchmal unbeherrschte Prügel, die als angemessene Bestrafung angesehen wurden. Es gab Gewalt von Eltern gegen Kinder, von Kindern gegen Kinder und häufig auch von Kindern gegen Eltern. Das soziale Umfeld dieser Familien, die sich in der sozioökonomischen Randzone der Gesellschaft bewegten, lag wie ein dichter Nebel der Hoffnungslosigkeit über der Alltagswirklichkeit. Trotzdem waren wir beeindruckt von den ungenutzten Reserven, die den Familienmitgliedern zur Verfügung standen. Deshalb entwickelten wir Techniken, die den Betroffenen helfen sollten, sich am eigenen Schopf aus dem Sumpf zu ziehen. Da wir wußten, wie wenig sozialpolitische Maßnahmen größeren Maßstabs ausrichten, beschränkten wir uns auf die Entwicklung therapeutischer Strategien für die Arbeit mit diesen Familien.

Aufgrund dieser Arbeit wurde ich Professor für Kinderpsychiatrie an der University of Pennsylvania. Damals kam mir nie in den Sinn, das Verfahren grundsätzlich in Frage zu stellen, mir zu überlegen, ob es richtig sei, die Kinder aus ihren Familien herauszureißen und in einer Institution unterzubringen. Ich akzeptierte die Normen des Gerichts und sein gesetzmäßiges Recht, abweichendes Verhalten festzustellen und zu bestrafen. An einzelnen Richtern hatte ich zwar etwas auszusetzen, nahm dem System aber die Absicht ab, die Kinder zu schützen. Verbesserungswürdig, aber nicht grundsätzlich falsch erschien mir die Art und Weise, wie die Sozialarbeiter die Familienverhältnisse des Kindes untersuchten: die unangemeldeten Hausbesuche, die oft am Abend oder zur Essenszeit stattfanden; der kritische Blick auf die Möbel, in die Kochtöpfe, in den Kühlschrank und auf die allgemeine Sauberkeit der Wohnung; das Befragen der Nachbarn. Dabei hätte ich mir derartige Zudringlichkeiten in der eigenen Wohnung nachdrücklich verbeten. Ich hielt solche Vorgehensweisen für notwendig «im Interesse des Kindes». Erst später wurde mir klar, daß solche Übergriffe nicht nur beleidigend, sondern auch überflüssig sind. Die Straffälligkeit ist keine direkte Konsequenz solcher Familienverhältnisse, wenn die Gesellschaft auch oft eine unmittelbare Verbindung annimmt.

Ferner setzten wir bei unseren therapeutischen Maßnahmen die Justiz in weit höherem Maße voraus, als uns selber klar war. Zwar warf ich meinen Kollegen vor, daß sie den psychologischen Gegenstandsbereich viel zu eng faßten, und verstand das Kind bewußt als Teil des Familiensystems, zog aber meinerseits

Grenzen, die die Familie von ihrem Umfeld isolierten. Indem ich das Feld absteckte und mich für den Innenbereich der Familie zuständig erklärte, schirmte ich mich gegen alle anderen Aspekte der Familienwirklichkeit ab. Durch diese Grenzziehung konnte ich mich auf *meinem* Gebiet für kompetent ausgeben, während ich gleichzeitig das Fachwissen anderer auf *ihren* Gebieten anerkannte. Ich lehnte jede Verantwortung für das Leid der Familie bis zum Augenblick unserer Begegnung ab. Ich sah meine Aufgabe als Fachmann darin, am Ende einer langen Kette von unglückseligen Ereignissen einzugreifen, um zu flicken, was das Leben und andere Menschen angerichtet hatten. Der Fehler, so sagte ich mir in meinen inneren Monologen, liegt in der sozialen und wirtschaftlichen Ungerechtigkeit. Ich bin nicht beteiligt an der Klassifizierung, Deutung und Bestrafung dieser Familien. Ich helfe den Familienmitgliedern mit meinen Fachkenntnissen lediglich, den Horizont ihrer Möglichkeiten zu erweitern.

Dieser Prozeß territorialer Abgrenzung ist sehr vernünftig in einer komplexen Welt, in der es keinen Platz für Generalisten gibt. Doch in dem Maße, wie man die Spezialgebiete aus dem Boden stampfte, hat man die Wirklichkeit verformt. Überall vertiefen die Experten innerhalb der gezogenen Grenzen ihr Fachwissen und entwickeln spezielle Normen, doch wenn alle die wunderbar ausgearbeiteten Teile zusammengefügt werden, wird dem Ganzen Gewalt angetan. Man betrachte nur die folgende Verlautbarung des United States Department of Health, Education, and Welfare zur Zahl der Fachleute, die erforderlich sind, um den Familien zu helfen, in denen Kinder mißhandelt oder vernachlässigt werden: «Die Mißhandlung und Vernachlässigung von Kindern ist ein Problem, das nicht von einer einzigen Fachdisziplin in den Griff zu bekommen ist. Unter Umständen verlangt ein Fall die Mitarbeit von Sozialarbeitern des Gesundheitswesens und der Fürsorge, eines oder mehrerer Ärzte, eines Psychiaters oder Psychologen, von Krankenschwestern aus dem Krankenhausbereich und aus dem öffentlichen Gesundheitswesen, der Polizei, von Rechtsanwälten, eines Jugend- oder Familienrichters, des für das Kind zuständigen Lehrers und einer weiteren Anzahl von Fachleuten.» Elf verschiedene Institutionen, der Familientherapeut nicht mitgezählt, erklären jeweils einen Teil des Familienkörpers für ihr Zuständigkeitsgebiet und bestreiten natürlich jedem das erforderliche Fachwissen, der sich dort Zugang zu verschaffen sucht. Hier wird deutlich, in welchem Dilemma sich die Fachleute befinden, die in diesem Feld arbeiten: Um etwas zu leisten, müssen wir uns spezialisieren, doch wenn wir uns spezialisieren, heben wir den ganzheitlichen Zusammenhang auf. Was folgt daraus? Wie mir scheint, folgendes:

1. Als Menschen gehören wir einer Kultur an und verwechseln deshalb die Dinge, an die wir lediglich gewöhnt sind, allzu leicht mit der Wahrheit. Familien werden beobachtet, untersucht und verändert, abweichende Verhaltensweisen qualifiziert und bestraft nach Maßgabe dessen, was uns als angemessen erscheint. Da die westliche Welt die Rechte des *einzelnen* hütet, da das Fürsorge- und Rechtssystem den Auftrag hat, Kinder zu schützen, läßt sich die Überstellung des Kindes in eine Institution rechtfertigen.

2. Fachleute gehören Systemen mit gemeinsamen Überzeugungen an. Sie lesen dieselben Zeitschriften und schreiben Artikel, die für ihre Kollegen bestimmt sind. In dem Maße, wie sie ihr Sandkorn erforschen, gewinnt es an Komplexität, Umfang und Bedeutung. Es wird zu ihrer Welt. Nun sind solche Fachleute stolze und unabhängige Leute. Deshalb weisen Psychiater, Psychologen und Sozialarbeiter den Gedanken weit von sich, sie seien von der Gesellschaft damit beauftragt, abweichendes Verhalten festzustellen und zu korrigieren. Sie haben eine insulare Vorstellung von ihrer Tätigkeit. Sie räumen zwar ein, daß psychiatrische Diagnosen soziale Implikationen haben, sehen da aber nur einen vagen Zusammenhang. Sie nehmen teil an dem Vorgehen der Justiz, das die Familie vergewaltigt, begreifen sich aber nicht als Teilnehmer.

3. Sozialsysteme widersetzen sich, wie Familien, einer Veränderung ihrer Organisationsstruktur. Da sie aber offene Systeme sind, reagieren sie auf Input mit Umstrukturierung. Wir müssen uns also fragen, wie wir zum Auslöser von positiver Veränderung werden können. Die Fachleute, die im Gesundheits- und Fürsorgewesen tätig sind, sind für bestimmte soziale Aufgaben programmiert, aber sie können die Art und sogar die Bedeutung ihrer Aufgabe verändern.

Ich habe ein Familiengericht in London besucht und dort beobachtet, welche Gewalt Familien von braven Bürgern angetan wird, die eigentlich die Aufgabe haben, die Familien zu schützen. Es folgt ein Bericht über einen Tag am Gericht.

Familienzerstückelung
Ein Tag am Gericht

Drei Richter sitzen an der Frontseite des Saales. Der vorsitzende Richter ist um die Sechzig. Er wirkt nett und offen mit seinem freundlichen Lächeln. Irgend etwas an ihm wirkt auf mich jüdisch. Er ist mir sympathisch. Die Beisitzer sind ein Inder in den Fünfzigern und eine Frau in den Vierzigern. Der Inder, gekleidet auf die feinste englische Art, wirkt distanziert – versteckt hinter seinen gepflegten Manieren. Die Frau, blond und offensichtlich angelsächsischer Herkunft, sitzt auf der Stuhlkante, den Oberkörper nach vorne gebeugt in einer Haltung anteilnehmender Fühlungnahme mit den Klägern. Links von ihnen, zwischen Richtertisch und Anklagebank, sitzt eine Gerichtsdienerin Mitte Zwanzig, so anonym gekleidet, daß sie von ihrem Tisch kaum zu unterscheiden ist. Rechts steht der Protokollführer, ein westindischer Jurist Ende Dreißig. Mir scheint, daß er die Formalitäten des Gerichts und die Calypsorhythmen seiner Kultur mühelos miteinander verbindet. Das Gericht ist ein herrliches Kaleidoskop der ethnischen Vielfalt Londons.

Zwei Männer kommen herein, die wie typische Rechtsanwälte aussehen, und stellen sich zunächst dem Protokollführer und dann den Richtern vor. Beide tragen sie Nadelstreifenanzüge aus blauem Tuch und gestreifte Krawatten. Beide sehen sie sehr englisch aus und sind in den Dreißigern. Sie lächeln, als sie ihre Personalien angeben. Erst später, als das Verfahren begonnen hat und ich sie längere Zeit reden höre, bemerke ich, daß sie kein wirkliches Englisch sprechen. Ihr Idiom ist eine universelle, aber sterile Mixtur aus Klischees und Etiketten. Sie leben in einer Welt, in der Paragraph G, Absatz A eine eindeutige Verletzung von Absatz D des Artikels 52 darstellt.

In vollkommenem Gleichklang der Bewegungen öffnen sie ihre Aktenkoffer und ziehen die Instrumente ihrer Zunft hervor – Schreibmaschinenseiten voller verstümmeltem Leben, auf ein Format gebracht, das den Vorschriften des Gerichts entspricht. Sie behandeln die Papiere mit großer Hochachtung, als sei es dank juristischer Alchimie möglich, den Prozeß umzukehren und aus den Schriftsätzen wieder Leben zu pressen.

Ich bin ein Fremder hier, ein Ausländer, und zwar nicht nur als Amerikaner in London. Obwohl ich mein Berufsgesicht aufgesetzt habe, interessieren mich die menschlichen Vorgänge. Das Gericht ist eine Welt, in der es darum geht, den Wahrheitsgehalt von Aussagen zu prüfen, Klagen zu bewerten und «Gerechtigkeit» walten zu lassen. Wie läßt sich Paragraph G, Absatz A auf die bittere menschliche Not anwenden, die vor einem Familiengericht verhandelt wird?

Der Protokollführer nimmt einen Ordner von einem Sozialarbeiter entgegen und händigt ihn dem vorsitzenden Richter aus. Die drei Richter beugen sich darüber und verhandeln halblaut. Der Sozialarbeiter nickt einem jungen Ehepaar in der vordersten Reihe freundlich zu, woraus ich entnehme, daß es sich um ihren Fall handeln muß. Sie sehen sehr jung aus, höchstens Mitte Zwanzig. Offensichtlich haben sie sich viel Mühe mit ihrem Äußeren gegeben und sich in ihren Sonntagsstaat geworfen. Die Kleidung ist sorgfältig gebügelt, aber nicht von bester Qualität. Das bestgekleidete Mitglied der Familie ist das Baby, ein quirliger, lächelnder Säugling. Er zappelt auf dem Schoß der Mutter herum und versucht, ihr die Brille abzunehmen. Sie beugt den Kopf zurück, hält ihr Baby bei den Händen und reibt dann ihre Nase an der des Kindes. Das Baby gluckst vor Vergnügen.

Der Sozialarbeiter ergreift das Wort. In seinem Bericht, so sagt er, empfiehlt er, das Kind bei den Eltern «in Pflege» zu lassen. Rechtsanwalt und Richter blättern den Bericht durch. Die Haltung des Paares verkrampft sich. Der Vater nimmt das Baby, das ihn am Schnurrbart zieht. Leise beraten die Richter und tauschen hin und wieder eine Bemerkung mit den Rechtsanwälten aus. Dann erklärt der Richter, daß das Gericht sich der Auffassung des Sozialarbeiters anschließe, das Kind werde bei den Eltern in Pflege bleiben. Strahlend springen die beiden auf und laufen hinaus. Ich verstehe das Ganze nicht und frage einen Besucher, der neben mir sitzt, ob er die Familie kennt. Der nickt. Worin das Problem liege? Der Säugling ist das zweite Kind des Ehepaars, erzählt er mir. Das erste wurde mit sechs Monaten von der Mutter umgebracht – erstickt –, weil sie es «einfach nicht dazu bringen konnte, mit Schreien aufzuhören». Die Mutter wurde wegen Totschlags verurteilt, erhielt mildernde Umstände und verbüßte eine Gefängnisstrafe von zwei Jahren. «Das Baby ist jetzt fünf Monate alt», erklärt der Mann. Die Frage lautet, ob der Gerichtshof den Eltern das Sorgerecht entziehen oder abwarten soll.

Ich beneide die Richter nicht um ihre Aufgabe. In allen Fällen stehen sie vor dem gleichen Dilemma, einem Dilemma, das all diese sozialen Kunstprodukte, zu denen auch das Gericht gehört, nicht lösen können. Das Gericht muß sich stets zwischen zwei Übeln entscheiden. Wenn es sich falsch entscheidet, verschuldet es dadurch möglicherweise den Tod eines Kindes. Wenn es sich für den Entzug des Sorgerechtes entscheidet, nimmt es damit die Verantwortung für die Zerstückelung einer Familie auf sich. Das Gericht hat keine Möglichkeit einer sicheren Vorhersage. Die Richter haben nur die Wahl, das Kind entweder unter Vormundschaft zu stellen oder es in einer Familie zu lassen, in der es gefährdet ist. Das Rechtssystem bietet dem Gericht keine Handhabe, in die Organisation der Familie als Stützstruktur einzugreifen. Entweder bleibt das Kind in der Familie, wo es überleben oder sterben wird, oder es wird aus der Familie herausgenommen und bleibt dem ungewissen Schicksal in einer Pflegefamilie beziehungsweise in den öffentlichen Fürsorgeeinrichtungen überlassen. Keine dieser Möglichkeiten ist besonders attraktiv für die Richter, die engagierte und verantwortliche Menschen sind.

Die vermutlich häufigste Entscheidung lautet «Vorbeugung». Doch was ist darunter zu verstehen? Der zweite Fall wird aufgerufen.

Mrs. Obutu

Als der Schreiber ihren Namen aufruft, betritt eine stattliche Frau Ende Dreißig den Saal. Sie trägt ein langes, buntes afrikanisches Gewand, ein Kopftuch und auf dem Arm ein einjähriges Mädchen. Mit ihr zusammen kommt Sylvia herein: vierzehn Jahre alt, lang und dünn, in abgetragenen Jeans, auf denen das Schild des Herstellers Besitzanspruch auf eine Gesäßhälfte anmeldet. Sie nähern sich den Richtern in dem Bewußtsein, daß sie an einem Ritual teilnehmen werden, in dessen Verlauf von fremden Göttern über ihr Geschick entschieden wird. Es gibt eine körperliche Passivität bei Menschen, die geprägt sind von Jahrhunderten eines Lebens in Kontexten, die ihnen nichts sagen. Ich habe das Gefühl, daß alle nur einen uralten Tanz wiederholen, doch in Wirklichkeit verhält sich das natürlich ganz anders. Ihre Tänze sind sehr verschieden.

Der Anwalt, der den Londoner Stadtbezirk St. Vincent vertritt, trägt den Richtern den Fall vor, wobei er sich seines Berufsjargons bedient und Paragraphen, Absätze und Artikel in rascher Folge aufmarschieren läßt. Dann ruft er Sylvias Sozialarbeiterin in den Zeugenstand.

ANWALT: Nennen Sie bitte Ihren Namen und Beruf.

SOZIALARBEITERIN: Lucy Bennett. Ich bin Sozialarbeiterin, angestellt beim Bezirksamt St. Vincent.

ANWALT: Können Sie uns mitteilen, was Sie über die Lebensumstände von Sylvia Obutu wissen?

Die Atmosphäre ist freundlich und entspannt. Es ist offensichtlich, daß hier zwei Kollegen an einem Fall arbeiten.

SOZIALARBEITERIN: Am 12. Oktober erhielt ich einen Anruf vom 28. Polizeirevier St. Vincent, in dem man mir mitteilte, daß dort eine Minderjährige aufgegriffen worden sei, die von zu Hause fortgelaufen sei und sich weigere, wieder zurückzugehen. Ich bat die Polizei, das Mädchen in mein Büro zu bringen, und hatte dort ein längeres Gespräch mit ihr. Sylvia erzählte mir, daß ihre Mutter sie geschlagen habe und daß sie deshalb Angst habe, wieder nach Hause zu gehen. Ich fragte sie, ob ihre Mutter sie schlage oder richtig verprügele. Sie sagte, ihre Mutter habe sie mit einem Stock und einmal auch mit einem Schuh verprügelt.

ANWALT: Haben Sie versucht, sie davon zu überzeugen, daß es besser wäre, wenn sie nach Hause ginge?

SOZIALARBEITERIN: Ja, aber sie hatte zuviel Angst.

ANWALT: Was haben Sie getan?

SOZIALARBEITERIN: Ich erwirkte einen Gerichtsbeschluß und brachte Sylvia im Kinderheim St. Elisabeth unter, wo sie seit zwei Monaten lebt.

ZWEITER ANWALT: Haben Sie Sylvias Familie einen Hausbesuch abgestattet?

SOZIALARBEITERIN: Ja, ich bin hingegangen und habe mit Mrs. Obutu gesprochen.

ZWEITER ANWALT: Haben Sie auch mit Mr. Obutu gesprochen?

SOZIALARBEITERIN: Nein, er lebt wieder in Ghana.

VORSITZENDER *(an Mrs. Obutu gewandt)*: Möchten Sie etwas dazu sagen?

MRS. OBUTU: Ich will, daß Sie mir meine Tochter zurückgeben. Sie ist *meine* Tochter.

PROTOKOLLFÜHRER *(unterbricht Mrs. Obutu)*: Das ist hier nicht die Frage.

VORSITZENDER *(freundlich)*: Schon gut. Ich verstehe Ihren Wunsch, Mrs. Obutu, und später im Zeugenstand können Sie sich auch dazu äußern. Doch jetzt frage ich Sie, ob Sie Mrs. Bennett etwas sagen oder sie etwas fragen möchten.

MRS. OBUTU: Nein.

Die Sozialarbeiterin verläßt den Zeugenstand, in den jetzt Mrs. Obutu gerufen wird. Allmählich beginne ich den Aufbau des juristischen Dramas zu durchschauen. Ein Anwalt vertritt die Rechte der minderjährigen Sylvia, der andere die Bezirksverwaltung. Die Sozialarbeiterin ist für Sylvia zuständig und Zeugin der Bezirksverwaltung. Alle drei sind bestrebt, die «Interessen des Kindes zu vertreten». Mrs. Obutu, mit ihrer ghanaischen Herkunft, ihrer afrikanischen Tracht, ihrem fehlerhaften Englisch und dem einjährigen Kind auf dem Schoß, hat keine Chance. Sie ist ein Teilchen im Kaleidoskop – ein verlorenes rotes Quadrat auf einer gelben Fläche. Dies ist kein offizielles Strafverfahren, und doch wird eines daraus. Die Richter sind keine Strafrichter, und doch werden sie dazu. Die Anwälte sind keine Ankläger, und doch klagen sie Mrs. Obutu an. Alle scheinen sie freundlich und nur an Sylvias Wohlergehen interessiert zu sein, und doch sind sich alle diese Fremden mit der unbarmherzigen Eindeutigkeit des englischen Rechts darin einig, das Mrs. Obutu schuldig ist, weil sie Sylvias Mutter ist. Sie muß den Eindruck haben, daß der Gerichtssaal voller Feinde ist, die eine fremde Sprache sprechen. Versteht sie, daß die Richter von ihr hören wollen, wie sie die Sache sieht? Haben sie auch heranwachsende Kinder? Denkt sie, daß zu Hause in Ghana ihr Mann vor Gericht auftreten würde und auf die seltsamen Fragen zu antworten wüßte? Wir wissen es nicht und werden es nie erfahren. Da sie nicht angeklagt ist, wird sie auch von keinem Verteidiger vertreten. Gefühle lassen sich nicht in den Aktenordnern unterbringen, die den Normenvorschriften der englischen Prozeßordnung entsprechen.

Sie ist im Zeugenstand ganz allein. Alle diese Leute sehen gleich aus. In englischen Gesichtern läßt sich so schwer lesen – vielleicht würde ihr Vater es können. Sie würde eine Wegzehrung für die Reise vorbereiten müssen, denn der Fußmarsch zum Gericht würde sechs bis sieben Stunden dauern. Ja, ihr

Vater würde es können. Er ist ein älterer Mann wie der vorsitzende Richter. Auch er hat Familienprobleme zu lösen. Er würde diesen Engländern erklären, daß Kinder ihren Eltern Respekt schulden. Sylvia muß sich um die beiden anderen Kinder kümmern, während ich mich um das Baby kümmere. Sie ist schon vierzehn Jahre alt und muß zu Hause bleiben. Ihre englischen Freunde setzen ihr Flausen in den Kopf. Neulich ist sie um ein Uhr nachts nach Hause gekommen. Natürlich mußte ich sie schlagen – Kinder müssen ihren Eltern gehorchen.

GERICHTSDIENERIN *(gibt ihr einen Zettel mit der Eidesformel)*: Nach welchem Bekenntnis wollen Sie den Eid ablegen?
MRS. OBUTU: Ich bin Christin.

Die Gerichtsdienerin sucht aus einem Stapel Bücher die Bibel der Church of England heraus. Mrs. Obutu schwört, die Wahrheit zu sagen, nichts als die Wahrheit ... Aber welche Wahrheit?

ANWALT: Sie haben gehört, daß Ihre Tochter ausgesagt hat, Sie hätten Ihre Tochter mit einem Stock geschlagen.
MRS. OBUTU: Ich schlage meine Tochter nie mit einem Stock. Ich will meine Tochter zurück. Sie muß mir helfen. Mein Mann ist in Ghana.
ANWALT: Haben Sie sie mit der Hand geschlagen?
MRS. OBUTU: Ich habe noch zwei Kinder zu Hause; eins ist fünf, das andere acht. Sie muß mir bei den Kindern helfen. Ich werde sie nicht wieder schlagen.
ANWALT: Sie geben also zu, sie geschlagen zu haben. Haben Sie sie mit einem Stock geschlagen?
MRS. OBUTU: Ich bin in Ghana geboren. Ich brauche meine Tochter. Sie geht in den Supermarkt und kauft das Essen. Ich werde sie nicht wieder schlagen.
ANWALT: Sie haben gehört, daß Mrs. Bennett gesagt hat, Sie hätten Sylvia mit einem Stock und einmal mit einem Schuh geschlagen.

MRS. OBUTU: Sylvia hat schlechte Freunde. Die Polizei hat sie beim Ladendiebstahl erwischt. Ich habe mich geschämt. Sie kommt mit schlechten Leuten zusammen. Ich mußte sie schlagen.

ANWALT: Bei dieser Gelegenheit haben Sie sie also geschlagen. Haben Sie die Selbstbeherrschung verloren?

MRS. OBUTU: Ich habe mich geschämt.

ANWALT: Schlagen Sie die anderen Kinder?

MRS. OBUTU: Ich schlage meine Kinder nie. Ich werde Sylvia nicht wieder schlagen. Ich brauche meine Tochter.

ANWALT: Schlägt Ihr Mann die Kinder?

MRS. OBUTU: Nein, er schlägt sie nie. Ich hatte Angst.

ANWALT: Waren Sie wütend?

MRS. OBUTU: Ich bin in Ghana geboren. Geben Sie mir meine Tochter zurück.

VORSITZENDER: Vielen Dank, Mrs. Obutu. Sie können wieder Platz nehmen.

Mrs. Obutu geht zu ihrem Stuhl zurück und setzt sich neben Sylvia, die solange das Baby gehalten hat. Sie nimmt das Baby auf ihren Schoß und blickt in das freundliche Gesicht des Richters. Hat sie ihre Sache gut gemacht? Hat der Richter verstanden, daß sie sich geschämt hat, als die Sozialarbeiterin ihr Sylvia wegnahm? Das Gesicht des Richters bleibt freundlich. Sie muß ihre Sache also gut gemacht haben. Die drei Richter beraten untereinander und lesen zwei Berichte, die Sylvias Anwalt ihnen ausgehändigt hat.

VORSITZENDER: Mrs. Obutu, hier heißt es, daß Sylvia in der Schule sehr gut ist.

MRS. OBUTU: Aber die Polizei ist zu mir nach Hause gekommen.

VORSITZENDER: Ja, ich weiß, aber die Lehrerin sagt, daß Sylvia ein nettes Mädchen ist und daß sie sie sehr gern mag. Mrs. Obutu, würden Sie bitte den Saal verlassen, damit wir uns mit Sylvia unterhalten können? *(Beunruhigt bleibt Mrs. Obutu sitzen.)*

VORSITZENDER *(an die Gerichtsdienerin gewandt)*: Würden Sie Mrs. Obutu bitte hinausbegleiten? *(An Mrs. Obutu gewandt.)* Ich werde Ihnen anschließend alles berichten, was Sie wissen müssen.

Mrs. Obutu verläßt den Gerichtssaal, und Sylvia begibt sich in den Zeugenstand. Mühsam liest sie die Eidesformel.

ANWALT: Sylvia, wo bist du geboren worden und wie alt bist du?

SYLVIA: Ich bin in London geboren und vierzehneinhalb Jahre alt.

ANWALT: Kannst du dem Richter sagen, warum du am 12. Oktober von zu Hause fortgelaufen bist?

SYLVIA: Die Polizei kam zu uns nach Hause und hat meine Mutter auf die Wache geholt. Ich war auf der Wache, weil die Polizei mich und meine Freundin von Woolworth abgeholt hatte, weil wir zwei Lippenstifte genommen hatten, ohne zu bezahlen. Meine Mutter fing an, mich vor meiner Freundin auf der Straße zu schlagen. Da bin ich weggelaufen.

ANWALT: Hat deine Mutter dich schon vorher geschlagen?

SYLVIA: Sie schlägt mich, wenn sie wütend wird.

ANWALT: Hat sie dich mit einem Stock geschlagen?

SYLVIA: Sie hat mich einmal mit dem Stock auf die Hand geschlagen, der Stock ist zerbrochen. Die Narbe sieht man noch. *(Sie zeigt die linke Hand vor.)*

ANWALT: Wohin schlägt sie dich noch?

SYLVIA: Manchmal auf den Rücken.

ANWALT: Und sonst noch?

Sylvia begreift, daß sie den Ansprüchen des Anwalts nach juristischer Genauigkeit nicht genügt, und denkt angestrengt nach.

SYLVIA: Einmal hat sie mich auf den Kopf geschlagen *(die Loyalität gegenüber der Mutter veranlaßt sie zu einer Modifizierung der Aussage)*, aber das ist schon lange her.
ANWALT: Wo möchtest du leben?
SYLVIA: Ich weiß nicht.
ZWEITER ANWALT: Möchtest du mit deiner Mutter nach Hause gehen?
SYLVIA: Nein, ich möchte nicht nach Hause.
ZWEITER ANWALT: Was würdest du tun, wenn wir dich wieder nach Hause schicken?
SYLVIA *(hastig, wie auswendig gelernt)*: Dann lauf ich weg.

Der Richter bedeutet Sylvia, daß sie den Zeugenstand verlassen kann, und der Anwalt gibt eine Zusammenfassung, die darauf hinausläuft, daß Abschnitt 2 in Paragraph F präziser ist als in Paragraph E, dies allerdings durch Artikel D aufgehoben werden könnte. Alle scheinen die Geheimsprache zu verstehen, und Mrs. Obutu wird wieder in den Gerichtssaal gerufen. Währenddessen beraten die Richter untereinander und scheinen zu einem Ergebnis zu kommen.

VORSITZENDER: Mrs. Obutu, wir haben entschieden, daß Sylvia der Fürsorge des Bezirks St. Vincent überstellt wird. Wir hoffen, daß Sie Ihre Tochter besuchen werden. Auch Sylvia kann Sie und die Geschwister besuchen.

Mrs. Obutu vergißt, daß sie eine Ausländerin ist, die an einem Spiel mit fremden Regeln teilnimmt. Sie springt von ihrem Stuhl auf, stellt sich vor den Richtertisch, breitbeinig und die Hände über den Kopf erhoben, und schreit: «Das nehme ich nicht hin. Sylvia ist meine Tochter, Sie können sie mir nicht wegnehmen. Ich komme aus Ghana. Mein Mann kommt aus Ghana. Ich bin nicht tot, ihr könnt sie mir nicht wegnehmen. Ich bin nicht tot. Nehmt mich, wenn ihr wollt, nehmt das Baby! Nehmt uns alle!»

Einen Augenblick lang ist das Gericht in der Defensive. Wer ist diese königliche afrikanische Mutter, die die Regeln ihrer eigenen Königin in Frage stellt? Sie darf nicht sagen: «Das nehme ich nicht hin.» Das ist gegen die Spielregeln. Der Protokollführer bewegt sich in seinem schnellen Calypsorhythmus nach vorn, als wolle er die Unverletzlichkeit des Richtertisches beschützen. Die Richter suchen in würdigem Rückzug die inneren Gemächer auf, und Mrs. Obutu bleibt in der Mitte des Saales ohne Zuhörerschaft zurück. Sie schreit zwar weiter, aber selbst ihr ist klar, daß ihre Stimme wirkungslos an den Wänden des Gerichtssaales verhallt. Langsam, gesenkten Kopfes, nimmt sie das Baby auf und geht hinaus. Sylvia bleibt zurück.

Die Richter kommen zurück und sehen ärgerlich aus. Nicht weil Mrs. Obutu ihr Leid hinausgeschrien hat. In den vielen Jahren, die sie ihr Amt ausüben, ist ihnen menschliches Leid zu einem vertrauten Anblick geworden, und sie haben längst gelernt, mit ihm umzugehen. Die Rechtsprechung gibt ihnen ein elektronisches Chiffriergerät in die Hand, um es in seine logischen Teilelemente zu zerlegen und die Gefühle auszusondern. Nein, sie sind ärgerlich, weil ihre Sympathien Mrs. Obutu gehören. Da sie alle Eltern sind, haben sie begriffen, daß Mrs. Obutu eine ghanaische Mutter ist, die das Beste für ihre englische Tochter will. Sie sind mit solchen kulturellen Unterschieden vertraut. Aber sie sind an ihr Rechtssystem gebunden. Niemand hat Mrs. Obutu davor bewahrt, gegen sich selbst auszusagen. Niemand hat sie verteidigt, weil sie nicht angeklagt war. Niemand hat die anderen drei Kinder von Mrs. Obutu vertreten, die in Zukunft ohne Sylvias Liebe und Betreuung auskommen müssen. Niemand hat Mr. Obutu vertreten. Und natürlich kam niemand auf die Idee, Mrs. Obutu und Sylvia im Gerichtssaal miteinander sprechen zu lassen, um sich einen Eindruck zu verschaffen von der Mischung aus widerstreitenden Gefühlen – Treue, Liebe, Sorge, Frustration und Wut –, die ihre Beziehung kennzeichnen. Genauso wie die aller anderen Familien. In dem Bewußtsein, ein Unrecht zu begehen, schnitten sie also der Familie Obutu ein Glied ab und übergaben es der Obhut der englischen Fürsorgebehörde.

Mrs. White

Rasch geht das Gericht wieder zur Tagesordnung über. Doch es scheint eine verfahrenstechnische Schwierigkeit zu geben. Wieder stecken die drei Richter die Köpfe zusammen und beraten sich. Der Protokollführer eilt herbei und bietet seine Hilfe an. Schließlich hat man einen Beschluß gefaßt. Der Protokollführer richtet sich auf. «Mrs. White?» ruft er.

Eiligen Schrittes betritt eine Frau den Raum, gefolgt von zwei kleinen Mädchen. Der vorsitzende Richter begrüßt sie mit einem Lächeln. «Vielen Dank, Mrs. White», sagt er freundlich. «Sie können sich setzen. Deborah und Grace, ihr beiden seid schon einmal hiergewesen.» Das ist weder eine Frage noch eine Feststellung, sondern nur ein Teil des Begrüßungsrituals. «Der Fall wurde letzten Monat verhandelt», erinnert einer der Anwälte den Richter. Dieser nickt. «Brauchen wir die Kinder?» Der Anwalt verneint. «Ab mit euch», sagt der Richter fröhlich und entläßt sie mit erhobenen Händen, die Handflächen nach oben. Die Kinder stehen auf und gehen mit einer Sozialarbeiterin hinaus.

Trocken verliest der Anwalt eine Zusammenfassung des Falles. Die Mutter ist betrunken aufgefunden worden. Mr. Lewis von der Hausverwaltung ist in die Wohnung eingedrungen. Die Kinder schienen Angst zu haben, man rief die Polizei, und die Kinder wurden an «einen sicheren Ort» gebracht. Mrs. White sitzt steif und aufrecht auf ihrem Stuhl, als sei von jemand anders die Rede. Ich erinnere mich jetzt, daß mir die Whites vorhin im Wartezimmer aufgefallen sind. Mrs. White kam allein. Auch die Mädchen kamen einzeln, jedes begleitet von einer Sozialarbeiterin. Die Sozialarbeiterinnen flüsterten den Mädchen zu, sie sollten sich zur Mutter setzen. Grace, die etwa acht Jahre alt sein mochte, trug eine Schultasche mit Büchern, Malbüchern und einem Puzzle. Sie setzten sich neben ihre Mutter, drei Ladies in einer Reihe, alle sauber und korrekt. Grace versuchte Deborah zu beschäftigen, damit sie nicht unruhig wurde. Alle drei wirkten nervös und gespannt.

Wahrscheinlich sind sie an diesem Morgen alle sehr früh aufgewacht. Vielleicht hatte Grace Angst, als sie wach wurde… «Heute werde ich Mami vor Gericht sehen. Aber Mami wird böse sein. In dem Monat, seit ich im Kinderheim bin, ist Mami nur zweimal zu Besuch gekommen. Sie war nett bei den Besuchen, aber die anderen Kinder sagen, das Mrs. Cook immer an ihrem Bürofenster aufpaßt, daß die Mütter ihre Kinder nicht schlagen. Vielleicht war Mami nett, weil sie wußte, daß die Erzieher aufpassen. Die Leute im Heim sind nett, vor allem Mrs. Cook. Sie sitzt mit uns am Tisch, während wir essen. Sie hat sechs Kinder, und das jüngste ist acht wie ich. Und sie ist in Jamaika aufgewachsen wie Mami. Aber wenn Mami trinkt, wird sie scheußlich. In der Nacht, als Mr. Lewis kam, hielt Mami mich wie ein Baby und küßte mich und wollte mir eine Babyflasche geben, dann hat sie mir auf den Rücken geklopft. Ich hatte Angst. Ich bin kein Baby. Deborah ist jünger, aber auch sie ist schon zu alt für die Flasche. Mr. Lewis hat uns gefragt, ob Mami uns geschlagen hat, weil ich weinte, und weil Deborah weinte und weil Mami lachte. Ich sagte ihm, daß ich Angst hatte, weil Mami nicht weiß, was sie tut, wenn sie trinkt. Als Papi noch bei uns war, hat sie nicht getrunken, weil er wütend wurde, wenn eine einzige Flasche Bier im Eisschrank war. Aber er ging fort, und jetzt trinkt sie und wird scheußlich. Und heute müssen wir zum Gericht, und der Richter wird sagen, daß wir nach Hause können. Mami wird nett sein vor Gericht, und dann wird sie wieder scheußlich sein. Ich hab das Mrs. Cook gesagt, aber sie sagte, ich muß nach Hause gehen und Mami helfen. Ich habe ihr erzählt, daß ich Mami geholfen habe, aber daß ich Angst habe, sie wird scheußlich. Sie sagte mir, ich soll das dem Richter erzählen. Vielleicht kann ihr jemand helfen, nicht zu trinken. Ich werde es dem Richter erzählen. Hoffentlich wird Mami nicht wütend.»

Als Deborah die Augen öffnete, begann sie sich sogleich mit den Wolkenformen an der Decke zu beschäftigen. Während des Monats, den sie im Kinder-Beobachtungszentrum verbracht hat, hat sie sich mit ihnen allen vertraut gemacht. Eine Wolke sah aus wie ein Wal. Wenn sie die Augen zusammenkniff, konnte sie den Wal einen Wasserstrahl hochspritzen lassen aus den Luftlöchern oben am Kopf. Sie wandte den Kopf zur Seite und blickte Sebille an, die zu ihr ins Bett gekrabbelt war. Sebille ist natürlich viel jünger: erst vier. Sebille hat Alpträume, und manchmal, wenn sie erschreckt aufwacht, kommt sie in Debbies Bett. Debbie hat mit fünfeinhalb keine Alpträume mehr. Es ist ein schönes Gefühl, einmal die Rolle der älteren Schwester zu spielen.

Heute wird Deborah nicht in die Schule gehen. Sie wird ihr schönstes Kleid anziehen und ins Gericht gehen. Mami und Grace werden auch dasein. Und heute wird der Richter ihnen sagen, daß sie nach Hause gehen können. Es ist alles Graces Schuld! Hätte sie den Sozialarbeitern nicht erzählt, daß Mami sie schlägt, wenn sie betrunken ist, hätte man sie nicht hierher geschickt. *Sie* hat der Sozialarbeiterin gar nichts erzählt! Das wird sie Mami sagen. Und wenn der Richter sie fragt, wird sie ihm sagen, daß sie zu Hause bei Mami sein möchte. Sie zieht die blanken neuen Schuhe an, die sie von Mrs. Beck bekommen hat, kämmt sich die Haare und wäscht sich die Ohren, damit der Richter sehen kann, daß sie selbst für sich sorgen kann. Und wenn man sie fragt, ob sie nach Hause möchte, wird sie ja sagen. Sie hofft, daß der Richter Grace nicht fragt, denn wenn Grace böse wird, flucht sie, und dann wird der Richter denken, sie sind schlecht, und er wird sie an diesem Ort hier lassen.

Mrs. White trägt ihr bestes Sonntagszeug, das sie vor drei Jahren gekauft hat, ein braunes Tweedkostüm mit einer gelben Bluse. Es wirkt dezent auf ihrer braunen Haut und gibt ihr einen Anstrich von mittelständischer Berufstätigkeit: Lehrerin oder Krankenschwester. Sie trinkt eine Tasse schwarzen Kaffee, um den Geschmack des letzten Bieres loszuwerden. Dann öffnet sie die Kühlschranktür und betrachtet die beiden Sechserpakete darin. Sie mag ihr Bier kalt, auch im Winter. Aber damit ist jetzt Schluß. Dies Bier noch, und dann nie wieder etwas. Es hat sie wirklich zugrunde gerichtet. Zuerst hat ihr Mann sie letztes Jahr nach elf Ehejahren verlassen, und jetzt haben ihr die Sozialarbeiter Deborah und Grace weggenommen. Das ist das Bier nicht wert. Dieses Mal macht sie Ernst, auf der Stelle. Die beiden Sechserpakete noch, und dann nie wieder einen Tropfen. Sie ist keine Trinkerin! Hin und wieder bei geselligen Anlässen trinkt sie mal einen, nur um fröhlich zu sein und besser mit den Leuten zurechtzukommen. Na ja, in letzter Zeit, wenn sie mieser Stimmung war, da hat sie schon mal zu Hause gesessen und Bier getrunken, aber wirklich nur, wenn es ihr ganz miserabel ging. Aber schließlich ist es ihr Zuhause, und das geht niemand was an. Mr. Lewis vom Wohnungsamt tat nicht recht daran, zu ihr in die Wohnung zu kommen und die Polizei zu rufen. Sie hat nichts Böses getan. Ihre Wohnung ist in Ordnung, sie zahlt ihre Miete pünktlich, wischt und putzt ihren Teil des Flurs und Treppenhauses. Er hatte kein Recht, in ihre Wohnung einzudringen und die Kinder zu befragen. Er würde ihr schön was erzählen, wenn *sie* daherkäme und seine Kinder über *sein* Leben ausfragen würde! Und nun sind Deborah und Grace seit einem Monat fort, in verschiedenen Heimen, die beiden, die sich so nahe stehen – als wären sie Zwillinge, wenn man vom Altersunterschied absieht. Sie fragt sich, wie es Deborah geht. Grace kommt zurecht, sie ist sehr willensstark, aber Deborah hat Alpträume und weint nachts.

Doch heute ist der Gerichtstermin, und am Nachmittag werden die Mädchen wieder bei ihr sein. Die Sozialarbeiterin hat ihr gesagt, daß die einstweilige Verfügung nur achtundzwanzig Tage gilt. Mrs. White öffnet den Kühlschrank und trinkt eine Flasche Bier, um ihre Nerven zu beruhigen. Sie wird auch die anderen elf Flaschen leeren, und dann ist Schluß.

Der Anwalt ist jetzt am Ende seiner Zusammenfassung angelangt. Es heißt dort, die Anwälte hätten nicht genügend Zeit für eine gründliche Untersuchung gehabt. Eine weitere einstweilige Anordnung wird verlangt – ein weiterer Monat für die Untersuchung der Anwälte. Mrs. White versteift sich in schweigendem Protest, aber niemand beachtet sie. Die Richter fragen die Anwältin der Kinder, ob von ihrer Seite Einwände bestehen. Sie hat keine Einwände. Höflich fragt der Richter, ob es Mrs. White passen würde, sich in einem Monat wieder einzufinden. Sie steht auf, lächelt und verläßt den Gerichtssaal, noch immer lächelnd. Der ganze Spuk hat acht Minuten gedauert. Familie White wird einen weiteren Monat Ungewißheit ertragen müssen.

Elisabeth Roberts

Der Protokollführer ruft den nächsten Fall auf. Mein Nachbar greift hastig in seine Aktentasche und holt ein Blatt Papier hervor. Ich werfe einen neugierigen Blick hinüber. Er zuckt die Achseln und händigt mir das Schreiben aus: Unter zwei eindrucksvollen Kronen, eine mit der Inschrift «Honi soit qui mal y pense», ein amtliches Aktenzeichen. Die ganze Macht der Krone und sogar Gottes wird geltend gemacht gegenüber:

Joan und Jeffrey Roberts (die betroffenen Säuglinge Elizabeth Roberts' [Mutter])

Der Fall der «betroffenen Säuglinge» soll nach Paragraph 1 des Kinder- und Jugendschutzgesetzes von 1969 vor dem Jugendgericht Roxborough verhandelt werden, «weil vorgebracht wird, daß eine angemessene Entwicklung in vermeidbarer Weise beeinträchtigt wird oder daß ihre Gesundheit in vermeidbarer Weise beeinträchtigt wird oder daß nicht ordnungsgemäß für sie gesorgt wird. Es wird ferner vorgebracht, daß die betroffenen Säuglinge einer Pflege und Aufsicht bedürfen, die sie nach Auffassung des Klägers nicht bekommen, wenn das Gericht nicht eine Anordnung nach § 1 ergehen läßt.» Das Schreiben trägt natürlich eine ordnungsgemäße Unterschrift und den Zusatz: «Wenn Sie einen Rechtsbeistand wünschen, dann wenden Sie sich bitte an die zuständige Stelle des Jugendgerichts London, wo man Sie über alle Einzelheiten der Rechtshilfe informieren wird, die das Gericht zur Verfügung stellt.» Das Postskriptum erinnert daran, daß London in den achtziger Jahren unseres Jahrhunderts eine zivilisierte Stadt in einer demokratischen Gesellschaft ist, in der nicht nur die Rechte der «betroffenen Säuglinge», sondern auch die der angeklagten Mutter Berücksichtigung finden.

Elizabeth wird zur Tür hereingeführt. «Das ist ja noch ein Kind!» denke ich überrascht. Doch als dieses Kind fünfzehn war, schickte es sich an, ein weiteres in die Welt zu setzen. Ohne sich viel Gedanken darüber zu machen – ja, zu ihrer nicht geringen Überraschung –, wurde sie schwanger. Die Schwangerschaft wurde bestätigt, als der Fetus ein halbes Jahr alt war. Sie reagierte auf die Neuigkeit, wie sie auf alle Ereignisse in ihrem Leben zu reagieren gelernt hatte – mit Gleichgültigkeit. Der Vater des werdenden Kindes war ein Halbwüchsiger in ihrem Alter, mit dem sie eine flüchtige Affäre gehabt hatte. Sie erwog den Gedanken, ihm von dem Kind zu erzählen, und ließ ihn dann wieder fallen. Es sollte ihr Baby sein. Für Elizabeth, die nicht viel ihr eigen nannte in ihrem Leben, war es eine Chance, wenigstens etwas zu besitzen. Ein paar Monate später besaß sie ein Baby, eine neue Seite in einer dicken Akte bei der Jugendfürsorge und eine neue Sozialarbeiterin.

Elizabeths Mutter, ein Waisenkind, das etwa im gleichen Alter Mutter geworden war, war nicht sehr erfreut, schon mit dreißig Großmutter zu werden. Sie hatte zwei weitere Kinder, war unverheiratet und arbeitete in einer Bäckerei. Um die anderen beiden Kinder hatte sie sich meist selbst gekümmert, doch Elizabeth, das Produkt einer Jugenddummheit, war überwiegend der Fürsorge überlassen gewesen: «in care». Mir erscheint «in care» gelegentlich als einer der vielen Euphemismen, den die Engländer benutzen, die – wie «industrial action» für «Streik» – das Gegenteil des Gesagten bedeuten. Mit sechs Monaten kam Elizabeth in das Kinderheim St. George. Sie erinnert sich sehr gut daran. Mit kurzen Unterbrechungen ist es ihr Zuhause gewesen, bis sie acht war. Sie mochte die Erzieher, und diese mochten sie. Das einzige Problem bestand darin, daß sie ständig von ihnen getrennt wurde. Manchmal geschah es, weil sie nach Hause kam, denn ihre Mutter nahm sie immer zu sich, wenn sie das Gefühl hatte, mit ihr fertig werden zu können. Manchmal geschah es, weil die Erzieher das Heim verließen. Elizabeth lernte, sich zu schützen: Wenn sie nicht verletzt werden wollte, war es besser, niemanden zu lieben. Das war schwer, denn sie war noch jung, aber sie versuchte es unermüdlich. Immer wieder lernte sie ihre Lektion und versuchte es. Sie versuchte es, als sie mit neun Jahren in ein anderes Heim kam, und sie versuchte es mit elf Jahren, als sie an die Jeffrey School for Children kam, und später, als sie wieder in ein anderes Heim kam, an dessen Namen sie sich nicht mehr erinnert. Sie beging einen Fehler, als sie Pflegeeltern liebgewann, die sie liebten. Sie trennten sich, und sie kam wieder in ein anderes Heim. Manchmal versucht sie, sich an ein paar Namen dieser Institutionen zu erinnern, aber die Tage und Geschehnisse geraten ihr durcheinander, bis alles zu einem Leben verschwimmt, in dem immer wieder neue Menschen auftauchen, die eigentlich wichtige Bezugspersonen für sie hätten sein müssen.

Eine Erinnerung hebt sich deutlicher ab. Mit vierzehn Jahren kam sie in ein Heim für «verhaltensgestörte Mädchen». Sie sieht die Szene noch vor sich. Ihre Mutter und eine Sozialarbeiterin unterhalten sich mit einem hochgewachsenen Mann. Es sind noch andere Leute dabei, und sie weiß, daß sie sich über sie unterhalten, obwohl sie nicht hören kann, was sie sagen.

Nach zwei Monaten erfährt Elizabeth, um was für ein Heim es sich handelt. Sie fühlt sich ungerecht behandelt. Sie ist nicht verhaltensgestört. Verhaltensgestörte Mädchen benehmen sich schlecht. Sie wissen nicht, wie man mit anderen Menschen redet. Das ist unfair! Aber meistens hat Elizabeth sich geschützt, indem sie nicht zu heftig reagiert hat. In der Schule war sie nicht besonders, sie liest recht mühsam, aber sie hat andere Dinge gelernt, die ihr in ihrem jungen Leben recht gute Dienste erwiesen haben. Unter anderem haben sie mit Macht zu tun oder mit fehlender Macht. Sie weiß, daß vieles mit ihr geschieht, weil andere Menschen wünschen, daß es geschieht. Sie akzeptiert das Leben mehr oder minder so, wie es ihr aufgezwungen wird. So hat sie auch die Ankunft Jeffreys etwa zwei Jahre nach Joans Geburt hingenommen. Mit Jeffrey bekam sie von der Stadt eine Wohnung und einen weiteren Sozialarbeiter – Alan, gutaussehend, engagiert und vierundzwanzig Jahre alt. Alan war noch nicht bereit, die Art und Weise hinzunehmen, wie das Leben russisches Roulette mit den Machtlosen spielt. Er wußte, wer die Pistole hielt, und war entschlossen, Elizabeth etwas von seiner Wut abzugeben, damit sie eine Waffe hatte gegen die Hoffnungslosigkeit und Verzweiflung.

Elizabeth hat nie verstanden, was Alan will. Sie ist nicht hoffnungslos, sondern nimmt nur alles hin, wie es kommt. Natürlich gibt es Augenblicke, wo sie nichts mehr hinnehmen kann, wo das Maß wirklich voll ist, wo sie Joan und das Baby nicht mehr ertragen kann und Angst hat, daß sie ihre Nervosität an ihnen ausläßt. In solchen Situationen ergreift Elizabeth die Flucht. Sie geht in ihr Zimmer, schließt die Tür, nimmt eine Rasierklinge und beginnt, sich die Pulsadern aufzuschneiden. Sie beginnt mit Kratzern, die nur die Haut ritzen, und schneidet dann allmählich tiefer. Deshalb nimmt sie lieber stumpfe Klingen. Die scharfen schneiden so leicht, daß man es kaum spürt, und Elizabeth möchte spüren, was sie tut. Der Psychiater sagt, Elizabeth sei depressiv. Alan hat Angst, daß sie sich irgendwann umbringt. Elizabeth ist da ganz anderer Meinung. Wenn sie sich schneidet, dann geht es ihr nicht um den Tod, sondern ums Leben. Wenn Elizabeth ihre stumpfen Rasierklingen nimmt und langsam zu schneiden beginnt, wenn sie den Schmerz spürt, wenn sie die Kratzer und das Blut sieht, dann ist sie davon überzeugt, daß es in ihrer Macht steht, über den Gang der Ereignisse zu bestimmen. Das hat sie Alan schon oft gesagt, aber er ist noch immer böse auf sie. Er bringt sie ins Krankenhaus und ruft dann an, um festzustellen, daß sie sich an die Verabredung hält und die Verbände erneuert.

Das letzte Mal mußte Elizabeth Alan versprechen, sich nicht wieder zu schneiden. Sie hat es versprochen. Auch das hat sie gelernt – aber wie kann eine Marionette ihr Wort halten, wenn sie nicht weiß, wer an ihren Fäden zieht? Letzte Woche hat sie es wieder getan, und diesmal wurde Alan wirklich böse. Deshalb sind sie vor Gericht. Alan ist im Zeugenstand.

ALAN: Letzten Monat, am 10. November, rief Elizabeth mich um elf Uhr abends zu Hause an und teilte mir mit, daß sie sich wieder die Pulsadern aufgeschnitten hätte. Ich begab mich auf dem schnellsten Wege in ihre Wohnung und fand sie im Wohnzimmer sitzend, Jeff auf dem Schoß, über und über mit Blut beschmiert. Einen Augenblick dachte ich, sie hätte das Baby geschnitten, aber es war ihr Blut. Ich brachte die Kinder zu Nachbarn und fuhr Elizabeth zur Notaufnahme. Sie blieb die Nacht über dort und wurde am folgenden Tag entlassen. Ich mache mir jetzt Sorgen um die Kinder, vor allem um Jeffs Sicherheit. Wie ich in meinem Bericht geschrieben habe, empfehle ich, daß er in Pflege kommt, während Elizabeth und Joan tagsüber in einem Beratungszentrum betreut werden.

RICHTER: Wohin wollen Sie Jeff bringen? Er ist noch nicht einmal zwei.

ALAN: Er ist vier Wochen bei einer Pflegefamilie in Islington. Ich bin dafür, daß er dort bleibt.

RICHTER: Ist er dann nicht zu weit fort von der Mutter?

Alan: Es ist eine Stunde mit dem Auto und ungefähr anderthalb Stunden mit öffentlichen Verkehrsmitteln. Im übrigen würde Jeff alle vier Wochen zur Spieltherapie ins Beratungszentrum gebracht.

Der Richter sieht Elizabeth an, die in ihrem Stuhl zusammengesunken ist und deren Augen blicklos in eine Zukunft ohne ihr Baby starren.

Richter *(freundlich)*: Elizabeth, möchten Sie etwas dazu sagen?
Elizabeth: Nein.

Auch dies ist eine der wertvollen Lektionen, die Elizabeth gelernt hat: Verzögere den unabänderlichen Gang der Ereignisse nicht durch Hoffen. Was geschieht, ist bitter, also mach's so kurz wie möglich. Sie weiß, daß die Entscheidung längst gefallen ist. Die Richter ziehen sich zur Beratung zurück. Als sie zurückkommen, geben sie Alan und Jeffs Anwalt recht und sorgen dafür, daß die dritte Generation der Familie Roberts «in Pflege» kommt: «in care».

Weitere Fälle stehen nicht an, und das Gericht schließt die Sitzung um ein Uhr mittags. Ich sitze wie erschlagen da. Die Dramen, deren Zeuge ich geworden bin, ergeben keinen Sinn. Das menschliche Leid ist unermeßlich. Die Kosten des Verfahrens und der künftigen Entscheidungen werden außerordentlich hoch sein. Die Richter sind ehrenwerte Leute. Die Sozialarbeiter sind tüchtige, engagierte Vertreter ihres Berufsstandes. Die Anwälte sind der festen Überzeugung, daß sie «im Interesse des Kindes» handeln. Wie kann soviel guter Wille mit einer solchen Familienzerstückelung enden?

Die juristische Antwort der Gesellschaft auf familiäre Gewalt scheint immer eine Verstärkung der Kontrollfunktion zu sein. Ob Mrs. Obutu ihre halbwüchsige Tochter schlägt, Mrs. White in angetrunkenem Zustand Klapse verteilt oder

Elizabeth unter Depressionen leidet – die juristische Reaktion fällt immer gleich aus. Wie die Gewalt immer das gleiche Resultat hat, so auch die Reaktion: Der Gewalttäter wird in seine Schranken gewiesen und das Opfer in Sicherheit gebracht.

Könnten wir wirksamer reagieren, wenn wir die Gewalttätigkeit besser verstünden? Der israelische Soziologe Emanuel Marx hat gewalttätiges Verhalten in einem Einwandererdorf untersucht und dabei eine Unterscheidung getroffen, die sich zur Beschreibung von Familien und auch vor Gericht als nützlich erweisen könnte. Nach Marx ist das eine Verhaltensmuster durch zweckorientierte, beherrschte Gewalttätigkeit gekennzeichnet. Durch die Androhung und Eskalation von Gewalt soll ein bestimmtes Ziel erreicht werden. Dieses Verhaltensmuster nennt er *nötigende Gewalt* (coercive violence). In Familien sind das häufigste Beispiel Eltern, die ihre Kinder schlagen, um ihre Sozialisationsabsichten durchzusetzen, doch auch in vielen gesellschaftlichen und politischen Auseinandersetzungen kann die Androhung und Anwendung von Gewalt zu einem wichtigen Teil des Geschehens werden.

In Familien, die mit der Justiz oder mit der Psychiatrie in Berührung kommen, läßt sich häufiger ein anderer Gewalttypus beobachten: eine Form der Gewalt, in der der Gewalttäter sich selbst als Opfer begreift. Bei diesem zweiten Typus, der *plädierenden (pleading) Gewalt* («appellierenden Gewalt» – appealing violence – in Marxens Terminologie), «macht der Gewalttätige deutlich, daß die Gesellschaft ihn ungerecht behandelt hat, etwa indem sie Forderungen an ihn gestellt hat, die in keinem Verhältnis zu seinen Möglichkeiten stehen». In Familien, in denen Kinder oder der Ehepartner mißhandelt werden, haben die Urheber der Gewalt oft das Gefühl, hilflos auf die Herausforderung des anderen zu reagieren. In diesen Fällen plädiert der «hilflose Gewalttäter» (helpless victimizer) für mehr Verständnis für seine untragbare Situation. Unabhängig von unserer gefühlsmäßigen Reaktion auf eine solche Entstellung der Tatsachen dürfte klar sein, daß hier mit strafender

Kontrolle nichts auszurichten ist. Durch solche Maßnahmen werden die Menschen, die zu dieser Form der Gewalt neigen, nur in ihrer subjektiven Erfahrung bestärkt, Opfer zu sein, so daß sich die Wahrscheinlichkeit künftiger Gewalttaten erhöht.

Wenn wir die Familien betrachten, die ich vor Gericht erlebt habe, so ist klar, daß sich nur Mrs. Obutu nötigender Gewalt bediente. Sie wollte, daß ihre Tochter ihr Verhalten änderte, und hat dieser Absicht mit Gewalt Nachdruck verliehen. In keinem der drei anderen Fälle hatten die gewalttätigen Akte einen «Zweck». Das scheint mir für die meisten Fälle von Gewalt in Familien zuzutreffen. Nehmen wir beispielsweise eine Familie, in der ein erwachsener Sohn alle anderen Mitglieder terrorisierte. Der Vater beschrieb sich mir gegenüber so: «Ich bin ein sehr friedliebender Mensch. Die Leute, mit denen ich in meinem Leben zu tun hatte, konnten immer vernünftig mit mir reden. Aber wenn ich nach Hause komme und sage etwas Vernünftiges oder schlage etwas vor, was völlig richtig ist, und meine Frau läßt es nicht gelten, dann werde ich gewalttätig *(er schüttelt die Faust gegen seine Frau)*, weil sie mir jegliche Bedeutung abspricht, und das kann ich nicht ertragen.» Der Sohn hingegen beschrieb sich so: «Außerhalb der Familie bin ich nie gewalttätig. Doch manchmal *zwingt* mich mein Vater zur Gewalt. Neulich wollte ich mir eine Tasse Tee machen, da kam er und schaltete den Kochherd aus. Ich packte ihn und hielt ihm den Kopf aus dem Fenster im vierten Stock. Er wollte mir zeigen, daß er die Nummer eins ist. Ich weiß, daß ich eine Null bin. Er braucht mir das nicht zu sagen.»

Beide – der Vater wie der Sohn – sehen sich als Opfer, und ihre Gewalttätigkeit dient nicht der Erreichung eines Ziels. Sie ist eine Bitte um Verständnis für ihre hoffnungslose Lebenssituation.

Ein andermal sprach ich mit einer Frau, die ihr Kind mißhandelt hatte, und sie lieferte mir folgende Beschreibung von sich selbst:

MUTTER: Ich fürchtete ihr Nachhausekommen von der Kinderkrippe.

MINUCHIN: Was empfanden Sie?

MUTTER: Ich fürchtete, daß sie mich ablehnte ... das Essen, das sie von mir bekam, daß sie nein zu mir sagte. Das löste meine Gewalttätigkeit aus.

M: Was für ein Gefühl war das?

MUTTER: «Wie kannst du es wagen, nein zu mir zu sagen? Nein zu etwas, was ich dir gebe?» Und weil sie klein war, wurde ich mächtig und sie noch winziger. Es war, als könnte ich sie zerquetschen und in den Mülleimer werfen.

M: Wodurch wurde der Wunsch hervorgerufen, sie zu vernichten?

MUTTER: Ich wollte meine körperliche Macht spüren. Es machte mir Spaß festzustellen, daß ich das Heft in der Hand hatte. Manchmal brauchte sie gar nichts zu sagen. Wenn ich das Gefühl der Macht haben wollte, dann schnauzte ich sie an. Sie tanzte nach meiner Pfeife. «Tu dies!», und sie tat es. «Ja, Mami. In Ordnung, Mami.» Und das war ein Vergnügen.

Hätte das Interview an diesem Punkt ein Ende gefunden, würden wir die Mutter für gewalttätig halten und davon ausgehen, daß ihr dieses Verhalten Vergnügen bereitete. Man hätte die Mutter beaufsichtigen und ihr das Kind entziehen müssen. Doch wenn wir unseren Blickwinkel erweitern, zeigt sich ein komplexeres Muster.

MUTTER: Wenn sie mein Essen ablehnte, kochte ich vor Wut. Wie konnte sie es wagen? Ich hatte schließlich meine Zeit dafür geopfert. Sie lehnte nicht nur das Essen ab, sondern auch mich. Ich verlor die Beherrschung und stopfte ihr das Essen in den Hals, bis sie fast erstickte.

M: Hat sie irgend etwas getan, was Sie innehalten ließ? Woher kam das Signal, das Sie innehalten ließ?

MUTTER: Es kam aus meinem Inneren. Ich sagte mir: «Mach so weiter, und du bringst sie um. Hör sofort auf damit!» Aber das wollte ich nicht. Ich wollte sie gefügig machen. Sie sollte essen, und ich wollte sie dazu zwingen.

Dies ist ein Transaktionsmuster zwischen Mutter und Tochter, eine Machtkonstellation zwischen einem anderthalbjährigen Kind und einer dreißigjährigen Frau. Durch einen seltsamen alchimistischen Prozeß verwandelte sich der Wunsch, Liebe zu geben, in einen hilflosen, destruktiven Akt; so konnte der Kreislauf von Provokation und Gewalttätigkeit eskalieren.

M: Tat Ihr Mann etwas, was Ihre Wut bändigte oder provozierte?

MUTTER: Wenn er da war, wurde ich nicht wütend, weil ich wußte, daß er es nicht dulden würde. Er war immer auf ihrer Seite. Ich haßte ihn deswegen. Er verstand nicht, daß sie sich dieses Essen gewünscht hatte, ganz speziell dieses Essen, und nun wollte sie es nicht haben. Sie lehnte mich ab, und er war auf ihrer Seite.

M: Was machten Sie mit Ihrer Wut auf Ihren Mann?

MUTTER: Ich habe ihn nur einmal angegriffen. Ich habe einen Teller nach ihm geworfen.

EHEMANN: Einmal war ich nicht in der Stimmung, ihr zuzuhören, schlug ihr ins Gesicht und ging hinaus. Ich hörte, wie der Teller gegen die Tür knallte.

MUTTER: Als Kind hat man mich so oft geschlagen. Jetzt bin ich erwachsen und muß es immer noch über mich ergehen lassen.

M *(zum Mann)*: Was empfanden Sie, wenn sie gewalttätig war?

EHEMANN: Wenn sie dem Kind gegenüber gewalttätig war, war ich ihr gegenüber gewalttätig.

MUTTER: Wenn er wütend war, schrie er mich an. Das hörte sich sehr gefährlich an, und obwohl er mich nie geschlagen hat, hatte ich das Gefühl, er würde mich gleich in Stücke hauen. Ich schrie und kreischte und hörte nicht, was er sagte. Ich dachte, dieser Gorilla würde mich gleich in Stücke reißen. Ich hatte solche Angst. Ich dachte daran, mir mitten in der Nacht ein Messer zu holen und ihn umzubringen.

M: Hatten Sie Angst, Ihr Mann würde Ihnen etwas antun, wenn Sie Ihre Tochter schlugen?

MUTTER: Ich hatte das Gefühl, ich würde auf dem Fußboden krabbeln wie das Baby. Wenn er sagte: Hol mir eine Tasse, sauste ich los und holte sie ihm. Ich fand, ich machte mit meiner Tochter nur das, was er mit mir machte.

Nun wird das Bild vollständiger. In der Gewalttätigkeit der Mutter spiegelt sich ihre Beziehung zum Ehemann. In ihrer hilflosen Angst vor seiner Gewalttätigkeit stellt sie das Gleichgewicht durch gewalttätiges Verhalten der Tochter gegenüber wieder her. Greift sie den Mann an, indem sie seinen Bundesgenossen angreift? Oder ist die Tochter der Heiler, der ihr erlaubt, Kompetenz zu gewinnen? Wie immer man ihr Verhalten auch deutet, man kann es nicht als instrumentale Gewalt verstehen. Die Gewalttätigkeit wird von keinem Ziel her bestimmt. Doch sehen wir weiter.

MUTTER: Ich war eine Enttäuschung für meine Mutter, weil ich ein Mädchen bekam. Meine Familie war nicht zufrieden mit mir und die meines Mannes auch nicht. Alle wollten sie einen Jungen. Meine Mutter wollte mit dem Baby nichts zu tun haben. Sie war selbst ledige Mutter gewesen. Sie war zu ihren Eltern gegangen, aber die wollten nichts mehr von ihr wissen. Jetzt kam es (das war, bevor wir heirateten), und da sah sie sich selbst noch mal.

Wir sehen jetzt einen Zusammenhang, der umfassender ist als die Kernfamilie: die Mutter in ihrer Stellung als Frau in einer Kultur, in der Frauen niedrigeren Status besitzen, und ihre Stellung in der Herkunftsfamilie und in der Familie des Mannes. Das Rechtssystem reagierte auf diese Mutter, wie es auf Mrs. Obutu und die anderen Frauen vor dem Londoner Gericht reagierte. Es bediente sich der einzigen zur Verfügung stehenden Maßnahme: Das Baby wurde ihr entzogen und an einen «sicheren Ort gebracht». Glücklicherweise ließen sich in diesem Falle durch einen mehrdimensionalen therapeutischen Ansatz (therapeutische Kinderkrippe, Familientherapie und Einzeltherapie der Mutter) die Beziehungsmuster der Familie verändern, so daß sie heute ohne Hilfe zurechtkommt.

In den meisten Fällen reagiert die Gesellschaft, als sei alle familiäre Gewalt instrumental und als müsse man deshalb die Kontrolle verstärken. Uns Familientherapeuten ist jedoch klar, daß die meisten Fälle familiärer Gewalt das Ergebnis mehrerer Generationen von Ohnmächtigkeit sind. Wenn wir bei unseren Maßnahmen nur die Kontrolle der Eltern oder die Sorge um das Kind im Auge haben, wird unser einziger Erfolg die Reproduktion des Musters sein.

LESER: Ideologen machen mir angst. Ich bin sicher, einige von euch würden die eigene Mutter verkaufen, um eine bestimmte These über die Kindesliebe zu beweisen.

AUTOR: Warum beschimpfst du mich plötzlich?

LESER: Weil du dir die Wirklichkeit so zurechtlegst, daß sie deine Auffassung bestätigt. Systemische Lösungen zur Bewältigung familiärer Gewalt sind nur dann akzeptabel, wenn du ihre Destruktivität leugnest.

AUTOR: Das kann ich nicht. Ich habe sie zu oft erlebt.

LESER: Bei Kindern?

AUTOR: Ja, und ich bin deiner Meinung. Die Statistiken über Kindesmißhandlungen sind schlimm genug. Aber wenn man mit eigenen Augen ein Kind sieht, das Knochenbrüche hat oder Verbrennungen dritten Grades, oder halbverhungert ist, oder das einen mit diesen leeren Augen ansieht, die einem sagen…

LESER: Dann komme ich nicht mehr ganz mit. Wenn du ungeachtet der Tatsache, daß Kinder mißhandelt werden, auf einem systemischen Ansatz bestehst, wie kannst du dann den Vorwurf von dir weisen, du seist ein Ideologe?

AUTOR: Mir wäre es lieber, man würde mich als einen Menschen bezeichnen, der die Welt der Gewalt aus einer bestimmten Perspektive betrachtet. Ich muß mich mit familiärer Gewalt auseinandersetzen, und in jedem Fall von Kindesmißhandlung oder Inzest habe ich mich zunächst darum bemüht, das Kind zu schützen. Oft genug empfehle ich aus diesem Grunde die Familienzerreißung. Im Unterschied zum Rechtssystem verfolge ich jedoch weiter, was geschieht. Und was ich im Anschluß an eine solche Lösung zu sehen bekomme, ist oft genug noch mehr Gewalt. Was soll man tun, wenn man die Augen schließt, sie dann wieder öffnet und feststellen muß, daß sich die Realität der Gewalt nicht verflüchtigt hat.

LESER: Ich glaube, das ist nur ein Teil der Realität. Da ist noch mehr.

AUTOR: Ich könnte rasend werden, verzweifeln. Diese Fähigkeit der Institutionen, einfach immer weiterzumachen, auch wenn sich zeigt, daß sie mehr schaden als nützen...

LESER: Hör doch auf! Was soll ich mit deiner Wut?

AUTOR: Ich möchte, daß du mir beim Brüllen hilfst. Vielleicht schreien wir zusammen ein bißchen lauter.

Kindesmord Maria Colwell

10. Maria Colwell wurde am 25. März 1965 geboren. Als sie in der Nacht vom 6. auf den 7. Januar 1973 von der Hand ihres Stiefvaters William Kepple den Tod fand, waren es also noch elf Wochen bis zu ihrem achten Geburtstag.»

So beginnt der *Bericht des Ausschusses zur Untersuchung der Aufsichts- und Fürsorgepflicht im Falle Maria Colwell*, 1974 im Auftrag Ihrer Majestät in London gedruckt. Dieser eine Satz umfaßt Maria Colwells ganzes Leben, während der Bericht über ihren Tod 120 engbedruckte Seiten stark ist und eine Vielzahl sorgfältig numerierter Absätze umfaßt. Wodurch rechtfertigt der Tod eines siebenjährigen Mädchens eine so gewichtige Totenrede?

Mit sechs Jahren war Maria ein höfliches, gutgekleidetes Mädchen, das vielleicht ein bißchen verwöhnt war. Doch im Oktober 1971 wurde sie ihren Pflegeeltern fortgenommen und ihrer leiblichen Mutter, Mrs. Kepple, «zurückgegeben». Im Laufe des nächsten Jahres bekamen mindestens fünfundsiebzig Menschen, darunter eine nicht geringe Zahl von Fachleuten der zuständigen Behörden, mit ihrem Fall zu tun. Als ihr geschundener, abgezehrter Leib am 7. Januar 1973 für tot erklärt wurde, war deshalb die gesamte Struktur des englischen Fürsorgesystems in Frage gestellt.

«147. Die von Professor Cameron am 11. Januar durchgeführte Autopsie zeigte, daß der gesamte Körper und der Kopf von schweren Quetschungen bedeckt waren. Der Magen wies schwere innere Verletzungen auf. Eine Rippenfraktur begann gerade zu verheilen. Die Quetschungen, die von Professor Cameron als die schlimmsten bezeichnet wurden, die er je zu Gesicht bekommen hatte, waren unterschiedlichen Alters... doch die Mehrzahl war innerhalb der letzten 48 Stunden entstanden. Der größte Teil der Verletzungen ist nach seiner Auskunft auf extreme Gewalteinwirkung zurückzuführen. Der Magen war leer, und das Körpergewicht betrug 18 Kilogramm, während... dem Alter und der Größe ein Gewicht von 23 bis 25 Kilogramm entsprochen hätte.»

Wie konnte ein Kind, das der offiziellen Aufsicht des Sozialamtes von Brighton, des Sozialamtes von East Sussex sowie der Nationalen Gesellschaft zur Verhinderung von Kindesmißhandlungen unterstellt war, monatelang solchen Mißhandlungen ausgesetzt sein? Es wurde ein Untersuchungsausschuß eingesetzt, der die Antworten auf diese Fragen finden sollte. Joseph Goldstein, Anna Freud und Albert Solnit schrieben später dazu: «Die Untersuchung ihres Todes wurde öffentlich in Brighton, Sussex, durchgeführt. Sie dauerte 41 Tage und umfaßte die Anhörung von 70 Zeugen. Sie verursachte zwar beträchtliche Aufregung bei den betroffenen Behörden und Mitarbeitern, brachte aber auch Erkenntnisse, die zu einer Reform der Verwaltung und zu einer Veränderung offizieller und persönlicher Einstellungen führten. Wie ein englischer Sozialarbeiter es ausdrückte: Die Arbeit im Fürsorgebereich läßt sich in zwei Epochen einteilen – *vor* und *nach* Maria Colwell.»

Leider beschränkte man sich bei der Untersuchung und den nachfolgenden Reformen auf das bestehende System und die Frage, wie es zu verbessern sei.

Ich habe diesen Fall ausgewählt, weil er auch für einen anderen Beobachtungsbereich von großem Interesse ist. Er zeigt nämlich, wie eine eingeengte Sichtweise die Betroffenen daran hinderte, die Gefahr zu erkennen, in der Maria sich befand, und die Möglichkeit einer Intervention ins Auge zu fassen, was schließlich zu ihrem Tode führte. Während ihres kurzen Lebens sandte Maria viele Hilferufe aus, aus denen hervorging, daß sie in Gefahr war und Bundesgenossen brauchte. Diese Hilferufe wurden von mindestens hundert Menschen vernommen: Verwandten, Nachbarn und Beschäftigten der zuständigen Behörden. Sie hat nicht in einer Welt gelebt, die abgestumpft ist gegen Kindertränen. Aber die Wertvorstellungen des Sozial- und Rechtssystems verstümmelten ihre Nachrichten so sehr, daß sie nicht mehr zu verstehen waren. Wenn ich Maria Colwells Fall mit den Augen des Familientherapeuten betrachte, so sehe ich eine Anzahl gutwilliger Menschen, einschließlich der Beamten aus dem sozialen und juristischen Bereich, die Maria nicht helfen konnten, weil sie in zu engen Bahnen dachten. Ihre kognitiven Modelle bildeten eine akustische Wand, die Marias Schreie dämpfte und schluckte. Wenn ich es recht sehe, dann werden die Reformen, welche die Effizienz der Justiz und der Sozialbürokratie in solchen Fällen verbessern sollten, die falsche Sichtweise nur zementieren. Es ist tragisch, daß sich Marias Tod und seine Konsequenzen nun möglicherweise auch noch nachteilig auf andere Kinder und ihre Familien auswirken.

Maria war das fünfte Kind aus der ersten Ehe ihrer Mutter. Der Vater verließ die Mutter wenige Wochen nach der Geburt. Er starb ein paar Wochen später. Im Dezember 1965 wurde die Vormundschaft für die vier älteren Kinder dem Sozialamt von East Sussex zugesprochen. Der Säuling Maria kam jedoch zu Mrs. Colwells Schwägerin Mrs. Cooper. Schließlich wurden die Coopers Marias Pflegeeltern, bei denen sie die nächsten sechs Jahre verbrachte, während sie von der leiblichen Mutter nur unregelmäßig besucht wurde.

Wie häufig in solchen Fällen entwickelte sich eine enge Beziehung zwischen Maria und ihren Pflegeeltern, das heißt ihrem Onkel und ihrer Tante. Diese Beziehung wurde weit wichtiger als die flüchtigen Kontakte mit der leiblichen Mutter. Wie ebenfalls häufig in Situationen dieser Art ergab sich eine Dreiecksstruktur – Marias Mutter und die Coopers stritten um das Recht, die Entscheidungen über Marias Leben zu treffen. Maria stand dazwischen, hin- und hergerissen zwischen ihrer Liebe und Zuneigung zu den Coopers einerseits, und dem (von den

Coopers, den Behörden und Mrs. Colwell immer wieder genährten) Bewußtsein, daß sie rechtlich zur Mutter gehörte.

Ab 1966 lebte Marias Mutter mit William Kepple zusammen, von dem sie drei Kinder bekam – im November 1967, Dezember 1968 und November 1969. So wurde Marias sozialer Kontext ziemlich komplex: Sie hatte vier Geschwister, drei Halbgeschwister, die Coopers und ihre Kinder, Mrs. Tester (die Großmutter mütterlicherseits, bei der ihr älterer Bruder in Pflege war), die Pflegefamilien, in denen die übrigen Geschwister lebten, Mr. Kepple (der Liebhaber und spätere Mann ihrer Mutter) und das Sozialamt von East Sussex mit seinen diversen Vertretern. Später mischten sich noch andere Behörden in Marias Leben, und auch ihre Eingriffe beeinflußten den Gesamtorganismus, zu dem Maria gehörte.

Als 1969 die Beziehung zwischen Mrs. Colwell und Mr. Kepple von der Sozialbehörde als «stabil» beurteilt wurde, wandte sich Marias Mutter an einen Rechtsanwalt, um den Gerichtsbeschluß aufheben zu lassen, in dem das Sorgerecht für Maria den Coopers zugesprochen worden war. Der Behörde war zwar klar, daß sich Maria emotional den Coopers zugehörig fühlte, die sie auch adoptieren wollten, doch hatte der Antrag der leiblichen Mutter, die ihrem Kind jetzt ein akzeptables Zuhause bieten konnte, sehr gute Erfolgsaussichten. Deshalb begann die Sozialbehörde Marias Rückkehr zu den Kepples vorzubereiten.

Es lohnt sich, den Gedankengang nachzuvollziehen, der zu Marias Rückkehr führte. Rechtlich war die Situation klar. Maria «gehörte» ihrer leiblichen Mutter. Die Coopers hatten als bloße Pflegeeltern in dieser Situation keinerlei rechtliche Ansprüche. Sie wurden zu den Maßnahmen, die in Marias Fall getroffen wurden, weder angehört noch offiziell unterrichtet. Die Sozialbehörde hielt sich einfach an den juristischen Sachverhalt:

«35. Es war natürlich davon auszugehen, daß die Coopers über den Verlust des Kindes Maria sehr verzweifelt sein würden. Aber nach geltendem Recht haben Pflegeeltern in dieser Situation keinerlei rechtliche Ansprüche, abgesehen von den seltenen Fällen, in denen das Kind der Vormundschaft des Gerichtes unterstellt wird und in denen der Oberste Gerichtshof entscheidet, was den Interessen des Kindes am besten dient. So hatten die Sozialarbeiter keine Möglichkeit, die Gefühle der Coopers bei ihren Entscheidungen zu berücksichtigen.»

Bei der Erörterung von Marias damaligen Lebensumständen und ihren Zukunftsaussichten kam man zu folgendem Schluß: «36. Ganz gleich, welche Entscheidung man fällte, ließen sich traumatische und belastende Folgen für Maria offenbar nicht vermeiden. Nach Abwägung aller Umstände kam man zu dem Ergebnis, daß Marias endgültige Rückkehr zu ihrer Mutter vorbereitet werden müsse... Man meinte, es würde leichter für sie sein, positive Beziehungen zur Familie Kepple zu entwikkeln und dort ihren Platz zu finden, solange sie jünger war, vor allem wenn man berücksichtigte, welche guten emotionalen Grundlagen sie bei den Coopers erhalten hatte.»

Mit anderen Worten, Maria sollte jetzt «verpflanzt» werden – «transplanted» nannte es die Sozialbehörde – wie ein Baum. Maria war in guten Boden gepflanzt und sorgfältig gepflegt worden. Deshalb meinte man, daß sie im reifen Alter von sechs Jahren die «guten emotionalen Grundlagen» würde bewahren können. Doch damit endet die Metapher. Jeder Gärtner weiß, daß bei einer solchen Umpflanzung die Wurzeln von einem Ballen des ursprünglichen Bodens umgeben sein müssen. Doch es wurde kein Versuch gemacht, Boden von den Coopers zu den Kepples zu bringen. Maria, die Coopers und die Kepples mußten alle unter Aufbietung aller ihrer Kräfte individuell mit der Verpflanzung fertig werden. Niemand traf irgendwelche Maßnahmen, um den Kepples und Maria dabei zu helfen, sich aneinander zu gewöhnen. Und bei den Coopers blieb einfach eine leere Grube zurück: «36. Ganz gleich, welche Entscheidung man traf, irgendeinem der Beteiligten [den Coopers und Mrs. Kepple] mußte Leid zugefügt werden, aber man war der

Meinung, daß ihnen Hilfe zuteil werden könnte und daß Marias Interessen vorrangige Bedeutung eingeräumt werden müsse.»

Diese Behauptung gibt sich als objektive Wahrheit aus, ist tatsächlich aber ein bloßer Glaubensersatz. Überlegen wir einmal, was er aussagt über:

1. das bürokratische Trägheitsmoment;
2. Selbstrechtfertigung und Selbsttäuschung (wenn solche «Hilfe» überhaupt vorgesehen war, verlor sie sich unter der Last von sechzig anderen Fällen);
3. sozioökonomische Scheuklappen;
4. Berufsjargon und fachspezifische Mythenbildung;
5. das Wertsystem;
6. das Denkmodell, das der Beurteilung menschlicher Prozesse zugrunde liegt.

Was das Gesetz hier in seiner Erhabenheit tut, läuft im Endeffekt auf die Zerstückelung eines Seesterns oder Plattwurms hinaus, in der Hoffnung, daß sich die auseinandergerissenen Segmente zu lebensfähigen Organismen entwickeln. Das geht jedoch nur bei diesen «niederen» Tieren. Dennoch war das Sozialamt der Auffassung, es handle «im wohlverstandenen Interesse des Kindes». Begriffe und Verfahren, die in einem Rechtssystem entwickelt worden sind, das dazu dient, die Ansprüche von Prozeßgegnern gegeneinander abzuwägen, gehen nicht auf die menschlichen Belange ein, die hätten berücksichtigt werden müssen, um die Situation erträglicher zu machen und Marias Leben zu retten.

Jedem Laien mußte klar sein, daß die Kepples ein völlig neuer Faktor in Marias Leben waren. Sie bekam einen neuen Vater, drei neue Geschwister und eine Mutter, die sie seit sechs Jahren kaum gesehen hatte. Aber rechtlich handelte es sich um eine «Rückkehr» – zurück in Marias angestammte Umgebung und zu ihrer leiblichen Mutter. Das war der erste einer Reihe von verhängnisvollen Zügen, die nur gemacht werden konnten, weil man das Kind isoliert von seinem Kontext betrachtete. Das entspricht etwa dem Versuch, Schach mit einer einzigen Figur zu spielen.

Zug eins: Marias Rückkehr zu den Kepples

Im Sommer 1971 sorgte das Sozialamt für mehrere Besuche, um Maria die Möglichkeit zu geben, «ihre Familie» kennenzulernen. Der Erfolg war fragwürdig – Maria lief mehrfach davon, schrie, schlug mit den Fäusten um sich und tat alles, was in der Macht eines sechsjährigen Kindes steht, um sich gegen diese Besuche zu wehren. Allerdings stellte die zuständige Sozialarbeiterin fest, daß Maria sich durchaus wohl zu fühlen schien, wenn sie dann tatsächlich bei der Mutter und den Stiefgeschwistern war.

Mrs. Kepple schlug Maria, «um ihr klarzumachen, daß sie nicht weglaufen durfte». «Am liebsten wäre ich auf einem Bauernhof auf dem Lande», sagte Maria. «Da könnte mich keiner finden» (Absatz 53).

Wir erfahren wenig darüber, wie die Coopers auf den bevorstehenden Verlust Marias reagierten. Es wird lediglich erwähnt, daß Mrs. Cooper «verzweifelt» gewesen sei. Unter einer vollständigen Perspektive betrachtet, erscheint klar, daß das System Coopers / Maria eine schlimme Zeit durchgemacht haben muß. Wenn eine Familie ihre Form verändert, weil ein Mitglied hinzukommt oder fortgeht, dann verändern sich auch die Muster, denen die Transaktionen des Gesamtorganismus folgen. Solche Perioden sind Krisenzeiten, weil sich die gewohnten Muster als nicht funktionsfähig erweisen und neue den Mitgliedern noch nicht zur Verfügung stehen. Ob sich daraus ein komplexeres und reibungsloseres Muster ergibt oder ob die Familie in den alten, konfliktträchtigen Mustern steckenbleibt, hängt davon ab, wie die Reserven der Familie mobilisiert werden. Aus Übergangszeiten können neue Möglichkeiten, kann aber auch viel Leid erwachsen. Für Maria, die Coopers und die Kepples hielt das Schicksal nur Leid und Unglück bereit.

«54. Im September bildete sich eine feste Routine heraus. Es wurden regelmäßige Besuche geplant... und Marias Widerstand wurde immer erbitterter, so daß es bei fast jeder Gelegenheit zu heftigen Auftritten kam. Zwei Besuche mußten unterbleiben, weil sie sich durch das Schreien und Umsichschlagen in eine solche Erregung hineingesteigert hatte, daß sich [Marias Sozialarbeiterin] außerstande sah, auf dem Vorhaben zu bestehen... Andererseits hatte es den Anschein, daß sich Maria, wenn sie erst einmal bei den Kepples war, auch wieder beruhigte, sich in Gesellschaft ihrer Geschwister wohl fühlte und ein besseres Verhältnis zu ihrer Mutter bekam.»

«56. Am 27. September wies Maria bei ihrer Rückkehr von einem Wochenende bei den Kepples blaue Flecken auf, die deutlich als Fingerspuren auf ihrem Oberschenkel erkennbar waren. Sie erzählte den Coopers: ‹Der Mann, der bei Pauline [Mrs. Kepple] lebt, hat das getan.›»

Doch Mrs. Kepple ließ keinen Zweifel daran, daß sie entschlossen war, vor Gericht um das Sorgerecht für Maria zu streiten. Da es feststand, daß das Gericht dem Antrag der Mutter stattgeben würde, gelangte das Sozialamt zu der Überzeugung, Marias Verzweiflung sei «59. eher auf die Angst zurückzuführen, die Coopers zu verlieren, als auf die Angst oder das Mißbehagen angesichts der Aussicht, in der Familie Kepple leben zu müssen... in jedem Falle hielten sich ihre Gefühle im Rahmen dessen, was angesichts solcher Umstände zu erwarten war.»

Hier wird in nuce das Problem erkennbar, vor das uns das Modell Kind-in-Isolierung stellt. Es konfrontiert uns mit einer Entweder-Oder-Alternative, die die Komplexität menschlicher Prozesse ausblendet. In den Versuch, Klarheit zu schaffen, polarisiert es in unzulässiger Weise. Infolge dieses Modells konnte das Sozialamt nicht in das Sozialsystem der Kepples und Marias eingreifen. Es konnte nur das Individuum verpflanzen und abwarten, wobei es sich weitgehend mit der Rolle des Beobachters und Chronisten zufriedengab. Unfähig, die Entwicklung menschlicher Systeme zu fördern, wirkte das Sozialamt in erster Linie als verlängerter Arm des Gerichts und trug einen Bericht zusammen, der schließlich sechsundsechzig Seiten umfaßte – die Chronik der vergeblichen Versuche, Maria durch Beaufsichtigung der Kepples zu schützen. Unter Verzicht auf das ihm eigene Vokabular der Hilfe und des humanitären Beistands wurde das Sozialamt zu einer Agentur der Justiz, deren Schlüsselwörter Versäumnis, Schuld und Aufsicht sind.

«64. Am 17. November sollte über Mrs. Kepples Antrag verhandelt werden, und am 22. Oktober kam Maria versuchsweise zu Mrs. Kepple zurück. Der Gerechtigkeit halber sei erwähnt, daß zwei Wochen zuvor [die Sozialarbeiterin] bei einem Besuch in der Wohnung der Kepples beeindruckt war von den Anstrengungen, die Mrs. Kepple in letzter Zeit unternommen hatte, die Wohnung und auch ihre eigene Erscheinung ansprechender zu machen. Die Sozialarbeiterin hatte den Eindruck, daß es mit der Familie ständig aufwärts ging und daß sich die Kepple-Kinder normal entwickelten. Am Freitag, dem 22. ... brachte Mr. Cooper [Maria] zum Sozialamt Hove, von wo aus das Mädchen von Miss Coulthard ... zu den Kepples begleitet wurde. Auf dem Amt hatte sie geschrien und sich an Mr. Cooper geklammert. Sie hatte sich ängstlich geweigert, mit der anwesenden Mutter zu gehen. In Gegenwart von Miss Coulthard versprach ihr Mrs. Kepple, daß sie am Wochenende zu den Coopers zurück könne ... Daraufhin ließ sie sich ruhig mitnehmen, und unter diesem falschen Vorzeichen begann ihr neues Leben. Sie sollte die Coopers niemals wiedersehen.»

Zug zwei: Überwachung

Familie Kepple war nun um eine Tochter erweitert. Innerhalb weniger Monate schlossen sich zahlreiche weitere Menschen diesem vergrößerten Organismus an.

«82. Am Ostermontag, dem 3. April, hörte Mrs. Rutson, die Nachbarin der Kepples, daß Mrs. Kepple Maria anschrie, sie sei ‹ein Drecksferkel›, weil sie sich schmutzig gemacht hatte, woraufhin das wiederholte Geräusch von Schlägen zu vernehmen war.»

«84. Am Mittwoch, dem 12. April... sah Mrs. Rutson zum Schlafzimmer von Nummer 119 hinauf... und erblickte Maria, die hinter dem Vorhang hervorsah. Ihr Gesicht war ‹schwarzblau, und sie hatte ein schrecklich blutunterlaufenes Auge – die andere Augenhöhle war nur noch eine blutige Masse...›»

Am folgenden Tag rief Mrs. Rutson die Nationale Gesellschaft zur Verhinderung von Kindesmißhandlungen an, die einen Aufsichtsbeamten schickte. Das war der erste der zahlreichen Hinweise, die in den acht Monaten, die Maria noch zu leben hatte, von mehr als einem Dutzend Menschen eingehen und sechs verschiedene Behörden beschäftigen sollten.

Mrs. Rutson teilte den Kepples mit, daß sie die Gesellschaft informiert hatte, und Mr. Kepple griff Mrs. Rutsons Vater auf der Straße an. Die Polizei wurde gerufen, und die Nachbarn informierten den zuständigen Polizeibeamten über die Kepples. Ein anderer Nachbar rief beim Sozialamt an und berichtete, daß Maria geschlagen und im Hause eingesperrt würde.

«103. Etwa am 24. April beklagte sich eine Abordnung der Nachbarn von Familie Kepple bei Mr. Smith vom Wohnungsamt Brighton, der für die Verwaltung der Whitehawk-Wohnungen zuständig war. Es wurde vorgebracht, daß Maria mißhandelt würde und die Kinder der Familie dazu angehalten würden, ihre Notdurft draußen zu verrichten.»

Allmählich wird der Gesamtzusammenhang, die Ökologie des Falles vollständiger erkennbar. Die Nachbarn sind verantwortungsbewußte Erwachsene. Aufgebracht über die Behandlung der Kinder, insbesondere Marias Behandlung, beschließen sie, etwas für sie zu tun. Das bringt natürlich verschiedene Gefahren für die Familie mit sich. Die Kepples leben in einer Sozialwohnung. Eine Beschwerde beim Wohnungsamt gefährdet ihre Unterkunft, was durch die verschlungenen Wege der

Bürokratie auch ihr einziges gegenwärtiges Einkommen in Frage stellt – die Arbeitslosenunterstützung von Mrs. Kepple und die Invalidenrente von Mr. Kepple. Und was noch wichtiger ist, Mrs. Kepple hat bereits vier Kinder durch das Eingreifen des Sozialamtes verloren. Sind die drei, die sie behalten durfte, durch diese Beschwerden und die verstärkte Aufsicht nun ebenfalls gefährdet? Maria hat viele Bundesgenossen, bis hin zur Krone. Aus Sicht der Kepples bringt Maria das Wohlergehen der Familie in Gefahr.

Im Februar meldet sich die Schule. Marias Lehrerin ruft die Sozialarbeiterin an und teilt ihr besorgt mit, daß Maria Besorgungen machen muß «zu unpassenden Zeiten und in einem Umfange, die ihre körperlichen Fähigkeiten weit übersteigen». Die Kepples werden von Vertretern des Jugendamtes und einem Beamten des Gesundheitsamtes aufgesucht. Auch die Besorgnis der Nachbarn nimmt weiter zu. Der Kaufmann am Ort teilt Mrs. Kepple brieflich mit, daß er Maria keine Kohle mehr verkaufen werde, wenn sie nicht irgendein Transportmittel für den schweren Sack bekomme.

Im November gehen die Kepples ein Bier trinken und lassen die Kinder allein zu Hause. Ein Nachbar ruft die Polizei an, die die Kneipen in der Umgebung absucht und dann im Hause wartet, bis die Kepples endlich um dreiundzwanzig Uhr nach Hause zurückkommen. Die Eltern werden nachdrücklich verwarnt und später von einer Polizeibeamtin aufgesucht, die die Verwarnung wiederholt. Drei Tage später ruft die Polizei an, um sicherzugehen, daß die Kepples sich die Verwarnung auch zu Herzen genommen haben.

Zug drei: das paranoide System

Familie Kepple befand sich in einem Belagerungszustand. Und es erscheint sehr wahrscheinlich, daß dieser sich immer enger schließende Kreis derer, die es gut mit Maria meinten, die Gefahr erhöhte, in der sie schwebte. Die Kepples dürften das Gefühl gehabt haben, in einer kafkaesken Welt voller Ankläger zu leben, die – häufig anonym – Klage führten bei schattenhaft bleibenden, aber überaus mächtigen Instanzen. In einem solchen Kontext haben Menschen oft das Bedürfnis, sich ein Ziel zu suchen, an dem sie ihre Wut auslassen können. Die Ankläger und Behörden bleiben im Schatten, aber es gibt eine Person, die nicht nur verantwortlich ist für all ihren Ärger, sondern auch greifbar: Maria.

«118. Am 7. November wartete eine Abordnung von Nachbarn auf Mr. Smith, den zuständigen Beamten des Wohnungsamtes, bei dem schon im April Beschwerde über die Kepples geführt worden war. Diesmal wurde Mr. Kepple Trunkenheit und Erregung öffentlichen Ärgernisses vorgeworfen; außerdem seien die Kinder allein gelassen worden. Kurzum, man wollte, daß die Kepples auszogen. Am 8. November suchte Mr. Smiths Stellvertreter Mr. Topley die Familie Rutson auf... wo ihm ein von verschiedenen Nachbarn unterzeichnetes Gesuch überreicht wurde, in dem die gleiche Forderung erhoben wurde. Dort waren eine Reihe von Beschwerden aufgeführt, unter anderem die Trunksucht von Mr. Kepple und die Angewohnheit der Kinder, ihre Notdurft außerhalb des Hauses zu verrichten... Mr. Kepple vertrat die Auffassung, das ginge niemanden etwas an und sei ganz allein seine Angelegenheit. Er gab zu, gelegentlich zuviel zu trinken, und benutzte in bezug auf seine Kinder den Ausdruck ‹freie Wildbahn›, um seine Erziehungsmethode zu kennzeichnen... Seine Äußerungen ließen keinen Zweifel... an seiner Abneigung gegen staatliche Autorität und seiner Mißachtung für gewisse grundlegende soziale Verhaltensregeln.»

«122. Am 13. November kam Maria wieder zu spät zum Unterricht und nannte als Entschuldigung, daß sie Kohlen, Brot und Kartoffeln habe einkaufen müssen. [Der Beamte des Jugendamtes] suchte die Kepples noch am selben Tage auf, traf aber niemanden an... Die Lehrerin Mrs. Turner war natürlich entsetzt von der Vorstellung, daß ein zartgebautes Kind in Ma-

DAS PARANOIDE SYSTEM

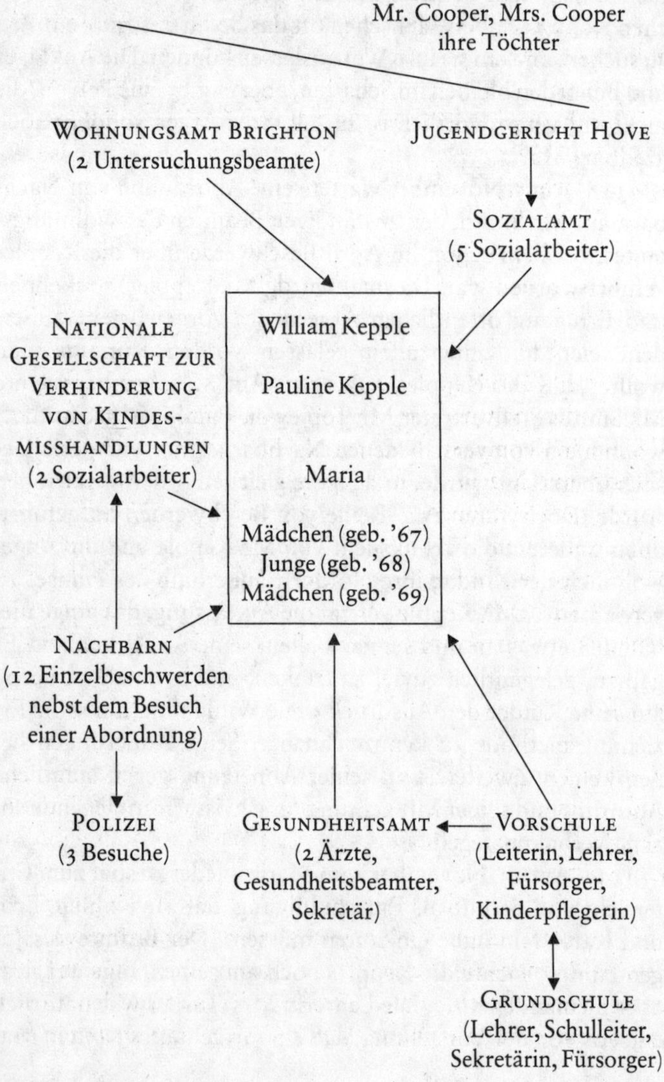

rias Alter einen Viertelzentner Kohle einen steilen Hügel hinaufschleppen mußte, und ihre Besorgnis wuchs noch, als Maria einen oder zwei Tage später zu ihr kam und sagte: ‹Mami hat gesagt, ich soll Ihnen erzählen, daß ich keine Kohle eingeholt habe. Aber ehrlich gesagt, ich habe es doch getan, Mrs. Turner.›»

Wir sehen, wie Maria bei den Menschen, die ihr wohlgesonnen sind, Hilfe gegen ihre Familie sucht. Der Teufelskreis schließt sich enger und enger.

Zug vier: Marias Tod

Im Dezember kam es zu einer verstärkten Einmischung der öffentlichen Stellen. Jetzt endlich wurde die Bürokratie aktiv, vor allem, weil Marias Lehrerin so besorgt war. Auch Mrs. Kepple kam zu dem Schluß, daß die Situation untragbar sei, und erklärte Mr. Kepple, sie werde dem Sozialamt mitteilen, daß es mit ihm und Maria so nicht weitergehe. «146. Doch am 6. Januar, einem Sonnabend, kam Mr. Kepple um dreiundzwanzig Uhr dreißig nach Hause, und die Ereignisse, aufgrund derer Mr. Kepple verurteilt wurde, nahmen ihren Lauf.»

Am nächsten Morgen brachten die Kepples Maria ins Krankenhaus, wo ihr Tod festgestellt wurde.

Zug fünf: Folgen

William Kepple wurde des Totschlags für schuldig befunden und zu einer Freiheitsstrafe von acht Jahren verurteilt. Pauline Kepple ging eine Beziehung zu einem anderen Mann ein. Ein Jahr später war sie wieder vor Gericht und bemühte sich um das Sorgerecht für ihr jüngstes Kind, das bereits im Alter von fünf Monaten unter Vormundschaft gestellt worden war. Zu diesem Zeitpunkt hatte sie zehn Kinder, von denen sich neun unter Vormundschaft des Jugendgerichts befanden. Zwei Jahre später war sie abermals vor Gericht und stritt um das

Sorgerecht für das Baby, das sie gerade bekommen hatte. Wenn Mrs. Kepple, die noch jung und offensichtlich fruchtbar ist, weiterhin alle dreizehn bis fünfzehn Monate ein Kind bekommt, wird das Rechtssystem wohl weiterhin das tragische Spiel mitmachen, auf jedes neue Kind warten, das sie zur Welt bringt, und es unter Vormundschaft stellen.

Zug sechs: nachträgliche Erörterung

Auch zehn Jahre danach läßt sich der Bericht über den Fall Maria Colwell kaum lesen, ohne zornig zu werden. Es gab genügend Gelegenheiten, auf Marias Hilferufe zu reagieren. Doch wenn der Bericht nur Anlaß zum Zorn böte, gäbe es keinen Grund, ihn hier noch einmal wiederzugeben. Es geht nicht um die Frage, ob Maria hätte gerettet werden können, wenn ihr Fall in den Händen anderer Sozialarbeiter gelegen hätte, wenn ihre Sozialarbeiterin nicht überlastet gewesen wäre oder wenn die Kommunikation zwischen den verschiedenen Ämtern besser gewesen wäre. Was können wir von Maria, den Coopers und den Kepples lernen?

Die Untersuchung von Marias Tod begnügte sich mit Schlußfolgerungen für bürokratische Verfahren. Der Ausschuß untersuchte, in welcher Weise Fürsorge- und Aufsichtspflicht wahrgenommen worden waren oder nicht und wie die Behörden ihre Arbeit koordiniert hatten. Im Bericht ging es vor allem um die Kommunikation zwischen den Behörden, die Kommunikation innerhalb und zwischen den Schulen, zwischen den Schulen und den Abteilungen des Sozialamtes, zwischen dem Sozialamt und der Nationalen Gesellschaft zur Verhinderung von Kindesmißhandlungen, der Polizei, dem Wohnungsamt und so fort. Man prüfte, wie der Kontakt der Sozialarbeiter zu den betroffenen Kindern aussieht und wie sie Bericht führen. Das Ergebnis war eine Reihe von Vorschlägen zur Verbesserung des Systems, wobei man die bürokratischen Abläufe stärker am Wohl des Kindes ausgerichtet wissen wollte. Nirgends steht zu lesen, daß dem Wohl des Kindes besser gedient wäre durch Maßnahmen, die sich auf den Kontext richten, von dem das Kind abhängt.

Wer sein Augenmerk auf diesen größeren Kontext richtet, ist erstaunt, wieviel Information der Bericht unberücksichtigt läßt. Es gibt keine Hinweise auf die Beziehung zwischen Mr. und Mrs. Kepple. Wir werden kaum informiert über das Verhältnis zwischen Maria, ihren Eltern, den Geschwistern und der weiteren Familie. Alle Information über die Kepples oder Maria richtet sich aus an ihrer inneren Dynamik, nicht an den Transaktionen zwischen ihnen.

Über Mr. Kepple erfährt man sogar so gut wie gar nichts. Es heißt, er sei Ire, Träger verschiedener falscher Namen – und ein «Bevin Boy» (Wehrpflichtiger, der durch Los zur Arbeit im Bergwerk, statt zum Militärdienst herangezogen wird. A. d. Ü.). Obwohl nirgends ausdrücklich vermerkt, geht aus dem Zusammenhang hervor, daß er katholisch ist. Im Bericht heißt es, er verachte staatliche Autorität. In einer abweichenden Stellungnahme eines Ausschußmitgliedes wird die Vermutung geäußert, er sei verwirrt gewesen über die staatliche Einmischung in einen Bereich, den er für seine Privatsache gehalten habe – die Kindererziehung. Bedeutete die Tatsache, daß er die Kinder zwang, ihre Notdurft außerhalb des Hauses zu verrichten, seine Stellungnahme zu dieser Situation? Wollte er vielleicht seine Unabhängigkeit unter Beweis stellen, wenn er Maria schlug?

Was war mit Mrs. Kepple? Stritt sie sich mit Mr. Kepple um Maria? Hat sie versucht, Maria zu schützen? Oder gingen die beiden mit vereinten Kräften gegen sie vor, wie viele der nachbarlichen Zeugenaussagen vermuten lassen? Wie ging es den Coopers, nachdem Maria fort war? Maria lief mehrfach davon und suchte bei der Tochter von Mrs. Cooper Zuflucht, die in der Nähe wohnte. Was bedeutete das für diese Familie?

Die von Emanuel Marx vorgenommene Unterscheidung erweitert den Fall Maria Colwell um eine zusätzliche Dimension.

Wie immer reagierte das System, als ob es sich um einen Fall von nötigender Gewalt handelte, die sich durch Beaufsichtigung, Verwarnungen und Strafen unter Kontrolle halten ließ. Das hat unter Umständen dazu geführt, daß die Kepples sich selbst als Marias Opfer sahen. Die Mißhandlungen waren möglicherweise nur eine hilflose Bitte um Verständnis für ihre Situation. Wenn sie Maria schlugen, haben sie vielleicht ihrer Empörung und Angst Ausdruck verliehen: «Seht her, was man uns antut!»

Es ist schwer, eine positive Einstellung zu den Totschlägern eines Kindes zu gewinnen, und gänzlich unmöglich, Sympathie für sie zu entwickeln. Doch solange wir uns nicht abgewöhnen, Fälle wie den der Maria unter dem Gesichtspunkt der Schuldzuweisung zu sehen, solange wir sie nicht unter der Perspektive möglicher Lösungen betrachten, bleiben wir zur ewigen Wiederholung nutzloser Maßnahmen verurteilt. In Marias besonderem Falle scheint mir am Anfang der unseligen Ereignisse, die mit Marias Tod endeten, die hartnäckige Entschlossenheit zu stehen, Maria wieder in die Obhut ihrer leiblichen Mutter zu geben. Doch wir wollen einmal verallgemeinern und annehmen, Marias Probleme hätten schon begonnen, als sie zu den Coopers in Pflege kam. Vielleicht kommen wir zu besseren Lösungen, wenn wir unsere Vorstellungen von der Unterbringung in Pflegefamilien ändern.

Immer wenn ich an solche Unterbringung denke, kommt mir Tante Sofia in den Sinn. Als meine Mutter nach dem Tode ihrer Mutter eine schwere Depression hatte, kamen meine Schwester, die noch ein Säugling war, und ich eine Zeitlang zu Tante Sofia. So hat man mir es jedenfalls erzählt, erinnern kann ich mich nicht mehr daran. Meine Mutter sollte sich erholen, wohl auch, damit sie sich wieder ausreichend um uns kümmern konnte. Während der Wirtschaftskrise in den dreißiger Jahren schickte uns Mutter wieder zu Tante Sofia. Wir sollten uns ordentlich durchfüttern, bevor wir zu unser kargen Kost nach Hause zurückkehrten.

In keinem der beiden Fälle nannten meine Verwandten oder meine Mutter dies eine Unterbringung in einer Pflegefamilie. Sie kannten den Begriff wohl noch nicht einmal. Meine Tante war nicht der Meinung, daß meinen Eltern ihre Aufgabe über den Kopf gewachsen sei oder daß sie irgend etwas an uns gutmachen müsse; genausowenig hatten meine Eltern dies Gefühl. In meiner Familie war es selbstverständlich, daß die *Verwandten* ein Unterstützungssystem bildeten. Bei uns im Hause hielten sich öfter Vettern und Kusinen auf, die aus der Stadt kamen, um zwei oder drei Sommermonate auf dem Lande zu verbringen. In meiner Kindheit nahmen meine Eltern eine entfernte Verwandte meiner Mutter aus Rußland auf, die meiner Erinnerung nach ein paar Jahre bei uns lebte, bis sie heiratete. Es war selbstverständlich, daß die einzelnen Familien dem Clan zur Verfügung standen. Man erwartete Hilfe von ihnen.

Diese Einstellung meiner Familie galt früher überall auf der Welt. Kleinfamilien sind ziemlich isolierte Einheiten. Sie sind Teilgebilde des größeren, ausgedehnteren Organismus. Die Schaffung von «Ersatzfamilien» für Kinder in Not ist eine Maßnahme, deren sich die meisten Gemeinschaften und Kulturen bedienen. Als Jugendwohlfahrt und Gesundheitswesen anfingen, für betroffene Kinder Pflegefamilien zu suchen, nahmen sie damit nur ein Experiment auf, das die Gesellschaft in unbürokratischer Form schon in vielen Kulturen erprobt hatte. Die Unterbringung – vor allem von Waisen – in Pflegefamilien war eine positive Alternative zur Heimerziehung.

Leider gingen die progressiven Ideen, die sich ursprünglich mit dieser Maßnahme verbanden, im Laufe der Zeit verloren. An sich als kurzfristige Lösung gedacht, bleibt die Unterbringung in Pflegefamilien allzu häufig die einzige Lösung für die Kinder unter Vormundschaft, bis sie volljährig und, wie Elizabeth Roberts und ihre Freunde, schon selbst zu «Fällen» der Sozialbehörde geworden sind.

Die Absicht ist natürlich, das Kind, das aus seiner leiblichen Familie entfernt wird, zu retten, zu schützen, es von der schädlichen familiären Umgebung zu trennen. Man ist sich klar über die traumatische Wirkung, die die Trennung in den Kindern hervorruft, doch nur selten werden die sekundären Folgen ernsthaft bedacht, die durch die Herauslösung aus den vertrauten Lebensumständen entstehen. Die Wirkungen, die sich durch die Trennung für die Gesamtfamilie ergeben, finden keine Erwähnung in der einschlägigen Literatur des Gesundheitswesens, und sie fallen auch nicht in den Zuständigkeitsbereich des Rechtssystems.

Das muß nicht so sein. So verbreitet die Unterbringung in Pflegefamilien auch ist, als staatliche Maßnahme ist sie relativ jung. In seinem Buch *Geschichte der Kindheit* legt Philippe Ariès dar, daß bis zum 15. Jahrhundert die Kinder in Europa als kleine Erwachsene galten. Sie hatten die gleichen Rechte und Pflichten. Im 16. Jahrhundert begann sich die Vorstellung durchzusetzen, daß Kinder unschuldige Wesen seien, die es von der Erwachsenenwelt abzusondern und vor ihr zu schützen gelte. Zu einer sozialen Frage wurde die Kindheit jedoch erst im 19. Jahrhundert. Seit dieser Zeit ist die staatliche Unterbringung in «Pflegschaftsverhältnissen» zu beobachten. Zwar scheint auf den Ritualen des Londoner Familiengerichts die Patina von Jahrhunderten zu liegen, tatsächlich aber gibt es sie in dieser Form noch nicht einmal zehn Jahre. Sie entsprechen den Richtlinien, die nach Fällen wie dem der Maria Colwell geschaffen wurden, damit die englischen Sozial- und Jugendbehörden wirksamer reagieren können, wenn Kinder in Gefahr sind. Diese Richtlinien ersetzten frühere, die ihrerseits frühere ersetzt hatten. Jede Epoche hat ihre eigene Auffassung über Kinder, Familie und Gesellschaft.

Wie sieht unsere Gesellschaft ihre Verantwortung? 1970 wurden 0,38 Prozent aller Kinder in den Vereinigten Staaten in Pflegefamilien untergebracht. Aus vielen Studien ging hervor, welcher Schaden dabei angerichtet wurde. Im wesentlichen ergaben sich die folgenden Tatsachen:

1. Es werden wenig Anstrengungen unternommen, eine Un-

terbringung zu vermeiden. Alan Gruber hat in Massachusetts die Unterbringung in Pflegefamilien untersucht und berichtet, in 93 Prozent der befragten Herkunftsfamilien habe man nicht das Gefühl gehabt, daß vor der Unterbringung des Kindes irgendwelche Anstrengungen unternommen worden seien, den Verbleib des Kindes in der angestammten Familie zu ermöglichen. In vielen Fällen wurde die Einweisung in die Pflegefamilie durch eine bestimmte Krise beschleunigt. Die Familien berichteten, sie hätten keine Hilfe erhalten, bis die Krise zum Ausbruch gekommen und das Unterbringungsverfahren eingeleitet worden sei. Gruber weist außerdem darauf hin, daß in 90 Prozent der Fälle die Unterbringung auf Schwierigkeiten der Eltern zurückzuführen war und nicht auf Beeinträchtigungen oder Verhaltensprobleme des Kindes.

2. Sobald das Kind einmal aus der Ursprungsfamilie herausgenommen worden ist, wird wenig getan, um eine Rückkehr zu ermöglichen.

3. Während das Kind in der Pflegefamilie lebt, ist der Kontakt zwischen ihm und den leiblichen Eltern minimal.

4. Wenn ein Kind in einer Pflegefamilie untergebracht ist, nimmt die Wahrscheinlichkeit einer Rückkehr in die Ursprungsfamilie mit der Länge der Trennung ab. Und trotzdem fehlt es an langfristiger Planung. Gruber berichtet, daß in Massachusetts 83 Prozent der Kinder noch nicht einmal probeweise in ihre Ursprungsfamilien zurückkehrten.

Was für Wege bieten sich an, die für das Kind weniger traumatisch sind, zu besseren Ergebnissen führen und im Endeffekt eine geringere finanzielle Last bedeuten? Der Gedanke ist einfach genug, wenn wir, statt immer nur die negativen Auswirkungen der Familie auf das Kind im Auge zu haben, auch ihre Fähigkeit zu Entwicklung und Heilung bedenken.

Wie wäre es, wenn man die Familien, die Kinder in Pflege nehmen, so organisierte, daß sie zu Pflegefamilien für *Familien* würden? Die Eltern der Pflegefamilie würden dazu ausgebildet, die gesamte Familienstruktur zu berücksichtigen und in erster Linie darauf hinzuarbeiten, den Grund für die Unterbringung zu beseitigen oder die Rückkehr des Kindes in die Ursprungsfamilie vorzubereiten. Mit anderen Worten, Pflegefamilien würden lernen, das Kind im Kontext zu sehen und sich am Modell der erweiterten Familie auszurichten. So würden die Pflegefamilien zu fachkundigen Mitarbeitern in der Kinder- und Jugendhilfe. Der größte Vorteil dieses Ansatzes läge darin, daß sich das Hauptaugenmerk von der Intervention verschöbe zur Vorbeugung. Durch ein solches Programm könnte auch eine frühzeitige Rückkehr der Kinder in ihre Herkunftsfamilien erleichtert werden. Dazu wäre nur ein wichtiger Schritt erforderlich: eine Veränderung des Blickwinkels – fort von der «Rettung des Kindes», hin zum Begriff der «Hilfe für Familien».

Das herrschende Denkmodell führt zu einer scharfen Trennung des untergebrachten Kindes von der Ursprungsfamilie, auch wenn Gesetze und Richtlinien die Rechte der leiblichen Eltern so nachdrücklich vertreten, daß viele Kinder, die sonst adoptiert werden könnten, ihre Kindheit damit verbringen, von einer Pflegefamilie in die andere zu wandern.

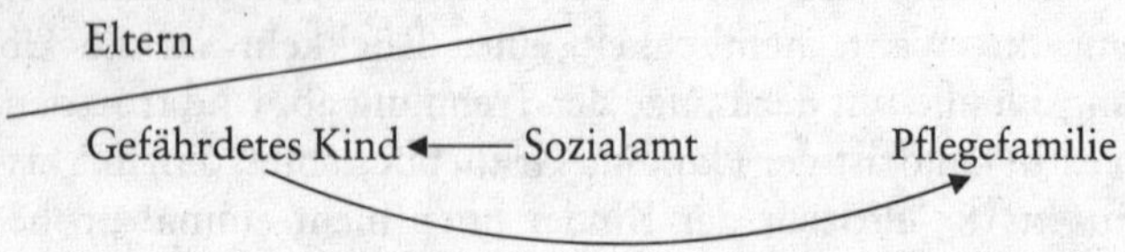

Stellen wir das Ganze um:

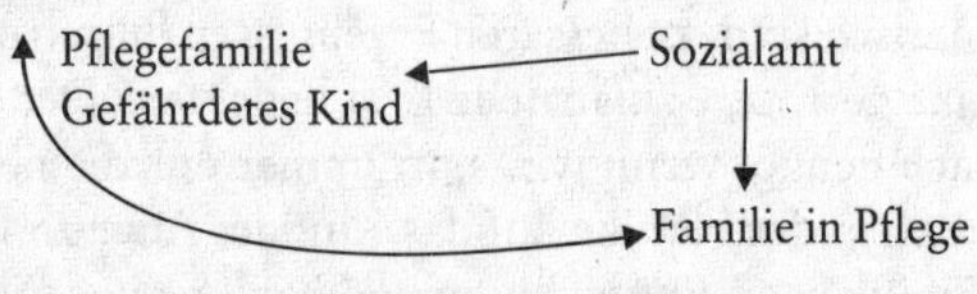

Unter diesem Blickwinkel würde der Erfolg nicht am Überleben, sondern an der Wiedereingliederung des Kindes in seine Familie gemessen.

Nehmen wir weiter an, daß jede Familie, die zwei bis vier

Kinder und ihre Familien in Pflege nimmt, klinische Beratung erhält. Zwei bis vier Pflegefamilien könnten sich zu einem «Verwandtschaftsnetz» zusammenschließen, das dann einer Erziehungsberatung oder einer anderen Behörde angegliedert wäre. Solch ein Netz wäre eine Institution ohne Mauern.

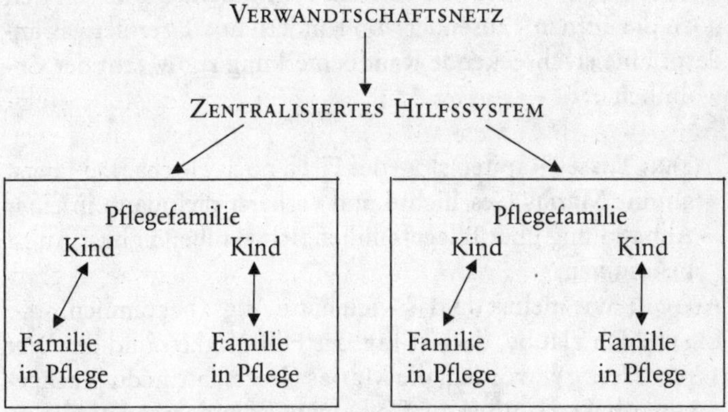

Die Arbeitsweise einer solchen Institution würde von der Einstellung der federführenden Behörde und der Ausbildung der Pflegefamilien abhängen. Doch eine gewisse Ausrichtung ergibt sich auch aus dem Modell selbst.

1. Die Pflegefamilie würde genauere Informationen über das Verhalten des Kindes besitzen, das sie in Pflege nimmt, und sie würde die Familienkultur kennen, aus der dieses Verhalten zumindest teilweise erwächst.

2. Die erfolgreiche Arbeit mit einem Kind und seiner Familie setzt voraus, daß das Kind eine größere Anpassungsfähigkeit an einen förderlichen Familienkontext entwickelt.

3. Der Erfolg der Arbeit würde an der erfolgreichen Wiedereingliederung des Kindes in seine Herkunftsfamilie gemessen werden.

4. Das Modell der erweiterten Familie ließe sich zu einem Netzwerk der Familienhilfe ausbauen und könnte zu einem Labor für soziale Experimente und Planungen werden.

Das Modell würde nicht mehr Mittel und Personal fordern als das gegenwärtige System. Aber ich bezweifle, daß sich die gegenwärtige Praxis der Pflegeunterbringung verändern läßt. Die herrschenden Denkmodelle und die Menschen, die an ihnen festhalten, werden weiterhin den Gang der Ereignisse bestimmen. Daran werden weder die Tode der Marias dieser Welt noch die Tränen Tausender von Kindern und Eltern etwas ändern. Eine erschreckende Randbemerkung zur Macht der Gewohnheit.

LESER: Dieses Kapitel ist weder Fisch noch Fleisch. Du fängst an mit Marias Geschichte und verlierst dich dann in einer Abhandlung über Pflegefamilien. Ich glaube, du hast Angst bekommen.

AUTOR: Wie meinst du das – ich hätte Angst bekommen?

LESER: Ich glaube, du bist mit der Hilflosigkeit und der Wut nicht fertig geworden, die Marias Geschichte in dir wachgerufen haben, und es war dir unangenehm, ihre Familie zu verteidigen. So fühltest du dich gezwungen, ein Zeichen der Hoffnung zu setzen.

AUTOR: Damit wird zur Gewißheit, was ich schon die ganze Zeit geahnt habe – du bist ein Psychologe. Doch das will ich dir gar nicht vorwerfen, du hast wahrscheinlich recht.

LESER: Du solltest die Abhandlung «Anatomie eines Mordes, von Salvador Minuchin» nennen. Sie steckt voller Umdeutungen.

AUTOR: Ich denke nicht, daß ich die Dinge nur aus ästhetischem Vergnügen kompliziere. Um die Wahrheit zu sagen, mir hat bei diesen Ausführungen ein Aufsatz von Erving Goffman große Dienste erwiesen, den ich vor einigen Jahren gelesen habe. Es ging um einen Angestellten, der paranoide Ideen entwickelte. Die Kollegen im Büro reagierten auf sein Verhalten, indem sie sich zurückzogen, heimlich über ihn sprachen, verstummten, wenn er sich näherte, und seinem Blick auswichen: kurz, sie verhielten sich in einer Weise, die seine Verfolgungsvorstellungen bestätigte. Ich glaube, so haben sich die Kepples gefühlt.

LESER: Wie bequem du dir deine «Wirklichkeit» zurechtlegst. Manchmal ist sie nur eine psychologische Konstruktion. Doch wenn du deinem Kontextfimmel frönst...

AUTOR: Du hast ja recht. Aber ich nicht weniger. Wenn du systemisch denkst, so hat die Wirklichkeit viele Aspekte, je nach dem Kontext und dem Blickwinkel des Betrachters.

LESER: Gut, was ist mit deiner Vorstellung, Familien in Pflege zu nehmen? Hat man sie schon einmal erprobt?

AUTOR: Natürlich, in der Familie Minuchin und wahrscheinlich in Millionen anderen Familien. Offiziell jedoch nur einmal, wenn ich recht informiert bin. Eine Behörde bekam einen Zuschuß für ein solches Projekt, verfing sich dann aber so hoffnungslos im Durcheinander der bürokratischen Vorschriften, daß sie das Geld einfach zurückgab. Eine hübsche Geschichte, nicht wahr? Trotzdem halte ich den Gedanken nach wie vor für vernünftig.

Elternmord
Pierre Rivière

Ich, Pierre Rivière, Mörder meiner Mutter, meiner Schwester und meines Bruders, und gewillt, die Beweggründe mitzuteilen, die mich zu dieser Tat gebracht haben, habe das ganze Leben aufgeschrieben, das mein Vater und meine Mutter während ihrer Ehe zusammen geführt haben. Ich war zugegen bei den meisten Begebenheiten... was den Anfang angeht, habe ich meinen Vater davon erzählen hören, als er mit seinen Freunden, ebenso mit seiner Mutter, mit mir und mit jenen, die davon Kenntnis hatten, darüber sprach. Danach werde ich sagen, wie ich mich dazu entschlossen habe, dieses Verbrechen zu begehen, was [ich] damals dachte und welches meine Absicht war...»

So beginnt ein seltsames Dokument, das 1835 von einem französischen Bauern verfaßt wurde. Er beschreibt dort den dreifachen Mord, den er gerade begangen hat. Pierre Rivières «Mémoire», die Geschichte des Prozesses, die Anklageschrift, zeitgenössische medizinische Gutachten und andere einschlägige Dokumente wurden 1973 von Michel Foucault herausgegeben.

Ich las das Buch, nachdem ich mich mit dem Fall Maria Colwell auseinandergesetzt hatte, und war verblüfft von den Übereinstimmungen zwischen beiden Fällen. Maria wurde von ihrem Stiefvater umgebracht. Pierre ermordete seine schwangere Mutter und zwei seiner Geschwister (was uns daran erinnert, daß die Gewalt in der Familie nicht ausschließlich von den Eltern ausgeht). Auch die Stellungnahmen zu beiden Fällen sind ähnlich. Der von der Krone eingesetzte Ausschuß, der Marias Tod zu untersuchen hatte, konzentrierte sich auf das Sicherheitsnetz, das so ausschließlich auf das einzelne Kind zugeschnitten ist, daß es Maria nicht retten konnte. Die gerichtspsychiatrische Kontroverse zu Pierres Zeit beschäftigte sich ausschließlich mit dem Geisteszustand des Mörders. Ein Jahrhundert später unternahmen Foucault und seine Mitarbeiter eine soziokulturelle Analyse des Falles. In beiden Fällen wird der Organismus, der zwischen Kind und Gesellschaft vermittelt – die Familie –, außer acht gelassen.

Pierre selbst beschäftigt sich in zwei Dritteln des «Mémoire» mit seiner Familie. Was geschieht, wenn man Pierre unter dem Blickwinkel seiner Familie betrachtet? Die Morde bleiben, natürlich; alle Fakten, die wir von Pierre erfahren, wurden unter diesem Gesichtspunkt zusammengetragen. Wie im Falle Maria Colwell wissen wir, wer es war, aber wir wissen nicht, was es war. Wie sah das Umfeld der Tat aus? Wer waren die Komplizen des Mörders? Und wie zogen seine Opfer den Blitzschlag an?

Pierres «Mémoire» wurde auf Verlangen des Gerichts niedergeschrieben, war aber schon vor der Tat im Geiste entworfen als sorgfältige Rechtfertigung des Geschehens. Foucault wertete sie nicht nur als Beschreibung, sondern auch als Triebfeder, welche die Tat auslöste. «Aus der Maschinerie des Mord-Berichts macht er das Geschoß und zugleich die Zielscheibe; durch diesen Mechanismus wurde er in den realen Mord hineingetragen... Er war schließlich in einem doppelten Sinne Urheber des Ganzen: Urheber des Verbrechens und Urheber des Textes.» Mich interessiert vor allem die Beschreibung, die Pierre von seiner Familie gibt, denn sie rekonstruiert den Kontext der Gewalttat.

«Zusammenfassung der Leiden und Bedrängnisse,
die mein Vater von seiten
meiner Mutter erdulden mußte
von 1813 bis 1835

Mein Vater war der zweite der drei Söhne von Jean Rivière und Marianne Cordel, er wurde in Rechtschaffenheit und in der Religion erzogen, er zeigte sich stets sanft und friedlich und freundlich zu den Leuten, auch war er bei allen, die ihn kannten, gern gesehen.»

Leider war Pierres achtbarer Vater Pierre-Margrin Rivière wehrdiensttauglich – eine gefährliche Situation im Jahre 1813. Deshalb bemühte er sich um seine Freistellung. Durch einen gewissen François le Comte aus Courvaudon ließ er um die Hand der Victoire Brion anhalten. Sechs Monate später «schloß man dann den Ehevertrag in Gegenwart des Herrn Le Bailly, Notar zu Aunay. Die Bestimmungen des Vertrages besagten, daß eine Gütergemeinschaft des in die Ehe eingebrachten Mobiliars und Zugewinngemeinschaft bezüglich der unbeweglichen Güter zwischen den Gatten bestehen solle...» Von diesem ersten Vertrag bis zur Auflösung der Ehe einundzwanzig Jahre später beschreibt Pierre die Vorgänge zwischen seinen Eltern als eine endlose Kette von Streitigkeiten über Verträge und von Prozessen über Vertragsbrüche. Die Probleme begannen fast sofort: «Am Tage der Hochzeit schliefen sie nicht beisammen, weil die Ausmusterung noch nicht vorbei war, sagte meine Mutter: er braucht mir nur ein Kind zu machen und dann zum Militär gehen, und was wird dann aus mir? Da dies vernünftig schien, bestand mein Vater nicht darauf, daß sie jetzt bei ihm schlief.» Statt dessen ging Pierre-Margrin zu seiner Familie nach Aunay zurück, während sich die Braut zu ihren Eltern nach Courvaudon begab.

Pierre wurde 1815 geboren. Es folgten Victoire (1816), Aimée (1820), Prosper (1822), Jean (1824) und Jule (1828). Die Kinder wurden wie die Besitztümer Gegenstand endloser Streitigkeiten.

«Zu dieser Zeit... wohnte ich bei meinem Vater in Aunay. Ich war drei oder vier Jahre alt, als meine Mutter in Begleitung ihrer Mutter kam, um mich abzuholen. Sie fand mich auf der Wiese, wo man beim Heuen war... da nahm sie mich ohne jemand ein Wort zu sagen und trug mich weg. Weil ich schrie, lief mein Vater hinter ihr her und sagte, daß er nicht dulde, daß sie mich... mitnehme... Da hub sie auf der Straße zu schreien an: ich will mein Kind wieder, ich will mein Kind wieder, und sie ging stracks zum Friedensrichter, um ihn zu fragen, ob mein Vater ein Recht habe, ihr das Kind vorzuenthalten.»

Die Kinder gehörten zu den Vermögenswerten der Ehe Rivière-Brion und wurden entsprechend aufgeteilt. Die Rechtsstreitigkeiten um die Erfüllung der Verträge betraf die Kinder nicht weniger als den materiellen Besitz. So wanderten die Kinder zwischen den beiden Haushalten hin und her. 1835 nun, zur Zeit des Mordes, gehörten Pierre, Aimée, Prosper und Jean zum väterlichen Haushalt in Aunay, Victoire und das jüngste Kind Jule zur Familie der Mutter in Courvaudon.

Jede Seite der Familie verlangte Treue und bedingungslosen Gehorsam, was bedeutete, daß die andere Seite ständig angegriffen wurde und man versuchte, die Kinder, die sich gerade dort befanden, zum Überlaufen zu bewegen. Pierre-Margrin und Victoire Brion lebten weiterhin in ihren jeweiligen Herkunftsfamilien, in die auch ihre eigenen Kinder eingegliedert wurden, so daß sie als Mitglieder konkurrierender Systeme aufwuchsen. 1835 bot die Familie Rivière folgendes Bild:

Aunay	Courvaudon
Großvater väterlicherseits	Großvater (mütterlicherseits)
(gest. 1826)	(gest.)
Tante	Großmutter (mütterlicherseits)
Onkel (gest.)	(gest.)
Pierre-Margrin Rivière.	. . . . .Victoire Brion *
Pierre	Victoire *
Aimée	Jule *
Prosper	
Jean (gest.)	

* Am 3. Juni 1835 von Pierre ermordet.

Die Fortsetzung des Lebens innerhalb der beiden erweiterten Familien verhinderte, daß sich das Paar als eigenständiges Subsystem konstituieren konnte. Die Kleinfamilie Rivière hatte nie eine Chance. Man ist versucht, die Rivières als «offenes Verwandtschaftssystem» zu bezeichnen und nicht als Kernfamilie. Aber sie lebten in der katholischen Gesellschaft des 19. Jahrhunderts, in der die patriarchalische Kernfamilie die Norm war. Pierre hatte das Gefühl, daß Verwandte, Nachbarn, Priester, Richter und Gott selbst entsetzt mitansahen, mit welcher widernatürlichen Entschlossenheit Victoire Brion es ablehnte, sich ihrem gesetzestreuen Ehemann und Gebieter zu unterwerfen.

Pierre, der Pierre-Margrin half, beide Höfe zu bewirtschaften, war der ergebene Sohn seines Vaters. In den Erinnerungen des Sohnes Pierre wird der Vater Pierre-Margrin stets als ein Muster an christlicher Sanftmut und Ergebenheit geschildert, während Victoire unweigerlich im Unrecht ist, sogar in den Auseinandersetzungen mit der eigenen Sippe: «...ich sah, daß meine Großmutter [mütterlicherseits] und meine Mutter immer noch miteinander stritten, aber meine Mutter hatte die Oberhand über meine Großmutter, die schon schwächer wurde, diese gute arme Frau war ganz unglücklich, sie litt nicht nur unter den unablässigen Streitigkeiten, sondern mehrere Leute erzählen, daß sie gesehen haben, wie meine Mutter sie schlug und an den Haaren zerrte.»

Die Auseinandersetzungen zwischen dem Vater und der Mutter wurden immer heftiger und gewalttätiger, und die Familienmitglieder bezogen Stellung in dem Konflikt. Zahlreiche quer durch die Generationen verlaufende Koalitionen wurden gebildet: Großmutter, Vater und Sohn gegen die Frau; Großmutter, Mutter und Tochter gegen den Vater. Manchmal wechselten die Koalitionen innerhalb der Sippe. Die Eltern versuchten auch, Verbündete im anderen Lager zu gewinnen. Pierre schildert einen Versuch der Mutter, die Unterstützung der Tochter Aimée dadurch zu gewinnen, daß sie ihr von einer angeblichen Liebesaffäre des Vaters berichtet.

Die Bewirtschaftung der Höfe wurde zum Gegenstand ständiger Auseinandersetzungen zwischen Mann und Frau. Sie stritten über den An- und Verkauf von Ländereien, über die Häuser und die Kühe. Die Mutter warf dem Vater vor, er verweigere ihr das Geld, das sie für die Eröffnung eines Ladens haben wollte. Er hielt ihr entgegen, sie verursache unnötige Kosten, um seinen finanziellen Ruin herbeizuführen, und so fort und so fort. Pierres Beschreibung dieser Streitigkeiten ist insofern interessant, als er häufig Zwischenfälle beschreibt, an denen er gar nicht beteiligt gewesen sein kann. Vielleicht waren sie Produkte seiner Phantasie – Wahnvorstellungen, die zur Rechtfertigung seines Verbrechens dienten. Höchstwahrscheinlich jedoch gibt er einfach wieder, was ihm Pierre-Margrin über die Auseinandersetzungen mit seiner Frau berichtet hat, Bekenntnisse, die Pierre im Zuge des Koalitionskrieges anvertraut wurden: Vater und Sohn gegen Frau und Mutter.

1833 starb Pierres Großmutter mütterlicherseits, und Pierres Mutter wurde Haushaltsvorstand in Courvaudon. Nach zwanzigjähriger Ehe verlangte der Vater jetzt, daß die Mutter nach Aunay übersiedele. Man beschloß, daß die Mutter nach Aunay zog und daß Courvaudon verpachtet wurde. Pierre und sein Vater kamen mit einem Karren, um einige Möbel aus dem Haus zu holen. Prompt sahen sich die Beteiligten in den alten, konfliktträchtigen Reigen verstrickt:

«Mein Vater verlangte den Schlüssel zum Speicher, und als sie sich weigerte, ihn herauszugeben, nahm er einen Kasten, der im Haus war, meine Mutter widersetzte sich, da hielt er sie fest und ich lud ihn solange auf mit dem Mann, der mitgekommen war. Während er sie festhielt, fing sie an, ihm das Gesicht zu zerkratzen und biß ihn überall, zu meinem kleineren Bruder Jule, der herbeigekommen war, sagte sie: beiß, beiß ihn, mein Kleiner, beiß ihn, diesen Schuft... aber weil ich sah, daß er ihn belästigte, nahm ich das Kind und trug es ins nächste Haus, wir luden vollends auf und gingen hinweg. Nachmittags kamen wir wieder und bei unserer Ankunft kam das ganze Dorf angelaufen, meine Mutter fing an zu zetern und mein Vater stieg durch ein Fenster ein um in einen Speicher zu kommen, da packte sie ihn bei den Beinen und stürzte ihn von oben herunter, zerbrach seine Uhrkette und zerriß seinen Anzug, er schlug sie überhaupt nicht, aber er sagte, daß er sie im Haus einsperren würde um Ruhe zu haben, er nahm sie auf den Arm um sie wegzutragen, aber sie fuchtelte mit den Händen und biß ihn noch stärker als vorher, da nahm er sie an den Armen um sie ins Haus zu führen, sie aber ließ sich fallen; er zog sie nicht hinter sich her, wie sie nachher behauptet hat, sondern er versuchte, sie wieder aufzuheben um sie zu führen, meine Schwester mischte sich ein und wollte ihn hindern, und ich sah, daß sie ihn störte, da zog ich sie zurück und gab ihr ein paar Ohrfeigen während mein Vater meine Mutter ins Haus führte; sie und meine Schwester schrien beide: Hilfe, er bringt mich um, er ermordet mich, er bringt mich um, Hilfe mein Gott, Hilfe.»

Trotzdem zog die Mutter nach Aunay, so daß die Familie zum erstenmal unter einem Dach vereinigt war. Doch damit fanden die Konflikte kein Ende. «Seit ihren großen Zwistigkeiten hatte mein Vater keinen fleischlichen Verkehr mit meiner Mutter gehabt. Da er sie aber nur wütend machen wollte, wollte er es in der ersten oder zweiten Nacht versuchen. Meine Schwester Victoire hörte was. Da sagte sie: o großer Gott, was tun Sie ihr? Was geht es dich an, sagte mein Vater, ich lasse sie ja schon. Er schlief ein paar Nächte bei ihr, und als er sah, daß sie ihm keinen Bettzipfel und kein Stücklein Kopfkissen auf seiner Seite ließ, und daß sie ihn verletzte, wo sie nur konnte, da schlief er lieber im anderen Bett und meine Schwester und mein Bruder haben seitdem immer bei meiner Mutter geschlafen...»

Die Mutter beschloß die erneute Trennung. Sie strengte einen Prozeß an und verlangte gemäß den Bedingungen des Ehevertrags Möbel, Geld und Vieh zurück. Die Mutter gewann den Rechtsstreit (nach Pierres Auffassung, weil sich der Richter ihre Impertinenz ersparen wollte). Pierre machte sich jetzt große Sorgen um seinen Vater, der Selbstmordgedanken äußerte. Er faßte seinen blutigen Plan, um die Probleme des Vaters zu lösen.

«Das letzte Buch, das ich gelesen habe, war eine Geschichte der Schiffbrüche... Dort las ich, daß wenn die Matrosen keine Lebensmittel mehr hatten, dann opferten sie einen der ihren, den sie aßen, um die übrige Besatzung zu retten, ich dachte mir: ich werde mich auch opfern für meinen Vater; alles schien mich zu meiner Tat aufzufordern...»

Deshalb zog er am 3. Juni 1835 seine Sonntagskleider an und forderte Aimée auf, den Choral «Glücklicher Tag, heiliger Frohsinn» zu singen. Dann nahm er eine Hippe und erschlug seine Mutter, Victoire und Jule. Vorbeikommenden Nachbarn sagte er: «Gebt acht, daß meine Großmutter und mein Vater sich nichts zuleid tun, ich sterbe, damit sie wieder Ruhe und Frieden haben.» Pierre verbarg sich einen Monat lang in Wald und Feld, wurde aber schließlich gefaßt und vor Gericht gestellt. Und damit beginnt der zweite Teil seiner Geschichte, die Reaktion der zeitgenössischen Fachleute auf seinen Fall.

Pierre als krimineller Patient

Ein ortsansässiger Arzt untersuchte Pierre und las sein «Mémoire». Er kam zu dem Schluß, Pierre sei weitgehend normal, und der dreifache Mord sei «nur einer vorübergehenden Exaltation zuzuschreiben, die durch das unglückliche Schicksal seines Vaters vorbereitet wurde». Doch der von der Verteidigung bestellte Psychiater Dr. Vastel bezeichnete ihn als Monomanen. Die Geschworenen sprachen Pierre des Muttermordes schuldig, schlugen aber ein Gnadengesuch beim König vor. Ende des Jahres lasen fünf der namhaftesten Pariser Psychiater in Paris den Bericht von Dr. Vastel, Pierres «Mémoire» und verschiedene Gerichtsdokumente. In ihrem gemeinsamen Bericht kamen sie zu dem Schluß, daß Pierre geisteskrank sei.

Das Todesurteil wurde vom König aufgehoben, und Pierre wurde zu lebenslanger Haft im Zentralgefängnis von Beaulieu verurteilt. Dort erhängte er sich vier Jahre später am 19. Oktober 1840.

Das Urteil: Pierre im Kontext

Für die Regierungsvertreter, Presseleute, Anwälte, Psychiater und Zeitungsleser der damaligen Zeit lautete die entscheidende Frage natürlich: War Pierre zurechnungsfähig? Würde das Verbrechen heute begangen, fiele die Reaktion nicht anders aus. Staatsanwälte, Verteidiger und untersuchende Ärzte würden sich heute wie damals auf die wenigen Seiten des «Mémoire» stützen, auf denen Pierre seinen Charakter anhand von Ereignissen aus seinem Leben beschreibt. Seine Phantasien, seine Beziehungen zu Spielkameraden, das Gefühl, anders zu sein, Träume von großen Taten – das Leben eines sehr einsamen Kindes. Das wären die Daten, an denen sich die psychopathologische Krankheitsbeschreibung ausrichten würde. Doch Pierre selbst widmete zwei Drittel seines «Mémoire» der Beschreibung seiner Familie, dem Kontext seiner Gewalttat. Viele psychotische und normale Menschen haben destruktive Phantasien, die niemals in Handlungen umgesetzt werden. Was war das für ein Kontext, der Pierre Rivière zur Ausführung seiner Tat trieb?

Wie unsere eigene Zeit der technischen Revolution, war Pierres nachrevolutionäre Welt erfüllt von Gewalt. Mehrere seiner Onkel waren in den Kriegen gefallen, die fast ohne Unterbrechung ein Vierteljahrhundert angedauert hatten, und Pierre war im Jahr der endgültigen Niederlage von Waterloo geboren worden. Louis Philippes Regierungszeit brachte relative Stabilität, doch Zwischenfälle willkürlicher Gewalt waren auch damals noch die Regel in Frankreich. In der Familie Rivière-Brion war die Gewalt eine ständige Begleiterscheinung familiärer Interaktionen. Sie war auch eine Methode, Treue zu beweisen. Eine gewalttätige Treue verband Pierre-Margrin und Victoire Brion mit ihren Herkunftsfamilien. Und sie war auch das Band, durch das Pierre mit dem Subsystem des Vaters verbunden war. So war schließlich auch der dreifache Mord ein Akt der Loyalität, der Lehenstreue eines Mitglieds des Subsystems gegenüber dem Führer der Koalition.

Für Pierre, ein einsames und in sich gekehrtes Kind, schien es kein Leben außerhalb der Familie zu geben. Die Konflikte zwischen den Eltern wurden zum wichtigsten Gegenstand seiner Beobachtungen und Phantasien. Er hatte Inzestphantasien und Angst vor Frauen. Hinzu kamen sein religiöser Fanatismus und die Überzeugung, die Geschichte habe bewiesen, daß die Herrschaft von Frauen über Männer unnatürlich sei.

«Jetzt regieren ja die Frauen, dieses schöne Jahrhundert, das sich Jahrhundert der Aufklärung nennt... Ich dachte, daß es für mich sehr ruhmvoll wäre, wenn meine Gedanken denen aller meiner Richter entgegengesetzt wären, wenn ich gegen die ganze Welt antreten würde... Ich sagte mir auch: dieser Mann [Bonaparte] hat Tausende von Menschen umkommen lassen, um eitle Launen zu befriedigen, es ist also nicht gerecht, daß ich eine Frau am Leben lasse, die den Frieden und das Glück meines Vaters stört.

Ich vergaß völlig die Gebote, nach denen ich meine Mutter und meine Schwester und meinen Bruder hätte achten müssen, mein Vater schien mir rasenden Hunden oder Barbaren in die Hände gefallen, gegen die ich die Waffen zu erheben hatte.»

Was für Stimmen hören wir? Die geschlossene Welt der Familie Rivière mit ihrem Argwohn gegen die Außenwelt, gegen die Einrichtungen des Staates, die Richter, die Kirche, den König. Pierre-Margrins und Pierres Empfinden, daß Victoire Brion stets gewann, gaukelte ihm einen Krieg der Geschlechter vor, in der Victoires Tod ein Gewinn für die Menschheit sein würde: «Ich glaubte die Gelegenheit gekommen, um mich zu erheben, daß mein Name in der Welt Aufsehen erregen würde, daß ich mich durch meinen Tod mit Ruhm bedecken würde und daß in künftigen Zeiten meine Gedanken Zustimmung finden würden und daß man mich verherrlichen würde.» Die enge Welt von Pierres Familie mit ihren kleinlichen Streitereien, ihren Prozessen, ihrem Verlangen nach Treue und ihrer aggressiven Konkurrenzhaltung wurde von Pierre durch donquichottische Verzerrung in eine strahlende Welt verwandelt, in der es galt, die «Dame» zu töten, um den «König» zu retten.

Doch diese Phantasien entwickelten sich langsam – nicht in der Isolierung, sondern im Dialog und im Handeln. Pierre war stets hineingezogen in die Kämpfe der Eltern, und immer war er auf der Seite des Vaters. Er schlug seine Schwester Victoire und seinen Bruder Jule, während der Vater die Mutter festhielt. Wie seine Schwester Victoire war er Zeuge der Vergewaltigung seiner Mutter, und wie immer verteidigte jedes der Geschwister den Elternteil der eigenen Koalition. Die Gewalt in der Familie wurde ständig in Gegenwart und mit Hilfe des gesamten Clans ausgetragen.

Man gestatte mir ein Gedankenexperiment. Wie würde ich heute mit der Familie Rivière arbeiten? Sie wäre heute natürlich anders und würde wahrscheinlich von einem Priester geschickt, dem Pierres merkwürdiges Verhalten Sorgen machte, oder von einem Sozialarbeiter, der Bedenken hätte wegen der Gewalttätigkeiten zwischen den Eltern. Auf jeden Fall würde ich mit separaten Gesprächen innerhalb der Subsysteme beginnen. Anfangs würde ich wie immer versuchen, jedem der Familicnmitglieder bei der Kontaktaufnahme das Gefühl zu geben, daß ich ihm in seiner Situation helfen kann. Mit dem nötigen Respekt würde ich mir ihre Realität anhören und auf sie eingehen, aber ich würde ihre Erfahrung auch in Frage stellen und alternative Realitäten vorschlagen, die sich anbieten und Erfolg versprechen. Dabei würde ich ihre Sprache lernen und sie akzentuieren.

Gemäß dem üblichen Muster würde jedes Subsystem der Familie Rivière versuchen, mich von der Richtigkeit seiner besonderen Sichtweise zu überzeugen und auf seine Seite zu ziehen. Daran würde ich erkennen können, wie stark der gefühlsmäßige und geistige Einfluß der familiären Beziehungsmuster auf die Familienmitglieder ist. Ich würde Szenarien entwickeln, um die Familienmitglieder bei der Ausführung ihres üblichen Tanzes beobachten zu können. Ich würde die junge Victoire bitten, sich mit der Großmutter zu unterhalten, und würde beobachten, wie die Mutter sich in diesen Dialog einmischt. Ich würde Aimée bitten, sich mit Pierre oder dem Vater zu unterhalten, und würde auf Unterbrechung durch das dritte Mitglied hinweisen. Ich würde die Kinder in ihrer Loyalität gegenüber der Familie so bestärken, daß sie sie in Frage stellen würden.

Nach zwei oder drei Sitzungen mit jedem Subsystem würde ich um ein Treffen der Gesamtfamilie bitten, würde aber nach Möglichkeit die Großmütter veranlassen, mit mir zusammen die Rolle von Beobachtern zu übernehmen. Während der Sitzungen würde ich die Eltern bitten, sich miteinander zu unterhalten, und das Eingreifen der Koalitionen beobachten: Pierre/Prosper/Vater/Aimée/Großmutter väterlicherseits oder Mutter/Großmutter mütterlicherseits/Victoire (den kleinen Jule würde ich wahrscheinlich auffordern, während des ersten Interviews mit den beiden Subsystemen zu Hause zu bleiben). Allmählich würde ich anfangen, die «Hilfsversuche» der Koalitionsmitglieder abzublocken, entweder in scherzhafter Weise oder – was wahrscheinlicher wäre – autoritär, und ihnen klarmachen, daß solche Hilfe keinen Nutzen bringt oder respektlos ist, oder ihnen irgendeine andere Begründung nennen, die in ihrem Wertsystem sinnvoll klingen würde. Wahrscheinlich waren Hilfsbereitschaft, Treue und Gerechtigkeit sehr wichtige Begriffe in der Familie Rivière.

Dann würde ich versuchen, das Subsystem der Geschwister zu aktivieren, wobei Pierre und Victoire in den Mittelpunkt zu rücken wären, während Aimée oder Prosper als «Kotherapeut» dienen könnte. Ich würde zeigen, wie sie Meinungsverschiedenheiten ausfechten, die nicht ihre eigenen Konflikte, sondern die der Eltern sind – daß sie nur als Marionetten oder Schattenfiguren agieren. Wahrscheinlich würde ich mein Erstaunen darüber zum Ausdruck bringen, daß Pierre, obwohl er sehr intelligent ist, die Gedanken des Vaters übernimmt und sich nicht seine eigenen macht, und ich würde mir laut und vernehmbar die Frage stellen, warum das so ist. Nach und nach würde ich auf die Vorzüge und Stärken jedes einzelnen Familienmitgliedes zu sprechen kommen, um seine Selbstachtung zu stärken. Pierre und die junge Victoire würde ich rückhaltlos unterstützen, jedoch auch in Frage stellen. Ich würde ihre individuellen Fähigkeiten und Möglichkeiten hervorheben, aber auch ihre Engstirnigkeit herausstellen – wobei ich sie allerdings von jeder Schuld daran freisprechen würde, denn der Grund für ihr kindisches Verhalten ist die Hilfe, die die Eltern verlangen, und ihre unglaubliche Treue. Gleich darauf würde ich die Partei der Eltern ergreifen, indem ich die Hilfsversuche der Kinder als Mißachtung der elterlichen Fähigkeiten und Möglichkeiten hinstellen würde. Ich glaube, es wäre möglich, Pierre und Victoire zu einer Koalition gegen die Einflußnahme der Eltern zusammenschließen, weil solche Koalitionen zu den möglichen Schritten in diesem Familientanz gehören würden. Wenn es gelänge, Pierre und seine Schwester in einem Pas de deux zu vereinen, könnte das Pierres Verhalten normalisieren und ihn dazu bewegen, die Kommunikation mit Gleichaltrigen aufzunehmen.

Hier läßt mich meine Phantasie im Stich. Was käme dann? Wahrscheinlich würden mir die Familienmitglieder den weiteren Weg zeigen. Die Rivières dieser Welt sprechen mit verschiedenen Stimmen, aber sie sind mehr oder weniger bereit, dem Therapeuten weiterzuhelfen, wenn er sich helfen lassen will, wenn es ihm gelingt, sie davon zu überzeugen, daß er an ihrem Schicksal interessiert ist und wenn er ihnen eine Reihe möglicher Wirklichkeiten anbieten kann. Elemente von Gewalttätigkeit während der Sitzungen wären nicht auszuschließen, aber in den vielen Jahren meiner Arbeit mit Familien mit straffälligen Jugendlichen habe ich kaum jemals Situationen erlebt, die ich nicht verbal oder durch einen geordneten Rückzug hätte unter Kontrolle bringen können. Ich bin der Meinung,

Familiengewalt muß durch Familienbehandlung geheilt werden. Nur wenn man die Gewalt von einem Familienmitglied fortnimmt und sie in die Interaktionen zwischen den Mitgliedern verlagert, läßt sich feststellen, welche Distanz erforderlich ist, um der Gewalt ihren zerstörerischen Charakter zu nehmen.

Wie Geisteskrankheit und Verantwortung ist auch der Begriff der «Unzurechnungsfähigkeit» ein juristisches und kein psychiatrisches Konzept. Nach den Morden lag dem medizinisch-juristischen Establishment der Zeit daran, Pierres Grad von Zurechnungsfähigkeit festzustellen. Und es kam zu einem korrekten Ergebnis. Pierre war verrückt. Aber natürlich war er auch vernünftig und begabt, wie aus Foucaults Analyse hervorgeht. Aus unserer Perspektive ergibt sich folgendes Bild: Der Organismus Pierre/Pierre-Margrin/Victoire Brion war gewalttätig und geisteskrank (und in diesem Kontext war auch Pierre psychotisch), während der Organismus Pierre/Aimée/Großmutter mütterlicherseits vernünftig war (und entsprechend war Pierre als Teil dieses Musters gesund).

Wenn wir Pierre in seiner Familie betrachten, beginnen wir zu verstehen, in welchem Maße seine Gewalttat einfach eine Fortsetzung der Gewalt seiner Zeit, seiner Gesellschaft und seiner Familie war. In diesem Kontext erschien der Mord als der logische Ausweg aus einer Sackgasse, in der sich die beiden Systeme befanden, weil sie sich weder vereinigen noch – infolge ihrer gegenseitigen wirtschaftlichen Abhängigkeit und der rechtlichen Situation – trennen konnten. Als Pierre sich schließlich selbst umbrachte, zog er damit nur einen passenden Schlußstrich unter eine Geschichte, in der man seine Treuepflicht durch Gewalttaten erfüllte.

LESER: Familientherapie mit einer Familie aus dem 19. Jahrhundert? Damit gebührt dir zumindest ein Preis für Originalität, nehme ich an. Und ich gestehe, ich bin beeindruckt von deinen diagnostischen Kategorien. Das System Pierre/

Vater / Mutter ist psychotisch. Aber ist ein diagnostisches System dieser Art nicht außerordentlich unergiebig?

AUTOR: Natürlich. Aus Gründen der Einfachheit müssen wir uns wieder dem einzelnen unter Vernachlässigung des Kontextes zuwenden – das erinnert mich immer an den Betrunkenen, der seine Schlüssel mitten auf der Straße verloren hat, aber zur Straßenecke zurückkehrt und dort sucht, weil dort eine Laterne ist. Unsere Neigung, dem Leben eine Ordnung aufzuzwingen, vereinfacht die Dinge, entstellt sie jedoch auch.

LESER: Aber wie kannst du einen Prozeß therapeutisch behandeln, ohne ihn zu identifizieren?

AUTOR: Ich dachte, ich hätte den Prozeß der Gewalttätigkeit identifiziert, indem ich ihn in einer bestimmten Dreierbeziehung lokalisiert habe. Das scheint deinen Ordnungssinn zu verletzen.

LESER: Mir geht es nicht um Ordnung. Ich möchte wissen, wer verantwortlich war.

AUTOR: Das möchte ich auch.

LESER: Die Mutter war eines von Pierres Opfern. Er hat sie umgebracht. Willst du ihren Tod gegen alle Beweise als Selbstmord hinstellen?

AUTOR: Pierres «Mémoire» zeigt, daß es Selbstmord war – genauso wie Mord natürlich.

LESER: Das ist wieder typisch für dich. Aber wenn Gewalt gegen einen Menschen verübt wird, muß es eine klare Trennung zwischen Täter und Opfer geben.

AUTOR: So einfach ist das nicht, wenn du mit Familien zu tun hast. Wie du sehen konntest, mußte ich sogar eine Diagnose erfinden: «magersüchtige Familie», obwohl doch Anorexia nervosa eindeutig die Krankheit eines einzelnen Menschen ist.

LESER: Der Urheber einer Gewalttat muß für seine Tat verantwortlich gemacht werden.

AUTOR: Ich glaube, ich habe Verständnis für deine Verwirrung. Dir geht es um die Gewalttat und ihre Sühne – möglicherweise auch Wiedergutmachung. Das ist der Gesichtspunkt des Rechtssystems. Mir geht es um das Verständnis – und wenn möglich die Vorbeugung – des Gewaltaktes. Das wäre die Aufgabe des Sozial- und Gesundheitswesens: das Erkennen von Kontexten potentieller Gewalt, bevor sie verübt wird.

LESER: Nach deiner Auffassung müßte ja die gesamte Beziehung zwischen Rechts- und Gesundheitswesen auf eine völlig neue Grundlage gestellt werden.

AUTOR: Das müßte sie in der Tat.

Eine Alternative
Gewalt und Heilung

Lars und Astrid Anderssons seit vierzehn Jahren bestehende Ehe litt unter ständig wiederkehrenden Gewaltausbrüchen. Im nüchternen Zustand war Lars umgänglich, freundlich und ziemlich schüchtern. Unter dem Einfluß von Alkohol neigte er zu Wutanfällen. Astrid und ihre vierzehnjährige Tochter Sonja lebten in ständiger Angst vor diesen Explosionen. Etwa sechs Wochen vor dem folgenden Interview feierte Astrid ihren zweiunddreißigsten Geburtstag. Während der Feier bat sie Lars, das Videoband «für Erwachsene» zu holen, das sie in Schweden gekauft hatten, weil sie es ihrer Schwester und ihrem Schwager leihen wollte. Lars tat, worum sie ihn gebeten hatte, doch in dieser Nacht griff er ihr an die Kehle, drohte, sie zu erwürgen, und zwang sie so zu sexuellen Handlungen.

Astrid wandte sich an ein Frauenhaus, um sich über ihre rechtlichen Möglichkeiten zu informieren. Man bot ihr dort Hilfe für eine Trennung an. Statt dessen ging sie nach Hause zurück, und das Familienleben nahm seinen Fortgang wie bisher. Der Hausarzt verschrieb ihr ein Beruhigungsmittel, doch sie litt unter «nervösen» Anfällen, bei denen sie sich unter Zukkungen am Fußboden wand. In der nächsten Woche kam Sonja sechs Minuten nach der vereinbarten Zeit nach Hause. Lars hielt es für angemessen, ihr für jede Minute, die sie zu spät gekommen war, eine Ohrfeige zu verabreichen. Vor dem sechsten Schlag versuchte Sonja, ihm Einhalt zu gebieten: «Wenn du mich noch einmal schlägst, werde ich dir das nie verzeihen!» Außer sich vor Wut versetzte ihr Lars anstelle der letzten Ohrfeige einen regelrechten Faustschlag. Sonja fiel zu Boden und verletzte sich das Ohr. Sie mußte ins Krankenhaus eingeliefert werden, wo man ihr mitteilte, daß sie auf diesem Ohr möglicherweise schwerhörig bleiben würde.

Ich habe diese beiden Gewaltausbrüche in der Familie Andersson bewußt in einer neutralen Sprache geschildert. Tatsächlich waren sie voller Verzweiflung, Wut und Hilflosigkeit. Trotzdem empfand ich die Anderssons als ausgesprochen nette Leute – ein bißchen naiv vielleicht, aber Lars und Astrid kümmerten sich umeinander und um ihre Tochter. Ich mochte sie, und sie mochten mich, und da liegt der Hase im Pfeffer: Theoretisch hasse ich Männer, die Kinder mißhandeln oder Frauen vergewaltigen. Ich kann über solche Fälle nur mit höchster Abneigung lesen. Gelegentlich habe ich meine Frau geschockt mit der primitiven Vorstellung, Kastration sei eine angemessene Strafe und Abschreckung für Vergewaltigung – gewiß nicht die maßvolle Reaktion eines Wissenschaftlers. Wie konnte ich dann Lars oder Astrid verstehen? Warum setzten sie eine Ehe mit so destruktiven Mustern fort? Und genauso wichtig: Wie sollen wir reagieren, wenn wir als Fachleute in solchen Situationen zur Hilfe gerufen werden?

Als Systemiker bin ich der Ansicht, daß die Transaktionen zwischen Familienmitgliedern einem elliptischen Muster folgen. Jede Handlung ist ein Mittelpunkt – eine Reaktion oder ein Stimulus in einer Reihe rekursiver Schleifen. Doch wie läßt sich dieses theoretische Modell mit seinem logischen Determinismus auf Menschen wie die Anderssons anwenden? Lars hat seine Frau vergewaltigt, daran gibt es keinen Zweifel. Er hat Sonja krankenhausreif geschlagen, und der Verlust ihrer Hörfähigkeit ist eine direkte Folge seines sechsten Schlages, kein Mittelpunkt in einer rekursiven Schleife. Doch wenn wir uns auf den Gewaltakt konzentrieren, wie können wir dann intervenieren?

Lars und Astrid könnten sich trennen, nur scheinen sie das beide nicht zu wollen. Man könnte ihnen das Sorgerecht für Sonja entziehen und diese in einem Heim oder einer Pflegefamilie unterbringen, was die allein zurückbleibenden Eltern dann aber auf immer als gewalttätig und unfähig abstempeln würde. Man könnte Lars vor Gericht oder, weniger kraß, unter Beobachtung stellen. Doch das hieße, mit der Brechstange zu reagieren. Fraglos muß etwas geschehen. Alles weiterlaufen zu lassen wie bisher, ist keine Antwort, genauso wenig wie das Nichtwahrhabenwollen und Verheimlichen, das eine so häufige Begleiterscheinung von Alkoholismus und familiärer Gewalt ist.

Feministinnen haben für solche Fälle Frauenhäuser gegründet, wo mißhandelte Frauen Schutz vor der Brutalität ihrer Ehemänner und – was noch wichtiger ist – eine Gemeinschaft verständnisvoller Frauen finden, die ihnen helfen, sich aus den verhängnisvollen Beziehungsmustern zu lösen. Einige Gruppen haben sich die schwierige Aufgabe gestellt, Männern und Frauen bewußtzumachen, in welcher Weise unsere Kultur unsere Reaktionen bestimmt und einengt. Doch viele dieser Zufluchtsstätten halten ihre Türen für Männer verschlossen, nicht nur für die gewalttätigen Verwandten, sondern für jedes Exemplar der Spezies, auch die Angehörigen der «Helferberufe». Das ist wiederum nur eine Lösung, die verstümmelt.

In einem erschütternden Buch über Inzest und sexuellen Kindesmißbrauch (*I Never Told Anyone*) werden Männer und ihre Opfer als Produkte ihrer Kultur beschrieben.

«Männern wird beigebracht, Macht und Gewalt mit Wohlbefinden gleichzusetzen. Viele suchen sich dieses Gefühl so verzweifelt und rücksichtslos zu verschaffen, daß sie auch vor den Körpern von Kindern nicht haltmachen. Ihr Beschützerinstinkt dem Kind gegenüber ist zu schwach, als daß er ihnen Einhalt gebieten könnte, ihr Wunsch nach Herrschaft zu stark.»

«Ein kleines Mädchen kann sexuell benutzt werden, weil sie ein Besitztum, weil sie biologisch unfertig oder weil sie eine verlockende, sexuell ansprechende Verführerin ist... Wenn sie vergewaltigt wird, dann läßt sie der ihr kulturell aufgenötigte Sexualitätsbegriff schuldig werden. Jeder Versuch von seiten des Kindes, den Vergewaltiger bloßzustellen, stellt zugleich ihre eigene vorgebliche Minderwertigkeit und die ihr unterstellten sexuellen Motive bloß, so daß die Schande auf sie zurückfällt und nicht auf den Täter.»

Die Herausgeber dieses Buches entwickeln aus einer Reihe von schrecklichen Geschichten über männliche Gewalttätigkeit ein Programm, das Kinder und Frauen in die Lage versetzen soll, männlicher Destruktivität Widerstand zu leisten. Ich habe für ihre Auffassung viel Verständnis, aber ich bin wie im Falle der englischen Gerichtspraxis der Meinung, daß ihre Epistemologie und damit auch ihre konkreten Maßnahmen zur Erhaltung und Verstärkung dessen beitragen, was sie angreifen. Wer den Mann als Ungeheuer zeichnet, bringt den Betroffenen ihre individuelle Isolierung zu Bewußtsein und verewigt die defensive Aggression als Reaktion auf Aggression. Das Ziel müßte vielmehr sein, auf die wechselseitige Abhängigkeit der Menschen einzugehen und ihre Strukturen zu verbessern.

Doch kommen wir zurück auf die Anderssons. Wie beschrieben, ging Astrid zu Lars zurück, aber sie erklärte ihm, die letzten Vorfälle hätten das Faß zum Überlaufen gebracht, und wandte sich mit ihm an eine familientherapeutische Beratungsstelle in Oslo. Die Familie war seit einem Monat in Therapie, als ich im Rahmen einer Gastdozentur an dieses Beratungszentrum kam. Irene Levin, die Therapeutin der Anderssons, schlug mir vor, an einer Sitzung teilzunehmen. Sie fand auf norwegisch statt, wobei Irene Levin sowohl als Therapeutin wie auch als Dolmetscherin fungierte (die übersetzungsbedingten Unterbrechungen sind hier fortgelassen). Astrid und Sonja verstehen Englisch und können es auch ein bißchen sprechen; gelegentlich ließen sie ein englisches Wort einfließen. Die Mitarbeiter des Zentrums beobachteten die Sitzung durch einen Einwegspiegel, wo meine Frau und Mitarbeiterin Pat die Sitzung fortlaufend analysierte.

Wir begannen mit der ganzen Familie, wobei wir uns auf die Kommunikation zwischen Vater und Tochter konzentrierten.

Rasch zeigten sich die gewohnten Muster. Ihr Umgang war spröde und unbeholfen. Das Gespräch war von langen Pausen unterbrochen, durch die Astrid sich veranlaßt fühlte einzugreifen. Bald sprach Sonja nur noch mit der Mutter. Auch wenn Lars sich direkt an Sonja wandte, richtete sie ihre Antwort an Astrid, die dann die Erwiderung der Tochter an Lars weitergab. Das Thema schien recht einfach: Sonja wollte ein Mini-Fahrrad haben. Anscheinend hatten alle ihre Freunde eins. Und das war genau Lars' Einwand: «Diese ganze Bande interessiert mich nicht.»

Therapeutischer Ansatzpunkt war natürlich nicht diese Meinungsverschiedenheit, sondern die Beobachtung, daß Lars und Astrid irgendwie übereingekommen waren, die Kindererziehung sei Aufgabe der Mutter. Deshalb verwandten wir die erste Hälfte der Sitzung darauf, die Möglichkeiten der Zweierbeziehung Vater/Tochter zu erkunden und Astrid daran zu hindern, die Transaktionen der beiden zu unterbrechen. Ich plauderte mit Sonja in einer freundlichen, wertneutralen Art, bemüht, Lars diese Möglichkeit als Modell vor Augen zu führen, ließ dann die beiden miteinander sprechen und veranlaßte Astrid, mit mir zusammen *die Beobachterrolle zu übernehmen*. Wir wollten feststellen, ob die beiden lernen konnten, sich zu unterhalten. Ihr Gespräch war steif, aber positiv und erlaubte eine Übungsaufgabe: Sie sollten den anderen jeweils über die eigene Person informieren. Astrid hatte viel über die Männer zu lernen. Lars konnte es ihr vermitteln. Lars wußte offensichtlich wenig über junge Frauen. Ob sie ihre Horizonte gegenseitig erweitern konnten?

Offensichtlich war Lars' Gewalttätigkeit gegenüber seiner Tochter nicht (wie in manchen Fällen) auf eine zu enge Beziehung zurückzuführen, sondern auf Distanz – er war unfähig, Kontakt zum eigenen Kind herzustellen. Das hing sowohl mit Astrids Stellung zwischen den beiden wie auch seiner Unbeholfenheit zusammen. Deshalb bezog ich Astrid als Kotherapeutin ein. Ob Astrid es erlaube, daß sich Lars und Sonja in der kommenden Woche dreimal eine Stunde – nicht länger – zusammensetzten und sich voneinander erzählten? Ich erhielt Astrids Erlaubnis und ihr Versprechen, daß sie sich nicht einmischen werde. Ich versicherte ihr meinerseits, daß es zu keinerlei gewalttätigen Vorfällen kommen würde. Sonja wurde nach Hause geschickt, während die Eltern blieben.

Aus dieser Zusammenfassung geht nicht hervor, wie schwierig der Prozeß war. In der konkreten Sitzung hatten wir es zu tun mit einer zu Recht wütenden Jugendlichen, einer zu Recht wütenden Mutter und einem Vater, der sich in ein defensives Schweigen zurückzog. Um dieses Muster zu durchbrechen, mußte ich mich mit jedem Familienmitglied verbünden, es bestärken und unterstützen, ihm Vertrauen einflößen, seine Abhängigkeit von mir fördern und akzeptieren, «magisches» Material einbringen (wie zum Beispiel die Gewißheit, mit der ich künftiges Verhalten vorhersagte), die Wut der Frauen eindämmen und die Bereitschaft der Familienmitglieder wecken, sich aktiv am Veränderungsprozeß zu beteiligen.

Das mag ein bißchen resignativ wirken – da wird der Mann in Ruhe gelassen und sein gewalttätiges Verhalten mit einem Achselzucken übergangen. Doch ich halte das für die einzige vernünftige Art, mit familiärer Gewalt umzugehen. Inzwischen dürfte meine Einstellung deutlich geworden sein. Ich kann mich nicht für den Familienzusammenhalt einsetzen, wenn sich die Familienorganisation für ihre Mitglieder als destruktiv erweist. Dann ist es angeraten, der Familie bei der Trennung zu helfen. Doch wenn die Familie ihre Einheit bewahren möchte und ich das für machbar halte, muß ich mich zu meiner Aufgabe bekennen und der Familie bei ihrem Veränderungsprozeß helfen.

Dazu mußte ich meine ganze Überzeugungskraft aufbieten. Alle Familienmitglieder bewegten sich auf unbekanntem Gelände, und ich selbst hatte mich in eine heikle Situation manövriert. Wenn ich diese Aufgabe übernommen und ein positives Ergebnis in Aussicht gestellt hatte, so hatte ich im blinden Vertrauen auf die Systemtheorie gehandelt. Aus dem ersten Teil des Interviews mit den Anderssons gewann ich den Eindruck, daß sie nette Menschen seien, aber zu Gewalttätigkeit kann es auch in den Familien netter Menschen kommen. Sie wird nicht ausgelöst durch den Triumph des Bösen über das Gute, sondern durch eine Folge zwischenmenschlicher Ereignisse. Ich ging davon aus, daß die Gewalt zwischen Lars und Sonja immer das Produkt einer Dreierbeziehung war, eines Kontextes, der auch Astrid einschloß. Ich war ziemlich sicher, daß es zu keinen Gewalttätigkeiten kommen würde, indem ich den neuen Kontext Lars/Sonja/ich herstellte. Der zweite Teil des Interviews betraf nur das Ehepaar.

MINUCHIN: Lars, wir haben bisher über Dinge gesprochen, die die ganze Familie betrafen. Doch wie sieht die Beziehung zu Ihrer Frau aus?

ASTRID: Er merkt gar nicht, was vor sich geht. Neulich hat er sogar seine Eltern hineingezogen.

LARS: Das war nicht ich. Du hast sie hineingezogen.

ASTRID: O nein! Sie waren da, das war alles. Diesmal haben sie gesehen, was wirklich vor sich geht.

LEVIN: Was ist geschehen? Wo liegt das Problem?

ASTRID: Der Erfolg war, daß mein Mann noch mehr trank. Viel mehr. Und dann hat er eine Menge blödsinniger Sachen gemacht. Das ist es im wesentlichen. Ich habe die Eltern meines Mannes um Hilfe gebeten. Ich traute mich alleine nicht nach Hause.

LEVIN: Sind Sie auch dieser Meinung, Lars? Ist das das Problem?

LARS: Ja. Wie sie sagt.

ASTRID: Kurz vor Weihnachten haben wir beschlossen, daß du zwei Gläser pro Tag trinken kannst. Aber du hast dein Versprechen gebrochen. Nach Beginn der Therapie haben wir hier beschlossen, daß du überhaupt nicht mehr trinkst, aber du...

LEVIN: Was war Ihre letzte Vereinbarung?
LARS: Daß ich nichts mehr trinke.
ASTRID: Ich sag dir, ich kann es nicht mehr ertragen! Ich fange an zu zittern, sobald ich eine Flasche sehe.
LEVIN: Waren Sie damit einverstanden, Lars?
LARS: Ja. Na ja, wir haben es beschlossen.
M: Was veranlaßt Sie zum Trinken? Warten Sie, Irene. Lassen Sie es mich deutlicher sagen. Wodurch veranlaßt Sie Ihre Frau zum Trinken?

Astrid hatte keine Probleme, Lars auf seine Gewalttätigkeit gegenüber Sonja anzusprechen. Seit sie mit ihm allein ist, hat sie ihre Taktik geändert und wirft ihm nur noch sein Trinken vor. Damit werden die zwischenmenschlichen Konfliktpunkte ausgeklammert: Lars' Unbeherrschtheit, seine Erwartung, daß Astrid sich unterordnet und seine physische Gewalttätigkeit – dies alles verflüchtigt sich, und als einziges Problem bleibt das Trinken. Das ist ein Konfliktbereich, in dem sich die beiden endlose Vorwürfe machen können, ohne daß eine Notwendigkeit zur Veränderung besteht. Ich darf diese Defensivstrategie nicht durchgehen lassen, muß mich aber zunächst mit ihnen auf ihren ausgetretenen Pfad begeben: sein Trinken und ihr Versuch, sein Trinken einzuschränken.

LARS: Für mich ist so ein Glas wirklich sehr entspannend.
M: Wodurch bringt sie Sie zum Trinken? Was gibt es da in Ihrer Beziehung, das Sie dazu bringt zu trinken?
LARS: Ich... das ist schwierig. Ich weiß nicht.
M *(an Levin)*: Er muß darüber nachdenken. Er hört nur auf zu trinken, wenn er weiß, wodurch Astrid ihn zum Trinken bringt. Denken Sie gemeinsam darüber nach.
ASTRID: Du empfindest es als Niederlage, wenn ich sage, daß ich dich verlasse, wenn du trinkst. Letztes Wochenende habe ich dich vor die Wahl gestellt: ich oder die Flasche. Aber für ihn ist es eine Niederlage, wenn er nicht beides kriegt.

Astrid hat recht, aber ihre Lösung beschränkt sich noch immer auf das: «Er muß mit dem Trinken aufhören.»

LARS: Nein! Ich muß das selbst entscheiden.
M: Sie sind schon nahe dran, aber ganz verstehen Sie es noch immer nicht.
LARS: Wenn ich es verstehen würde, gäbe es kein Problem.
ASTRID: Aber du verstehst, wie nervös ich werde, wenn du trinkst. Viele schlimme Sachen sind passiert, wenn du getrunken hattest.

Geradezu beispielhaft zeigen Astrid und Lars eine Dynamik, die man in Familien Alkoholkranker häufig antrifft. Der Trinker erklärt sich bereit, nicht mehr zu trinken, hat das Empfinden, vom Ehepartner bevormundet zu werden, und fühlt sich folglich nicht mehr zuständig für sein Trinken. Der/die Trinker/in trinkt weiter, jetzt nach dem Motto «Er/sie hat mir nicht zu sagen, was ich zu tun habe». Mann oder Frau bittet Ehepartner, nicht zu trinken, und so fort.

LARS *(freundlich)*: Du bist immer nervös gewesen.
ASTRID: Deinetwegen!
LARS: Was soll das heißen – meinetwegen? Gibt es irgendeinen Zusammenhang zwischen deinen verdammten Nerven und ...
M: Wie lange sind Sie verheiratet?
ASTRID: Seit vierzehn Jahren.
M: Und Sie sehen den Zusammenhang immer noch nicht?

Im Laufe der Jahre ist Lars' Trinken zur «Ursache» aller Familienprobleme geworden. Diese kausale Fixierung auf das Verhalten einer Person verwischt den Charakter der anderen Familientransaktionen. Lars kann Astrid ihr Verhalten nicht vorwerfen, weil er zugeben muß, daß er der Grund dafür ist. Aber weil er findet, daß er nicht wirklich die Ursache ist, daß er gar nicht so viel trinkt und daß sie einfach die Gelegenheit nutzt, ihm ein schlechtes Gewissen einzuflößen, trinkt er, um zu beweisen, daß er unfair behandelt wird, daß er unabhängig ist, daß er das Recht hat, über sein Leben selbst zu bestimmen, daß er ein Mann ist. In dieser Situation muß man den Trinker dazu bekommen, das Trinken als seine eigene Angelegenheit zu begreifen und sich selbst darum zu kümmern, so daß das Problem zu einer Frage der Selbstverantwortung und der Selbstbeherrschung wird und nicht mehr eine der Unterordnung ist. Paradoxerweise läßt sich dies sehr gut durch Betonen der Komplementarität erreichen: «Wodurch bringt Ihre Frau Sie zum Trinken?» Durch Verlagerung des Trinkens in den zwischenmenschlichen Bereich lassen sich möglicherweise das Trinken selbst und die verschiedensten überlagerten Eheprobleme einer produktiven Exploration zugänglich machen.

M: Sie müssen zusammen darüber nachdenken. Wodurch bringt sie Sie zum Trinken?

ASTRID: Ich habe mir die Frage selbst schon oft genug gestellt. Wodurch bringe ich dich zum Trinken? Am Wochenende habe ich dich gefragt. Bin ich zu herrschsüchtig? Rede ich zuviel? Aber du läßt mir ja keine andere Möglichkeit. Dies ist endgültig deine letzte Chance!

Damit sind sie wieder beim alten Muster. Frau droht, Mann begehrt auf, das nimmt seinen Gang so endlos und unerbittlich wie der Kolben eines Motors.

M: Werden Sie ihn wirklich verlassen, wenn er trinkt? Oder werden Sie tun, was Sie immer getan haben?

ASTRID: Ich werde ihn verlassen!

M: Sind Sie sicher?

ASTRID: Ich habe keine Wahl. Es wiederholt sich immer und immer wieder. Er ändert sich nie. Und ich will nicht mehr! Er begreift nicht, und es passiert wieder und wieder. Vielleicht sind meine Nerven schlechter geworden, aber ich finde, daß er sich immer schlimmer aufführt.

M: Wollen Sie sie auf die Probe stellen, Lars? Betrinken Sie sich heute nachmittag.

LARS: Das will ich nicht.

M: Glauben Sie ihr?

LARS: Na ja… ich wollte, ich könnte nein sagen, aber ich weiß nicht genau.

M: Sie wird Sie nicht verlassen.

ASTRID: Es hat doch keinen Sinn, eine solche Beziehung fortzusetzen. Ich habe überhaupt kein eigenes Leben mehr. Ich habe nur noch Angst. Jedes Wochenende, jedes Glas…

M: Aber er glaubt nicht, daß Sie ihn verlassen.

ASTRID: Das liegt daran, daß ich es vorher schon oft gesagt habe. Aber dieses Mal bin ich wirklich…

M *(zu Lars)*: Betrinken Sie sich heute nachmittag. Sie verläßt Sie nicht. Ich kann Ihnen das versprechen. Sie verläßt Sie nicht.

Die Anderssons sind vertraut mit ihrem eigenen Muster. Sie haben es im Laufe der letzten Jahre oft genug durchgespielt. Bemerkenswert ist, daß im zwischenmenschlichen Bereich noch immer keine Forderungen angemeldet werden. Sie wirft ihm vor, daß er trinkt, daß er die Tochter mißhandelt, daß er ihr das Leben zur Hölle macht. Sie fordert aber nicht, daß zwischenmenschliche Transaktionen verändert werden, sondern nur, daß er zu trinken aufhört.

ASTRID *(zu Levin)*: Warum hält mich Minuchin für so dumm? Warum sollte ich ihn nicht verlassen? Eine Beziehung, die eine solche nervliche Belastung für mich ist… warum sollte ich damit fortfahren, mich selbst zu zerstören? Ich bin sicher, diesmal tue ich es wirklich. Und noch etwas, ich kann nicht mehr zwischen meinem Mann und meiner Tochter stehen. Ich weiß jetzt…

Astrid fällt mir in den Arm und stellt das vertraute Muster wieder her, wobei sie diesmal nicht Lars, sondern mich angreift. Meine Strategie soll die beiden zu einer Konfrontation zwingen. Wie seit vierzehn Jahren vermeidet Astrid das durch ein Sperrfeuer.

M: Sind Sie zufrieden mit Ihrer Ehe, Lars?

Lars: Ja.

M: Könnten Sie sich vorstellen, daß Ihr Leben besser würde, wenn Ihre Frau sich ein bißchen veränderte?

Lars: Ja. Na ja, nicht daß sie sich verändert, aber daß wir uns vielleicht ein bißchen besser verstehen.

M: Sagen Sie ihr, wie sie sich verändern soll.

Ich versuche sie dazu zu bringen, ihre allgemeine Unzufriedenheit miteinander etwas zu konkretisieren. Das wird schwer sein, weil Lars und Astrid trotz ihrer ständigen Streitereien gewohnheitsmäßige Konfliktvermeider sind.

Lars: Wenn deine Nerven besser würden, würde auch unsere Beziehung besser. Du gibst mir das Gefühl, ich wäre dir nicht gut genug.

M *(zu Astrid)*: Wie könnte Lars Ihnen bei Ihrer Nervosität helfen?

Astrid: Er muß begreifen – selbst begreifen –, daß er nicht so viel trinken darf!

Womit wir wieder am Ausgangspunkt sind – aber das kann nicht überraschen. Schließlich bewegen sich die beiden seit vierzehn Jahren in diesem Muster. Außerdem würde es jedem Menschen schwerfallen, sich nicht an einen so augenfälligen Beschwerdegrund zu halten.

M: Sie müssen aus diesem Teufelskreis heraus. Astrid, abgesehen vom Alkoholproblem – vergessen Sie es einen Augenblick –, was erwarten Sie da von Lars?

ASTRID: Na ja, mir wäre es lieb, wenn mir mein Mann mehr Freiheit zum Ausgehen geben würde. Ich würde gern ein bißchen mehr ausgehen. Aber ich habe das Gefühl, er wirft mir das vor, wenn ich es tue.

Das ist schon besser. Astrid akzeptiert meine Voraussetzung und fordert Lars auf, sich in einem Bereich zu ändern, der nichts mit dem Trinken zu tun hat. Das ist ein neues Terrain und – da bin ich mir sicher – geeignet, produktiven Konflikt hervorzurufen. Ich werde versuchen, ihre Forderungen nach Veränderung zu verstärken, muß aber gleichzeitig darauf achten, daß diese Forderungen ihren zwischenmenschlichen Bezug behalten: «Verändere dich in diesem oder jenem Bereich, damit mein Leben lebenswerter wird.»

M: Gut! Das ist sehr gut, wirklich konkret. Lars, Sie haben das Gefühl, daß Ihre Frau Sie bevormundet.

LARS: Ja.

M: Sie fühlt sich von Ihnen bevormundet.

ASTRID: Ich wünschte, er würde mir mehr Freiheit lassen. Ich kann noch konkreter werden. Wenn er mit Freunden Ski laufen fährt, ist das in Ordnung, aber ich darf Weihnachten noch nicht einmal mit Kollegen zu einem Betriebsfest.

M: Warum? Wovor hat er Angst?

ASTRID: Ich weiß nicht.

M: Fragen Sie ihn.

LARS: Du bist oft ausgegangen.

ASTRID: Das stimmt, aber…

M: Fragen Sie ihn!

LARS: Ich habe Angst, sie geht fremd!

Die Welt der Gewalt ist von Vorurteilen geprägt. Frauen sind leichtsinnig, Männer sind Tiere, Kommunisten wollen die Welt erobern, Juden sind die Drahtzieher der Hochfinanz und einige unserer besten Freunde sind Neger, aber wollen wir, daß einer unsere Tochter heiratet? Durch unsere Dichotomien – schwarz und weiß, Mann und Frau, gut und böse, reich und arm, Kultur und Natur, Licht und Dunkelheit, Berg und Bergsteiger – schaffen wir Gegensätze, wo differenzierte Wahrnehmung angebracht wäre.

ASTRID: Warum sagst du das? Habe ich dir je den geringsten Anlaß gegeben?
LARS: Nein, nie.
M: Ist sie Ihnen je untreu gewesen?
LARS: Nie.
M: Aber Sie haben Angst, sie könnte.
LARS: Na ja...
M: Sie ist eine sehr schöne Frau. Sie haben eine bildhübsche Frau. Warum haben Sie Angst, daß sie Ihnen untreu sein könnte?

Ich provoziere Lars, indem ich ein bißchen mit seiner Frau flirte, gleichzeitig aber meinen Eindruck vermittle, daß sie zwar begehrenswert, doch unerreichbar ist. Das ist ein vielversprechendes Gebiet.

ASTRID: Das würde ich auch gern wissen! Ich habe nie...
LARS: Das weiß ich, aber manchmal...
M: Sie will es eigentlich nicht, aber...
LARS: Genau.

Ich mag Lars. Er ist gutmütig, freundlich und unglaublich engstirnig. Wie hat dieser Mann, der an seinem Arbeitsplatz bei allen männlichen und weiblichen Kollegen beliebt ist, solche blödsinnigen Vorstellungen entwickeln können? Wir sind in

Norwegen, in der zweiten Hälfte des 20. Jahrhunderts. Inmitten einer Kultur mit bemerkenswert liberalen Gesetzen, einem vorbildlichen Wohlfahrtssystem, das die Armut besiegt hat, einer Gesellschaft, in der die Frauen die volle gesetzliche Gleichstellung genießen, ist Lars noch immer der Neandertaler, der dem fürchterlichen Säbelzahntiger gegenübertritt: der Frau und ihrer Sexualität.

M: Sie wagen also nicht, sie ausgehen zu lassen. Wie alt sind Sie, Astrid?
ASTRID: Zweiunddreißig.
M: Und Sie, Lars?
LARS: Vierunddreißig.
M: Warum behandeln Sie sie dann wie ein kleines Mädchen?
LARS: Das tue ich nicht.
M: Natürlich tun Sie das.
LARS: Du bist oft mit deinen Freundinnen ausgewesen, und auch mit Männern. Sieh mal, es ist wahr, daß ich Angst habe, es könnte mal was passieren. Du denkst, du kennst dich aus, aber…
M: Wenn Sie sie wie eine Sechsjährige behandeln, wird sie Sie wirklich verlassen. Das muß sie ganz einfach. Sie sind mit einer Erwachsenen verheiratet, nicht mit einem Kind.
LARS: Ich sehe das ja gar nicht so. *Sie* behaupten das.
M: Wenn Sie Ihrer Frau nicht erlauben, erwachsen zu sein, muß sie Sie verlassen. Sie ist kein Kind, noch nicht einmal eine Jugendliche wie Sonja. Sie müssen ihr vertrauen.
LARS: Ich vertraue ihr! Ich lasse sie jederzeit ausgehen.
ASTRID: Nicht in den letzten beiden Jahren.
M: *(zu Levin)*: Aha. Das Problem ist nicht nur der Alkohol. Er bevormundet seine Frau. Und sie bevormundet ihn.
ASTRID: Nein.
M: Doch, Sie bevormunden ihn ganz schön!
ASTRID: Das tue ich nicht.
M: Er fühlt sich von Ihnen beaufsichtigt.

LARS: Das ist richtig.
ASTRID: Ich verstehe das nicht! Wenn er mit *seinen* Freunden ausgehen möchte, sage ich…
M: Sie müssen verstehen, wie Sie Ihren Mann bevormunden. Er fühlt sich von Ihnen bevormundet.
ASTRID: Stimmt das?
LARS: Ja.
M: Sie trauen ihm überhaupt nicht über den Weg. Sie lassen ihn noch nicht einmal mit seiner Tochter sprechen. Sie glauben, er ist ein wildes Tier. Sie beaufsichtigen ihn, weil Sie Angst haben, er verliert die Fassung. Und er muß Sie beaufsichtigen, weil Sie sich sonst benehmen wie eine Hure.

Wenn Lars meint, «daß unser diese zarten Wesen sind,/und nicht ihr Lüsten» (Shakespeare), so hegt Astrid eine spiegelbildliche Auffassung: Männer sind fühllose Tiere. Seit vierzehn Jahren zeigen ihnen ihre täglichen Transaktionen das Gegenteil. Jeder ist auf den Kummer des anderen eingegangen und hat ihm geholfen. Beide haben sie sich zur Komplementarität der Zweierbeziehung hin verändert. Doch in ihren Konflikten feiert die individuelle Engstirnigkeit fröhliche Urständ.

LARS: Das ist nicht wahr!
M: Natürlich ist es wahr. Deshalb behandeln Sie sie, als wäre sie sechs. Sie müssen sich gegenseitig beaufsichtigen, weil Astrid Sie für ein Tier hält und Sie sie für eine Hure.
LARS: Das stimmt nicht ganz.
M: Kommt es der Sache nahe?
LARS: Na ja, wenn eine Frau fremdgeht, ist sie deshalb noch keine…
M: Ich habe übertrieben. Glauben Sie, Sonja könnte eine Hure werden?

Ich benutze die Sprache wie eine Keule. Lars und Astrid sind mir sympathisch, zugleich fühle ich mich aber unendlich viel älter oder zumindest differenzierter. Sie kommen mir vor wie Kinder, die sich in einem selbstgesponnenen Netz verfangen haben. Ich bin der weise alte Mann mit der Lösung für ihr Rätsel. Wenn ich ihre Ängste aufgreife und sie in groben, deutlichen Worten zum Ausdruck bringe, benutze ich die Absurdität, um damit vielleicht eine aussichtsreichere Perspektive zu eröffnen.

LARS: Nein! Nicht daß sie eine Hure wird. Gewiß, ich mag die Clique nicht, mit der sie sich herumtreibt. In ein oder zwei Jahren…
M *(an Levin)*: Sind Sie eine Hure?
LEVIN: Nein.
M: Glauben Sie ihr, Lars?
LARS: Natürlich! Ich glaube nicht, daß sie eine…
M: Sind Sie sicher?
LARS: Sicher? Man kann nie sicher sein. Aber soweit ich sie kenne, glaube ich nicht, daß sie… man kann nie sicher sein.

Lars hat die Verästelungen seines Vorurteils niemals ausgelotet. Wie viele Schichten seines Denkens sind infiziert?

M: Man kann nie sicher sein? Jede Frau kann eine Hure sein?
LARS: Nein, das habe ich nicht gesagt.
M: Sie trauen niemandem?
ASTRID: Genau, du traust niemandem!
LARS: Ich traue nur einem Menschen – mir.
M: Trauen Sie Ihrer Mutter? Ist sie eine Hure?

Es ist mir ziemlich unbehaglich, das Interview so auf die Spitze zu treiben. Aber inzwischen weiß ich, daß Astrid und Lars mir vertrauen. Sie wissen, daß ich ihnen helfen möchte.

LARS: Soweit ich weiß, nicht.

M: Aber Sie sind sich nicht sicher. Lars, Sie müssen Ihrer Frau vertrauen. Sie können ihr vertrauen. Und Sie müssen verlangen, daß sie Ihnen vertraut. Sie sind kein Tier.

LARS: In meinen Augen bin ich das sowieso nicht.

M: Und sie ist keine Hure.

LARS: Nein, das ist sie nicht! Und ich finde, daß Sie sehr harte Worte gebrauchen.

M: Sie ist keine Hure. Aber nicht, weil Sie sie beaufsichtigen. Sie ist ein selbständiger Mensch. Sehen Sie sie sich an! Sie ist kein kleines Mädchen. Sie ist eine intelligente Frau. Gutaussehend dazu. Sie sind ein glücklicher Mann, aber Sie müssen ihr vertrauen.

LARS: Im Grunde weißt du, daß ich dir vertraue.

M *(zu Astrid)*: Handeln Sie ein bißchen mehr Freiheit mit ihm aus. Situationen, in denen er beweisen kann, daß er Ihnen vertraut. *(zu Levin)* Wenn es ihnen gelingt, ihre Beziehung ein bißchen zu verändern, kann er mit seiner Frau zusammenleben, ohne zu trinken.

ASTRID: Ich möchte nicht von dir beaufsichtigt werden! Die Art und Weise, wie du dich die letzten beiden Jahre aufgeführt hast...

M: Sie müssen ihm helfen, Frauen zu verstehen, Astrid. Er versteht Sie nicht, er versteht Sonja nicht, er versteht Irene nicht – er versteht Frauen nicht. Wie kommt es, daß Sie seit vierzehn Jahren verheiratet sind und er Frauen überhaupt nicht versteht? *(zu Lars)* Hat sie Sie gar nichts gelehrt?

Dies ist eine der Möglichkeiten, wie man ein Ehepaar dazu bringen kann, das größere Muster zu sehen. Ich kritisiere die Art und Weise, wie Lars Astrid bevormundet, und als Astrid denkt, ich bin auf ihrer Seite, kritisiere ich sie. Auf welcher Seite bin ich also? Auf der des Paares. Das zeigt ihnen beiden, daß es einen übergreifenden Gesichtspunkt gibt.

ASTRID: Ich glaube, er braucht Hilfe. Dabei kann ich ihm nicht helfen.
M: Doch, *Sie* können ihm etwas über Frauen beibringen.

Damit habe ich Astrids Sichtweise in Frage gestellt, indem ich nämlich darauf hinweise, daß Lars' Wissen über sie, Astrid, sich zwischen ihnen beiden entwickelt und daß sie der eine Teil der Dyade ist. Sie lehnt das ab, denn dies bejahen hieße Konflikt bejahen.

ASTRID: Ich weiß nicht, ob ich überhaupt noch helfen will. Ich habe alles versucht. Es hat nicht geholfen.
M: Das haben Sie nicht. Das können Sie nicht, denn wenn er nach vierzehn Jahren Frauen noch immer nicht versteht, dann muß es daran liegen, daß Sie ihn nichts gelehrt haben. Die Art und Weise, wie Sie sich in der Beziehung zu Ihrem Mann verhalten haben, hat ihn nicht gelehrt, Ihnen zu vertrauen. Und Sie, Lars, werden Sie erwachsen! Ich bin seit dreißig Jahren verheiratet – meine Frau sitzt hinter dem Einwegspiegel dort. Sie ist keine Hure. Und das ist Ihre Frau auch nicht.
ASTRID: Lars, du weißt, daß ich nie...
LARS: Ich weiß, aber...
ASTRID: Wir haben sogar ein Kind. Minuchin hat recht. Wie kannst du glauben, daß...
LARS: In Ordnung, ich halt den Mund.
M: Nicht den Mund halten, erwachsen werden!
ASTRID: Und dazu brauchen wir Hilfe, konkrete Hilfe.

Astrids Kritik ist nicht nur direkt, sie hat auch nichts mehr mit dem Trinken zu tun. Sie hat die Rolle als Kotherapeutin akzeptiert und setzt sich mit der Beziehung auseinander.

M: Sie trinken, weil Sie sich zu Hause nicht entspannen können. Und Sie können sich nicht entspannen, weil Ihre Ehe eine Ehe von Kleinkindern ist. Wenn sich das ändert, brauchen Sie nicht mehr zu trinken.

Ich beschreibe das Trinken jetzt als ein Symptom ihrer Beziehung und nicht umgekehrt.

LARS: Du weißt, daß ich Vertrauen zu dir habe.
ASTRID: Nein, das glaube ich nicht. Warum fragst du mich immer nach den Männern im Büro?
LARS: Weil ich mir Sorgen um dich mache, das ist alles. Du denkst immer, alle Menschen sind nett. Du hast keine Ahnung.

Es wird einige Zeit dauern, bis dieser Knoten aufgeht.

M: Gibt es irgendeine Beschäftigung, die Ihnen beiden Spaß macht? Was ist mit den Wochenenden? Könnten Sie an diesem Wochenende zwei oder drei Stunden zusammen ausgehen?
LARS: Ja, wir könnten Ski laufen.
ASTRID: Ski laufen? Nein, ich hasse...
M: Er möchte Ski laufen? Können Sie es?
ASTRID: Natürlich kann ich es. Aber bei ihm muß es immer so schnell gehen, daß ich...
LARS: Nein, diesmal nicht.
M: Können Sie sich dem Tempo Ihrer Frau anpassen, wenn Sie zusammen Ski laufen? Sie wissen, Frauen sind schwach, können Sie sie beschützen?
LARS: Das, was meine Frau da erzählt...
M: Das Problem ist, daß Sie sie nicht kennen und daß Sie Ihre Tochter nicht kennen. Sie kennt Sie nicht, sie denkt, Sie sind ein Tier. Wollen Sie, bevor Sie sich trennen, versuchen, einander kennenzulernen?

ASTRID: Wir brauchen Hilfe.

Diesmal wird die Bitte schon anders vorgebracht. Astrid hofft jetzt auf neue Möglichkeiten.

M: Ja, damit wollen wir anfangen. Ein paar Stunden lang an diesem Wochenende.
ASTRID: Wenn Sie damit meinen, daß ich ihm in bezug auf Alkohol vertrauen soll: das kann ich nicht!

Aber sie hat Angst vor der Veränderung, welche die Aufgabe mit sich bringt. Statt dessen stellt sie lieber wieder Lars' Trinken als das Problem hin. Ich fühle mich verraten. Ich dachte, Astrid sei bereit, einen neuen Anfang zu machen. Aber natürlich war diese Annahme naiv. Warum sollte eine Frau, der körperliche Gewalt angetan wurde, an die gute Absicht ihres Aggressors glauben? Schließlich habe ich nur Möglichkeiten anzubieten. Ich werde nicht dasein, um sie zu schützen, wenn er sie schlägt. Trotzdem weiß ich, daß die einzige Hoffnung für diese beiden Menschen eine Veränderung ihrer Perspektive und die Erkenntnis ist, daß sie sich ein gemeinsames Leben aufbauen müssen. Jede Zerteilung des Organismus würde nur zur Fortdauer des destruktiven Musters führen.

M: Sie haben kein Wort von dem verstanden, was ich gesagt habe. Nicht ein Wort! Ich habe gesagt, Sie sollen endlich anfangen, daran zu glauben, daß Ihr Mann kein Tier ist.
ASTRID: Das soll er mir erst einmal beweisen.
M *(an Lars)*: Sie bringt Sie zum Trinken. Sie beaufsichtigt Sie, und dadurch bringt sie Sie zum Trinken.

Es spielt keine Rolle, auf wessen Seite ich mich schlage. Die Richtung wechselt, aber nicht das Anliegen. Das Ziel bleibt das gleiche: eine andere Art, die Dinge zu betrachten, zu bedenken und zu erleben.

ASTRID: Aber er ist viel stärker.

M: Sie sind sehr stark. Und Sie haben Ihre Tochter und sogar seine Eltern auf Ihrer Seite.

ASTRID: Das weiß ich. Und wenn es das erste Mal gewesen wäre, wäre ich ja auch bereit, noch einmal einen Versuch mit ihm zu machen. Aber es ist einfach zu oft vorgekommen.

Astrid möchte natürlich, daß der Therapeut die Verantwortung übernimmt und die Veränderung des Paares steuert. Ohne diese Zusicherung wird es ihr schwierig erscheinen, Lars Vertrauen entgegenzubringen. Und bei der Arbeit mit einer Familie, in der es zu Gewalttätigkeiten kommt, darf sich der Therapeut vor dieser Verantwortung auch nicht drücken.

M: Irene, sagen Sie ihnen, daß Sie ihnen helfen werden. Doch im Moment ist das Problem, daß Astrid Lars und er ihr vertrauen muß. Sie müssen gemeinsam Dinge unternehmen, die ihnen beiden Spaß machen.

ASTRID: Wir brauchen Hilfe.

M: Sie werden an diesem Wochenende entscheiden, was Sie tun können...

LARS: Ich habe eine Idee.

M: Behalten Sie sie für sich und entscheiden Sie später!

Ich unterbreche Lars, weil ich möchte, daß er das Verdienst für die Einleitung des Veränderungsprozesses außerhalb des therapeutischen Kontextes für sich in Anspruch nehmen kann. Ich beende die Sitzung, indem ich wieder ganz vorsichtig mit Astrid flirte, wodurch ich ihr eine andere Einstellung zu Männern vermitteln und Lars die Möglichkeit geben möchte, es zu akzeptieren, wenn ein anderer Mann auf seine bildhübsche Frau reagiert.

M: Sie sind eine sehr liebenswerte Frau, Astrid. Können Sie auch eine liebenswerte Frau für ihn sein?

ASTRID: Ja.

M: Er muß mehr über Frauen erfahren.

ASTRID: Ich glaube, wir haben gegeneinander gearbeitet.

M: Lars, Sie müssen von Ihrer Frau und Ihrer Tochter lernen. Es ist an der Zeit, daß Sie etwas über Frauen lernen. *(Ich stehe auf, zum Zeichen, daß die Sitzung beendet ist. Irene und das Ehepaar stehen ebenfalls auf und reichen sich die Hand. Dann rufe ich, einer Eingebung folgend, in Richtung des Spiegels.)* Pat! Könntest du bitte hereinkommen? *(Meine Frau tritt ein.)* Das ist meine Frau Patricia. Sie ist Psychologin. Und ich kann Ihnen versichern, daß sie keine Hure ist.

Allgemeines Vorstellen. Alle lächeln und schütteln sich die Hand. Es folgen ein paar Minuten Smalltalk; offensichtlich empfinden Lars und Astrid es als angenehm, in der konventionellen Begegnung mit einem anderen Ehepaar ihre gewinnenderen Seiten zeigen zu können. Die Sitzung ist beendet.

Als sie in der nächsten Woche wiederkamen, brachten uns Lars und Astrid ein Geschenk mit. Es war ein norwegischer Käseschneider, und Astrid bestand darauf, ihn sofort vorzuführen. Lars hatte sich drei Stunden mit Sonja unterhalten, und sie hatten beide Gefallen daran gefunden. Auf Lars' Initiative hatte das Ehepaar einen Wochenendausflug gemacht. Es war eine neue und positive Erfahrung für sie gewesen. Irene Levin hat mich regelmäßig über die Fortschritte der Anderssons unterrichtet. Mit der Therapie hörten sie nach ungefähr vier Monaten auf, doch ein Follow-up achtzehn Monate nach der beschriebenen Sitzung hat gezeigt, daß sich ihre Situation weiterhin verbessert hat. Es hat keine Gewaltausbrüche mehr gegeben, und Lars trinkt nur noch bei gesellschaftlichen Anlässen.

Die rasche Reaktion dieses Paares auf den therapeutischen Input läßt darauf schließen, daß es sich um einen Fall von instrumentaler Gewalt gehandelt hat und daß Lars und Astrid in eine Interaktion verstrickt waren, die von kulturellen Stereotypen genährt wurde: einer Kultur, in der die Androhung von Gewalt und ihre Ausübung Mechanismen sind, mit deren Hilfe sich bestimmte Ziele erreichen lassen. In solchen Fällen läßt sich das Gewaltmuster der Familie häufig durch eine Kombination therapeutischer und erzieherischer Inputs verändern. Ich weiß nicht, was die Zukunft für die Anderssons bereithält. Niemand kann ihnen ein problemloses Gelingen versprechen, nur neue Perspektiven, die sich immer eröffnen, wenn Menschen sich als Teile von einander erleben. Meine Frau und ich jedenfalls schneiden unseren Jarlsbergkäse sorgfältig, so wie es Astrid uns gezeigt hat.

Leser: Der Fall der Anderssons hat mir gefallen. Da konnte man wirklich Hoffnung schöpfen. Aber Maria ... Pierre! Du kämpfst mit Windmühlen. Fühlst du dich wie Don Quijote?

Autor: Ohnmächtig, wütend, halb verrückt und dennoch optimistisch genug, den Kampf immer wieder aufs neue aufzunehmen? Ja, ich glaube, das trifft meine Verfassung.

Leser: Was sind deine Windmühlen? Heuchelei? Gewalttätigkeit?

Autor: Scheuklappen, glaube ich. Wir wissen so viel, aber wir wenden unser Wissen so selten an. Unser Allheilmittel für Gewalt ist das beste Beispiel: Wir kontrollieren, wodurch Gewalt provoziert wird, wodurch wiederum Kontrolle provoziert wird.

Leser: Ja. Deine Szenen vom Gerichtshof scheinen ein unlösbares Dilemma zu zeigen. Die Schutzmaßnahmen selbst scheinen zur Fortdauer des verhängnisvollen Kreislaufs beizutragen. Andererseits verlangt die Gewalt nach Gegenmaßnahmen.

Autor: Es ist das Problem der Blinden, die alle ein Stück vom Elefanten anfassen. Wir pfuschen immer nur an unseren Problemen herum. Stadtsanierung verpflanzt die Armen aus einem Viertel, in dem das Problem der Armut damit gelöst ist – in ein anderes. Kindesmißhandlung verlangt den Schutz des Kindes. Damit kommen Rechtsanwälte, Gefängnisse und Pflegefamilien ins Spiel.

LESER: Aber ich sehe nur zwei Möglichkeiten. Erstens, nicht einzugreifen, um die Verzerrungen infolge partieller Maßnahmen zu vermeiden. Doch das ist unmöglich. Die Gesellschaft muß reagieren, wenn die Abweichung eine kulturelle festgesetzte Schwelle überschreitet. Zweitens, umfassende Veränderung – eine Art trotzkistischer universeller Ideenrevolution. Doch auch das ist unmöglich. Unsere Welt ist so vielfältig, mit so vielen Kulturen – ein heterogenes, pluralistisches Kultur-Allerlei...

AUTOR: Doch wenn wir unsere gegenwärtigen Reaktionsformen beibehalten, dann droht die Zerstörung all dessen, was uns menschlich erscheint.

LESER: Also gut, wie sieht deine Lösung aus? Christliche Nachsicht? Gandhis passiver Widerstand? Einseitige Abrüstung?

AUTOR: Wenn du einen Augenblick nachdenkst, stellst du fest, daß alle diese Ideen eines gemeinsam haben: das Durchbrechen gewohnter Muster. Als unerwartete Reaktion beschwören sie eine Krise im System herauf und die Suche nach neuen Formen.

LESER: Dann sprichst du also doch von der weltumspannenden Revolution!

AUTOR: Ja und nein. Revolutionen, so wie die Menschen sie verwirklicht haben, haben im allgemeinen zu mehr Gewalt geführt. Mir geht es darum, eine Krise heraufzubeschwören.

LESER: Ich glaube, du jonglierst mit Worten, um deine Verwirrung und Ohnmacht zu überspielen.

AUTOR: Da magst du recht haben. Schließlich bewege ich mich auf fremdem Gebiet, denn ich bin weder Philosoph noch Sozialplaner. Aber ich will dir sagen, was ich aus der Beobachtung von Familien gelernt habe: Im Augenblick des Übergangs, wenn die Familien ihre Form ändern, kommt es zur Krise. Alte Muster werden aufgegeben, und es eröffnen sich neue Möglichkeiten, die vielversprechend sind, sich aber nur verschwommen abzeichnen. Die Mischung aus Hoffnung und Unsicherheit, die solche Familien im Übergang kennzeichnet, kannst du im Makrosystem der Welt von Pierre, der Welt von Maria und auf der ersten Seite des «Philadelphia Inquirer» wiederfinden.

LESER: Ist der Versuch nicht gefährlich, soziale Prozesse – die Dynamik der Gesellschaft – anhand der Beobachtung kleiner Gruppen, wie es Familien sind, verstehen zu wollen?

AUTOR: Natürlich. Meine Behauptung ist wissenschaftlich vielleicht nicht haltbar. Aber laß sie mich vertreten, da sie meine einzige Perspektive ist. Nennen wir sie eine Analogie – eine Fabel oder eine literarische Freiheit. Wie du dich vielleicht erinnerst, habe ich im Kapitel «Quartett» von den Schwierigkeiten gesprochen, mit denen die Familie zu kämpfen hatte, weil sich noch keine Sozialstrukturen herausgebildet hatten, die eine Entwicklung ermöglicht hätten. Etwas Ähnliches passiert, denke ich, wenn menschliche Sozialstrukturen Veränderungen unterworfen sind: es fehlt an Stabilität. Das kennzeichnete Pierres Welt, die Jahre nach der Französischen Revolution, es kennzeichnet auch unser Zeitalter, das Zeitalter der technischen Revolution.

LESER: Ich verstehe, worauf du hinauswillst. Aber wir waren uns darüber einig, daß die Gewalt keine notwendige Folge eines solchen Strukturverlustes ist. Die Gewalt, die wir gegenwärtig erleben...

AUTOR: ...wohnt unserer dualistischen Epistemologie inne – dem Entweder-Oder, das behauptet, der Stärkere überlebe. Gewalt ist ein Bestandteil der Vorstellung, daß man überlegen sein muß.

LESER: Das ist Darwins «survival of the fittest».

AUTOR: Im Gegenteil. Darwins «survival of the fittest» ist nicht das Überleben des Stärkeren, sondern dessen, der seiner Umwelt am besten angepaßt ist. Es ist ein Konzept der Kooperation, der wechselseitigen Abhängigkeit.

LESER: Verdammt noch mal! Wir sehen tatsächlich alles durch unsere kulturelle Brille. Und dieses dualistische Denken, dem unsere Technologie zur Verfügung steht...

AUTOR: In der Tat. Die atomare Abschreckung ist ihre grauenhafteste Metapher – die auf die Spitze getriebene Äußerungsform des Entweder-Oder.

LESER: Doch eine ökologische Perspektive, die uns lehrt, daß wir Teile voneinander sind, uns gegenseitig ergänzen...

AUTOR: Sie setzt sich allmählich durch, glaube ich. Mit der technischen Revolution lernen wir, daß wir mit allen anderen verbunden sind. Wenn wir diese gegenseitige Abhängigkeit begreifen, dann können wir vielleicht auf ein Ende des «rücksichtslosen Individualismus» hoffen – des Individualismus des Verbrechers, des Kannibalen, des Eroberers. Vielleicht können wir begreifen, daß unsere Ich-Konzepte in Wirklichkeit gegen das Ich gerichtet sind, weil sie den anderen ausschließen. Vielleicht bekommen wir dann endlich die unendlichen Möglichkeiten der Flexibilität und Kooperation in den Blick.

LESER: Wir scheinen ziemlich weit von der Familie abgekommen zu sein. Möglicherweise aber auch nicht. Doch laß mich zum Schluß noch eine Frage stellen. Siehst du irgendeine Chance, daß die Veränderung der Familie zu einer Veränderung der Gesellschaft führt?

AUTOR: Nein. Die Veränderung findet an vielen voneinander unabhängigen Ecken statt, aber sie wird den gesamten gesellschaftlichen Bereich nur langsam erobern. Dann wird es zur Krise kommen und zu einer Suche nach neuen Wegen. Die Unsicherheit, die Verwirrung und das Leid, die solche Veränderung im sozialen Bereich kennzeichnen, werden zu unserer Zeit nicht abnehmen, aber vielleicht eines Tages...

LESER: Wie wird das geschehen?

AUTOR: Ich habe keine Ahnung. Was meinst du?

Dritter Teil:

Muster im Kontext

Der Triumph der Ellen West
Eine ökologische Perspektive

> Wir müssen die Geschichte jenes anderen Wahnsinns erst noch schreiben, der den Menschen in einem Akt höchster Vernunft dazu bewegt, seinen Nächsten einzusperren, mit dem anderen in der gnadenlosen Sprache des Nicht-Wahnsinns zu kommunizieren und ihn durch diese Sprache zu erkennen.
> MICHEL FOUCAULT, *Wahnsinn und Zivilisation*

«Die Ausländerin Ellen West ist die einzige Tochter eines von ihr über alles geliebten und verehrten jüdischen Vaters.» Mit diesem Satz beginnt die Studie «Der Fall Ellen West» von Ludwig Binswanger, dem berühmten Schweizer Daseinsanalytiker, der damals der Direktor des Sanatoriums war, in dem die Patientin behandelt wurde. Die Studie beruht nicht nur auf den Gesprächen, die Binswanger mit ihr geführt hatte, sondern auch auf der Lektüre der Tagebücher und Gedichte. So haben wir es eher mit einer psychoanalytischen Deutung ihrer Erinnerungen zu tun als mit einem Bild des lebendigen Menschen. Binswanger berichtet, daß sie ihr halbes Leben lang den verschiedensten Behandlungen unterzogen wurde. Sie war Patientin bei zwei der berühmtesten Psychiater ihrer Zeit – Emil Kraepelin und Eugen Bleuler – und bei zwei Freudschülern. Im übrigen scheint sie das Leben einer Frau aus dem gehobenen europäischen Bürgertum geführt zu haben. Sie war gebildet, weitgereist, leidenschaftlich interessiert an den verschiedensten Ideen, kultiviert und begrenzt in ihrem Horizont. Mit dreiunddreißig Jahren, kurz vor Ausbruch des Ersten Weltkrieges, brachte sie sich um.

Als ich die Studie vor Jahren zum erstenmal las, faszinierte mich die Frage der Verantwortlichkeit. Wer war, direkt oder indirekt, schuld an ihrem Tod? Nach Edgar Z. Friedenberg zeigt ihr Fall, «wie tief die Daseinsanalyse dem wirklichen Empfinden der Klientin von sich selbst verpflichtet ist». Er folgt Binswangers Deutung, der in ihrem Fall ein Beispiel sieht für den «lebendigen Kampf zwischen einer echten und einer Ersatzform des Seins», und beschreibt ihren Selbstmord als einen Akt existentiellen Mutes: «Besser, man empfindet sein wirkliches Selbst an einem schicksalhaften Tage, als daß man jahrelang auf die übliche Weise weitermacht, für den Fortbestand des Stoffwechsels sorgend, als sei man nicht schon längst gestorben.» Für mich demonstriert der Fall der Ellen West, wie tief die Daseinsanalyse ihrer eigenen Begriffsbildung verpflichtet ist. Unter anderem ist dieser Fall ein Lehrstück über Psychiater, die an ihren Theorien festhalten.

Ein zweites Mal las ich Binswangers Aufsatz zu einem Zeitpunkt, da ich schon mit vielen magersüchtigen Familien gearbeitet hatte, und ich gewann die Überzeugung, daß Ellen West magersüchtig war, wenn diese Diagnose auch nirgends in den Fallbeschreibungen auftaucht. Meine Erfahrung mit magersüchtigen Familien wurde durch viele Stellen bestätigt, die ich in ihren Tagebüchern und Gedichten fand. Daraus resultierte das folgende Stück.

Der Triumph der Ellen West *

ERSTER AUFZUG

ERSTER AUFTRITT

(Ellen sitzt in der Mitte des Zimmers und schreibt in eine kleine Mappe. Ihre Stimme ist zu hören, während sie schreibt.)

Lieber Karl,
Ich habe in meinem Tagebuch gelesen. Ich habe es mit fünfzehn angefangen, und nun umfaßt es achtzehn Jahre... meine erste Liebe... eine Geburtstagsfeier... den Verrat einer Freundin... ein Gedicht an den Frühling, ein anderes an meine Häßlichkeit.

Ich habe heute ein wunderschönes Gedicht von Rilke gelesen.

Narziß verging. Von seiner Schönheit hob
sich unaufhörlich seines Wesens Nähe,
verdichtet wie der Duft von Heliotrop.
Ihm aber war gesetzt, daß er sich sähe.

(Sie hält inne, blickt in den Zuschauerraum und kaut auf dem Stift. In diesem Augenblick kommt ein Nachzügler, ein Mann um die Sechzig mit weißem Haar und Brille, den Mittelgang herunter.)

ELLEN: Mein Herr! Ja, Sie dort, der Sie soeben hereingekommen sind.
ZUSCHAUER *(überrascht und verlegen)*: Meinen Sie mich?
ELLEN: Ja. Könnten Sie bitte heraufkommen und mir helfen?

* An dieser Version von «Der Triumph der Ellen West» hat Carolyn Swift Hammer großen Anteil, die das Stück für eine Aufführung des *Family Therapy Network and American Showcase Theater* am 29. März 1985 in Washington bearbeitet hat.

ZUSCHAUER: Meinen Sie das ernst?

ELLEN: Ja. Ich denke, es ist gut, einen Zeugen zu haben. Könnten Sie nicht zu mir kommen? Bitte!

ZUSCHAUER: Nun ... ja, warum nicht? Und Sie meinen es auch wirklich ernst? Ich wollte schon immer einmal auf der Bühne stehen. *(Er klettert auf die Bühne, steht dann verlegen da und blickt Ellen an. Sie weist auf einen Stuhl. Er setzt sich so, daß er ihr zugewandt ist.)* Was soll ich tun?

ELLEN: Mir helfen zurückzuschauen.

ZUSCHAUER: Ich bin kein besinnlicher Mensch.

ELLEN: Sie sehen aus wie ein freundlicher Mensch.

ZUSCHAUER: Der Schein trügt. Ich glaube nicht an ihn. Ich prüfe, ich halte mich an die Fakten.

ELLEN: Sie sind ein Richter. Hervorragend!

ZUSCHAUER: Richter bin ich eigentlich nicht.

ELLEN: Macht nichts. Dann werden Sie einer. *(Sie steht auf, geht in eine Zimmerecke und holt eine Robe und eine Perücke. Gibt sie dem Mann.)* Bitte schön. Legen Sie sie an.

ZUSCHAUER *(legt Robe und Perücke an; Ellen hilft ihm)*: Wie sehe ich aus?

ELLEN: Es könnte nicht besser sein, Euer Ehren.

RICHTER: Wo wollen wir beginnen?

ELLEN: Mit dem Lebensabschnitt vor meiner Heirat, als ich noch bei meinen Eltern lebte.

RICHTER: Sind sie die Kläger? Wenn ja, müssen sie anwesend sein.

ELLEN: Ich werde sie rufen, Euer Ehren. *(Sie geht zu einer Seitentür.)* Mama? Papa! Bitte kommt herein. Ich habe einen Richter gefunden.

RICHTER: Wie heißen Sie übrigens?

ELLEN: Ellen West.

RICHTER: Und wer ist der Kläger? Wessen sind Sie angeklagt?

ELLEN: Daß ich mager bin, Euer Ehren.

(Ihre Eltern treten ein, bringen sich Stühle mit und nehmen an der Seite der Bühne Platz. Ellen befindet sich auf dersel-

ben Seite, ein paar Schritte weiter. Alle blicken sie den Richter an.)

ELTERN: Können wir anfangen, Euer Ehren?

RICHTER: Unbedingt. (*An Ellen*) Wer ist Ihr Rechtsanwalt?

ELLEN: Ich werde mich selbst verteidigen, Euer Ehren.

RICHTER: Sind Sie sicher, daß Sie keinen Anwalt wünschen? Anwälte wissen, wie sie die Dinge vorzubringen haben. Sie scheinen mir zu jung zu sein, um...

ELLEN: *Ich* bin angeklagt. Ich kenne mich besser als irgend jemand sonst. Ich kenne auch die Kläger. Sie waren dreiunddreißig Jahre lang meine Eltern.

RICHTER: Und... wessen sind Sie angeklagt?

ELLEN: Daß ich mager bin, Euer Ehren.

ELTERN: Mordversuch, Euer Ehren.

RICHTER *(blickt von einem zum anderen)*: Mordversuch?

ELTERN: Ja, Euer Ehren.

RICHTER: Wo ist der Anwalt der Kläger? Wer vertritt Sie?

VATER: Wir werden die Klage selbst führen.

RICHTER *(beunruhigt)*: Wie bitte? Familienfälle sind sehr kompliziert. Möchten Sie nicht doch lieber die Hilfe eines Anwalts in Anspruch nehmen?

MUTTER: Euer Ehren, sie versucht, unsere Tochter umzubringen.

RICHTER: Ich bin verwirrt.

ELLEN: Sie werfen mir vor, nichts zu essen, Euer Ehren.

MUTTER: Sie bringt sich selbst um, Euer Ehren. Seit acht Jahren bringt sie sich langsam um.

ELLEN *(an die Eltern)*: Es ist *mein* Körper. Ihr habt über mein Leben bestimmt; über meinen Körper könnt ihr nicht bestimmen.

RICHTER: Sie können sie nicht anklagen; das ist nicht zulässig. Ihre Eltern haben Sie angeklagt. *Sie* sind die Kläger.

ELLEN: Könnte ich sie nicht anklagen, daß sie... daß sie mir meine Stimme gestohlen haben?

RICHTER: Sie sprechen doch. Ich höre Ihre Stimme.

ELLEN: Ja, aber meine Stimme kann nichts sagen. Sie nehmen mir alle Wörter weg, mit denen man Entscheidungen fällen kann.

RICHTER *(blickt erst Ellen an, dann die Eltern)*: Dann lautet Ihre Anklage also auf... schweren Diebstahl?

ELLEN: Schwerer Diebstahl. Ja, Euer Ehren.

RICHTER *(an die Eltern)*: Und Ihre Anklage lautet auf... langsamen Selbstmord?

VATER: Nein. Versuchter Mord, Euer Ehren.

RICHTER: Und wer verteidigt Sie gegen die Klage Ihrer Tochter?

MUTTER: Wir selbst, Euer Ehren.

RICHTER: Dies ist eine höchst ungehörige Situation. Beide befinden Sie sich zugleich in der Rolle des Klägers und des Beklagten. Wie wollen Sie Ihren Fall führen? Auf was wollen Sie plädieren?

ELTERN UND ELLEN: Auf unschuldig, Euer Ehren.

RICHTER: Sehr verwirrend. Wer möchte den Anfang machen? *(An die Eltern)* Es scheint mir angebracht, daß Sie beginnen, denn Sie sind älter.

VATER *(zu Ellen)*: Wenn du findest, daß wir so schlechte Eltern sind, kannst du deine Klage ruhig zuerst vorbringen.

ELLEN: Ich habe nicht gesagt, daß ihr schlechte Eltern seid. Ihr sagt, ich sei eine ungehorsame Tochter.

MUTTER: Das bist du auch. Sieh dich doch an!

ELLEN: Es ist *mein* Körper. Ich mag ihn so dünn.

MUTTER: Ich werde ebenfalls sterben.

ELLEN: Was?!

MUTTER: Wenn du stirbst, bringst du mich um.

ELLEN: Das ist unfair. Das ist Erpressung!

MUTTER: Ich bin deine Mutter.

VATER: Und ich bin dein Mann. Selbst wenn sie stirbt, müßtest du bei mir bleiben.

ELLEN: Jetzt streitet ihr schon wieder um mich. Warum streitet ihr euch nicht um den Körper eines anderen Menschen?

RICHTER: Halt, ich kann nicht folgen! Sie erscheinen mir wie ein Körper mit drei Köpfen.

VATER: Das ist völlig richtig, Euer Ehren.

RICHTER: Wie soll ich dann über Sie richten? Wie kann ich ein Urteil über einen Teil von Ihnen sprechen?

VATER: Es tut mir leid, Euer Ehren. Sollen wir ganz von vorn beginnen?

RICHTER: Ja, fangen Sie an!

(Licht aus)

ZWEITER AUFTRITT

(Wenn das Licht angeht, sitzen Vater, Mutter und Ellen am Abendbrottisch. Der Richter befindet sich im abgedunkelten Bühnenhintergrund. Der Vater ißt mit offensichtlichem Vergnügen und wischt seinen Teller mit einem Stück Brot aus.)

VATER: Ehrlich gesagt: Ich bin überrascht. Es war köstlich.

ELLEN: Ich habe dir gesagt, daß es dir schmecken würde.

VATER: Wie heißt es auf italienisch?

ELLEN: Calamare en su succo.

VATER: Tintenfisch im eigenen Saft!

ELLEN: Ja. In Palermo bereiten ihn die Händler auf der Straße zu. Er ist dort sehr beliebt und sehr billig.

MUTTER: Er hat eine merkwürdige Beschaffenheit – wie Gummi.

ELLEN: Du willst nur nicht zugeben, daß er dir schmeckt.

MUTTER: Er ist gar nicht so schlecht, wenn man keine Gewohnheit daraus macht.

ELLEN: Unsere Küche ist viel zu konservativ.

VATER: Und deine Aufgabe ist es, unseren Horizont zu erweitern?

ELLEN: Wenn ihr mich laßt.

VATER: Mach dich auf was gefaßt, Martha. Wir werden von Ellen umerzogen. *(Zu Ellen)* Hat dir Sizilien gefallen?

MUTTER: Du siehst sehr gut aus. Ich wußte, die Luft von Sizilien würde dir guttun.

VATER: Ellen hat nichts gefehlt.

ELLEN: Natürlich nicht. Aber ich habe mich dort besser gefühlt.

VATER: Was hast du gemacht?

ELLEN: Oh, geschwommen, gewandert, kleine Dörfer und Ruinen besichtigt. Wir sind zum Ätna gefahren und sind bis zur Spitze des Vulkans hinaufgestiegen. All diese aufgestaute Energie.

MUTTER: Ellen, manchmal erschreckst du mich. Du bist so heftig.

VATER: Es ist alles in Ordung mit Ellen, Mutter. *(Zu Ellen)* Du hast die gleiche Begeisterung, die ich in deinem Alter hatte, und den gleichen Willen zum Erfolg.

MUTTER: Das ist es, was mir Sorge macht! Du arbeitest zu viel, Milton, und du nimmst zu wenig Rücksicht auf dich!

VATER *(lächelnd)*: Du bist immer so besorgt um mich. Wirklich, du bemutterst uns alle.

ELLEN *(unterbricht ihn)*: Wir haben ein paar römische Tempel besichtigt. Es war eine Wanderung von dreißig Kilometern, und Sara hatte keine Lust mitzukommen, da bin ich mit Frieda allein gegangen. Ich war in sehr guter Form. Als Frieda eine Rast machte, bin ich einfach weitergegangen, immer im Kreis um sie herum. Als wir zurückkamen, war ich so hungrig, daß ich eine gewaltige Portion Lammbraten verputzte, einen Liter Wein trank, dazu eine enorme Menge Provolone, das Ganze gekrönt von Schokoladentorte und Schlagsahne. Ich habe über fünf Kilo zugenommen!

MUTTER: Du scheinst mir nicht voller geworden zu sein. Im Gegenteil, ich habe den Eindruck, daß du abgenommen hast. *(Reicht ihr eine Platte.)* Möchtest du nicht noch ein bißchen Nußkuchen? Mary hat ihn extra für dich gebacken.

ELLEN: Nein, er macht dick. Gib Vater noch ein Stück.

VATER *(nimmt sich noch ein Stück)*: Ich nehm noch eins. Ich mach mir keine Illusionen mehr über meine Figur. *(Mutter halbiert das Stück.)* Ich bekomme nur die Hälfte von Ellens Portion?

MUTTER: Du ißt zu viel. Du mußt auf deine Gesundheit achten. Du weißt doch, daß in deiner Familie...

VATER: Was hast du noch gemacht, Ellen?

ELLEN *(nüchtern)*: Inmitten der schönsten Landschaft bin ich der Armut begegnet. Ich habe mich geschämt wegen unseres Geldes, meiner Kleidung, meiner Wanderschuhe.

MUTTER: Wo sind sie?

VATER: Wovon redest du?

MUTTER: Wo sind deine Wanderschuhe? Ich habe sie nicht gesehen, als ich deine Sachen ausgepackt habe.

VATER: Warum hast du ihre Sachen ausgepackt? Das hätte sie selbst tun können.

ELLEN: Ich habe meine Stiefel verschenkt und die Hälfte meiner Kleider. Sie haben mir sowieso nicht gepaßt.

VATER *(langsam und ziemlich ärgerlich)*: Nichts gegen deine Großzügigkeit, Ellen, und dein Mitgefühl für die Armen. Aber fortzugeben, was du nicht von deinem eigenen Geld gekauft hast...

ELLEN: Aber du hast mich doch gelehrt...

VATER: Du hast nicht deinen Reichtum geteilt, sondern meinen...

MUTTER *(rasch unterbrechend)*: Die anderen Wanderschuhe sind in deinem Schrank, Ellen. Sie sind fast neu.

ELLEN *(legt ihr beschwichtigend die Hand auf den Arm)*: Schon gut, Mama, Papa hat ja recht. *(Zum Vater)* Du hast immer recht. Du hattest auch recht, darauf zu bestehen, daß ich mit Georges Schluß mache und nach Hause komme. Ich bin zu jung für eine dauerhafte Bindung und zu leicht zu beeinflussen... Ich verlasse mich auf dich, Papa. Du weißt eben, wie impulsiv ich bin...

VATER *(führt die letzte Gabel Kuchen zum Mund)*: Ich bin froh, daß du das so siehst. Ich war mir nicht sicher, daß du meine Gründe verstehen würdest. Mutter und ich wollten nur das Beste für dich.

ELLEN *(geht zu ihm hinüber, gibt ihm einen Kuß und zerwühlt ihm das Haar)*: Ich weiß. Ich weiß.

VATER *(erfreut von der Zuneigung, die in ihrem Verhalten zum Ausdruck kommt, steht auf, streicht sich über den Bauch, glättet sein Haar)*: Nun, ich muß an die Arbeit. Ich überlasse euch eurem Klatsch, aber nur, wenn ihr nicht über mich herzieht!

ELLEN: Das wirst du nie erfahren!

(Der Vater geht ab. Ellen und die Mutter bleiben am Tisch sitzen. Die Mutter beginnt zu sprechen, sobald sich die Tür schließt.)

MUTTER: Ich bin so froh, daß du es Papa nicht nachträgst. Er hatte sehr gute Gründe, deine Verlobung aufzulösen.

ELLEN: Du weißt doch, ich kann Papa immer nur ein paar Minuten böse sein. Sobald ich darüber nachgedacht habe, wurde mir klar, daß er recht hat. Ich war wütend auf ihn, aber das hat nicht lange angehalten.

MUTTER: Er überlegt sich stets, was das Beste für dich ist. Wir kannten Georges nicht und konnten uns seiner Gefühle für dich nicht sicher sein. Papa muß an die Familientradition denken, und du bist – verzeih – etwas naiv. Du bist romantisch und reich – das ideale Opfer für Abenteurer.

ELLEN: Das war Georges ganz und gar nicht! Aber lassen wir das. Ich bin jetzt zu Hause, wo man mich liebt und beschützt. Sag mir, wie geht es Papa? *(Wendet sich plötzlich dem Richter zu.)* Nehmen Sie dies bitte als Beweisstück eins zu den Akten, Euer Ehren!

RICHTER *(überrascht)*: Wie bitte? Haben Sie mit der Klage schon begonnen?

ELLEN: Ja, Euer Ehren. Ich möchte darauf hinweisen, daß ich einundzwanzig Jahre alt war, mithin volljährig, als meine

Eltern mir, in Fortführung eines Verhaltens, mit dem sie schon früher begonnen hatten, Georges fortnahmen.

RICHTER: Und Sie klagen beide Verdächtige an oder nur Ihre Mutter?

ELLEN: Beide, Euer Ehren.

RICHTER: Der Angeklagte möge bitte auf die Anklagebank zurückkehren. Mr. West!

VATER *(kommt zurück und setzt sich neben die Mutter)*: Sie haben selbst gehört, wie sie gesagt hat: «Ich verlasse mich auf dich, Papa. Du weißt eben, wie impulsiv ich bin...» *(Nimmt ein Notizbuch aus der Tasche und zieht es zu Rate.)* Ja, so hat sie wörtlich gesagt. «Ich verlasse mich auf dich, Papa.» Hört sich das nach Zwang an, Euer Ehren?

MUTTER *(zu Ellen)*: Du hast Papa immer um Hilfe gebeten. Erinnerst du dich an dein erstes Jahr auf dem Gymnasium? Du hast ihn gebeten, mit deinem Geschichtslehrer zu sprechen, weil er dir eine Zwei statt einer Eins gegeben hatte.

RICHTER: Dieser Einwand ist unzulässig – Ellen war damals minderjährig im Sinne des Gesetzgebers. Der Protokollführer wird diese Äußerung streichen, und die Geschworenen werden sie aus ihrem Gedächtnis streichen. *(Er schlägt sich an die Seiten seines Kopfes, zunächst mit der rechten Hand, dann mit der linken.)* In der linken wie in der rechten Gehirnhälfte, bitte.

VATER: Aber ich habe gehandelt, und er hat deine Note im Zeugnis geändert, und dann bist du gekommen, hast dich auf meinen Schoß gesetzt und gesagt, ich sei der beste Vater der Welt.

MUTTER: Und er hat dir gesagt, daß du dich immer auf ihn verlassen kannst. Du hast gesagt – erinnerst du dich, Ellen? – mit *uns* an deiner Seite empfändest du Zuversicht. Ich glaube, du hast «uns» gesagt, aber in Wirklichkeit hast du ihn gemeint. Du hast Papa immer nähergestanden.

ELLEN: Das stimmt nicht. Ich habe dir Dinge erzählt, über die ich nie mit ihm gesprochen habe. Denk an den Abend, als ich mit Mark ausgegangen war und erst um Mitternacht zurückkam. Papa hat das nie erfahren, weil du...

VATER: Wann war das?

MUTTER: Was spielt das für eine Rolle, Milton? Ich wußte, daß du böse sein würdest, und ich wollte dich nicht aufregen.

VATER: Aber dadurch hat sie an Respekt mir gegenüber verloren – und dir gegenüber auch, nehme ich an. Du bist ihre Mutter, nicht ihre Freundin.

ELLEN: Hört auf! Bitte, ich habe Kopfschmerzen.

RICHTER: Das ist alles sehr verwirrend. Einen Augenblick lang dachte ich, ich hätte verstanden, aber dann wurde es wieder verwirrend. Wie soll ich beurteilen, wer schuldig ist, wenn Sie nicht der eigenen Partei treu bleiben? *(Pause)* Fahren Sie bitte fort.

(Vater begibt sich nach hinten zum Richter, während sich das Schweinwerferlicht auf Ellen und die Mutter konzentriert, die sich wieder an den Tisch setzen und in ihrer Unterhaltung fortfahren.)

ELLEN: Sag mir, wie geht es Vater?

MUTTER: Nun, um die Wahrheit zu sagen, es geht ihm nicht sehr gut. Während du im Ausland warst, ist seine alte Angst, morgens aufzustehen, schlimmer geworden.

ELLEN: Macht er sich Sorgen ums Geschäft?

MUTTER: Er redet mit mir nicht übers Geschäft. Er glaubt, ich würde es nicht verstehen – und er hat natürlich recht. Meistens sprechen wir über dich. Er hat immer diese Vorahnungen. Als ob alles...

ELLEN: Aber du kannst ihn auf andere Gedanken bringen.

MUTTER: Nicht mehr. Er ist so reizbar. Besonders morgens, als hätte nachts irgendeine Katastrophe stattgefunden. Er ist ein wunderbarer Ehemann und Vater, Ellen, du weißt es, aber ich muß immer dafür sorgen, daß alles klappt. Dabei spielt überhaupt keine Rolle, ob meine Nerven... *(Sie beginnt zu weinen.)*

ELLEN: Bitte weine nicht, Mama. Ich bin doch jetzt zu Hause, und ich werde...

MUTTER: Und er hat sich so aufgeregt über deine Verlobung! Ich hatte Angst, daß er...

VATER *(steht unvermittelt auf)*: Euer Ehren! Dieses Beweismittel ist unzulässig. Es hat offensichtlich den Zweck, mich als psychiatrischen Fall hinzustellen. Meine Tochter und meine Frau scheinen sich vor Gericht gegen mich verbündet zu haben. Das geht nicht an, Euer Ehren. Meine Frau und ich, wir sind gemeinsam die Kläger. Ich verlange, daß diese Aussage aus dem Protokoll gestrichen wird.

RICHTER: Antrag abgelehnt. Ihre Tochter hat als Klägerin das Recht, Ihre Frau über Sie zu befragen, um Hintergrundmaterial zu sammeln. *(Zu Ellen)* Ich gratuliere Ihnen zu diesem geschickten Schachzug. Der Fall beginnt mir Spaß zu machen. Fahren Sie bitte fort.

(Licht aus)

DRITTER AUFTRITT

(Die Eltern und der Richter sitzen im Hintergrund. Ellen ist allein im Zimmer und schreibt in ihr Tagebuch. Auf dem Tisch steht Essen.)

ELLEN *(laut lesend)*: *Ich bin 21 Jahre alt... und kann nicht atmen in dieser Atmosphäre der Heuchelei und Feigheit, und will etwas Großes schaffen... Ich denke nicht an die Befreiung der Seele: Ich meine die reale, greifbare Freiheit des Volkes von den Fesseln seiner Unterdrücker... Ich will keine Konzessionen machen!... die bestehende Gesellschaftsordnung ist faul, bis auf die Wurzel angefault... Ich möchte*

*Heimat und Eltern verlassen, unter den Ärmsten der Armen leben, Propaganda machen für die große Sache.** *(Nimmt einen Spiegel und betrachtet ihr Gesicht, wobei sie seinen Umrissen mit dem Finger folgt.)* Heuchlerin! Ja, Papa. *(Mit hoher, gekünstelter Stimme.)* Ja, Mama. Ihr habt recht mit Georges. Es tut ja nichts zur Sache, daß ihr ihn nicht kennt; ihr habt die Gabe der Hellsichtigkeit, die nur Eltern besitzen. Wer bin denn *ich*, daß ich eure Fragen in Frage stelle? Ihr werdet immer besser als ich wissen, was das Beste für mich ist. Stimmt das nicht, Papa? *(Blickt in den Spiegel, öffnet den Mund und zieht die Haut ihres Gesichtes kräftig nach unten, um es länger und dünner aussehen zu lassen.)* Du bist ein merkwürdiges Geschöpf, Ellen. Ein Chamäleon. Bei Georges eine Eroberin neuer Horizonte. Bei Papa ein folgsames kleines Mädchen. Herrin vieler Gestalten ist diese Ellen – Dichterin *(schneidet dem Spiegel ein Gesicht)*, radikale Revolutionärin, sanfte Jüngerin, liebevolle Tochter. Verschollen in einem Spiegelkabinett, das ist Ellen. *(Sie steht auf und beginnt, auf und ab zu gehen.)* Nein, ich glaube nicht, daß sie recht gehabt haben. Papa hat mich nicht überzeugt; er hat angeordnet, als wäre ich eines seiner Geschäftsunternehmen. Hätte er sich meinen Brüdern gegenüber genauso verhalten? Ich glaube nicht. Männer müssen lernen, Entscheidungen zu treffen und Verantwortung zu übernehmen. Deshalb befiehlt man ihnen nicht. Man fragt, schlägt vor, überzeugt. Aber ich? Mutter wird gesagt haben *(ahmt die Mutter nach)*: «Milton, ich mache mir Sorgen um Ellen. Sie ist so jung und so impulsiv. Bitte sie, nach Hause zu kommen.» *(Ahmt den Vater nach.)* «Du hast recht, Martha. Ich schreibe ihr noch heute.» Und da bin ich. Ich habe keinen Widerstand geleistet, seine Anordnung noch nicht einmal in Frage gestellt. Ich habe geweint, meine

* Die kursivgedruckten Texte sind Auszüge aus Ellen Wests Tagebuch, wie es von Ludwig Binswanger zitiert wird.

Sachen gepackt und bin nach Hause gefahren. *(Setzt sich hin und blickt in den Spiegel.)* Hätte ich Widerstand leisten können? *(Bläst die Backen auf.)* «Ich bin einundzwanzig, und ich liebe Georges!» Doch was wäre gewesen, wenn sie nachgegeben hätten, wenn ich Georges geheiratet hätte und wenn sich herausgestellt hätte, daß sie recht haben? *(Zieht die Backen ein und betrachtet sich noch immer prüfend.)* Ich nehme zu. Was ist, wenn sie recht haben? Und könnte Papa es ertragen, wenn ich ihm jemals sagte: «Du hast unrecht»? Mama beschützt ihn immer. Sie hat solche Angst vor der Selbstmordneigung, die es in seiner Familie gibt. Egal, wer bin ich denn, daß ich es besser wüßte als sie? *(Blickt ihren Arm an und kneift sich in die Haut.)* Ich werde dick!
(Betrachtet wieder ihr Spiegelbild.)

RICHTER: Sind dies Beweismittel für Ihre Verteidigung oder für die Klage gegen Ihre Eltern? Wer legt diese Beweismittel vor?

ELLEN: Ich, Euer Ehren.

UND DIE ELTERN: Wir, Euer Ehren.

RICHTER: Ich werde keine Störungen zulassen! Ich bitte die Kläger zum Richtertisch. *(Ellen und die Eltern begeben sich zum Richter.)* Sehen Sie, wir müssen irgendeine Einigung erzielen. So geht es nicht. Wir müssen in jedem Auftritt einen Beklagten und einen Kläger haben. Von mir aus können Sie die Rollen von Auftritt zu Auftritt austauschen, aber Sie müssen mir das vorher sagen. Ist das klar?

ELLEN UND DIE ELTERN: Ja, Euer Ehren.
(Ellen, die Eltern und Richter nehmen wieder ihre Verhandlungspositionen ein.)

RICHTER: Wer klagt an?

ELTERN: Wir.

UND ELLEN: Ich.

ELLEN: Ihr könnt mein Tagebuch nicht verwenden! Ich kann nicht dazu gezwungen werden, Beweismittel gegen mich vorzulegen! Stimmt das nicht, Euer Ehren?

RICHTER: In den meisten Fällen ist das richtig, aber Familien sind sehr kompliziert. Man weiß nie, wer...

VATER *(zur Mutter)*: Lassen wir es zu, daß sie ihr Tagebuch als Beweismittel gegen uns vorlegt? Es handelt sich um höchst subjektives Material.

MUTTER: Warum nicht, Milton? Sie ist unsere Tochter. Wenn wir nicht einmal unserer eigenen Tochter helfen, wozu sind wir dann überhaupt noch gut?

VATER: Du hast recht, Martha. Euer Ehren, wir haben uns geeinigt. Ellen wird zunächst als Klägerin auftreten.

ELLEN: Sehr schön. Wie Sie sehen, Euer Ehren, konnte ich noch mit einundzwanzig Jahren Meinungsunterschiede nur in meinen inneren Dialogen äußern. Meine Eltern hatten mich meiner öffentlichen Stimme beraubt. Das haben sie so schlau eingefädelt, Euer Ehren, daß ich den genauen Zeitpunkt des Diebstahls gar nicht angeben könnte. Es kann nicht plötzlich geschehen sein – das hätte ich bemerkt –, es muß ganz allmählich vor sich gegangen sein... Als erste Wörter verschwanden vermutlich diejenigen, die Unzufriedenheit in Restaurants zum Ausdruck brachten, oder wenn wir Verwandte und Freunde besuchten. Zu Hause durfte ich meine Meinung noch sagen, deshalb störte es mich nicht. Doch dann begann es auch zu Hause. Mein Vater stiehlt am hellichten Tage, Euer Ehren. Wenn er wütend wird, beginnen seine Wangen zu zittern. *(Zeigt auf das Gesicht des Vaters.)* Bemerken Sie den Tic, Euer Ehren? Es ist wie ein Signal für mich, meine Worte herunterzuschlucken. Es ist wie eine rote Flagge, Euer Ehren. Wenn einige der Wörter, dir mir für meine eigene Meinung zur Verfügung stehen, diese Schranke passieren, bevor ich sie zurückhalten kann, verliere ich sie für immer. Meine Mutter stiehlt jetzt – das geschieht meistens bei Einbruch der Dunkelheit. Und sie leidet, wenn sie stiehlt. Ganz offensichtlich widerstrebt es ihr, Euer Ehren. Sie setzt sich zu mir, nimmt mich in den Arm, streichelt mich – und wenn ich aufstehe, um fortzugehen, stelle ich fest, daß sie mir die Wörter gestohlen hat, die ich brauche, um Distanz auszudrücken. Ist die Beweislage klar, Euer Ehren?

RICHTER: Für ein Familiengericht mag sie angehen. Ich lasse Ihre Aussage gelten.

VATER *(steht auf)*: Euer Ehren, ich möchte darauf hinweisen, daß sich die Aussage der Klägerin auf eine linguistische Analyse gründet, und das ist eine höchst fadenscheinige Wissenschaft. Ich könnte anhand der gleichen Theorien beweisen, daß sie *unsere* Reaktionen kontrolliert, so daß sie sich im Grunde genommen die Falle selbst aufbaut.

RICHTER: Das sind Zirkelschlüsse, die vor Gericht nicht zulässig sind.

MUTTER *(steht auf)*: Aber Euer Ehren – wir beenden unsere Sätze immer gegenseitig. Wir wissen nie, wer mit einem bestimmten Gedanken angefangen hat.

RICHTER: Ruhe! Wir haben uns auf ein bestimmtes Verfahren geeinigt: Eine Partei klagt an, die andere verteidigt sich.

MUTTER: Aber Familien sind komplizierter, Euer Ehren. Dort sind die Menschen so miteinander verbunden …

RICHTER: Zwingen Sie mich bitte nicht, Madam, Sie wegen Mißachtung des Gerichts zu verwarnen. Wir waren uns einig. Es ist ein einfaches Verfahren: Die eine Partei klagt an, die andere verteidigt sich. Können Sie sich verteidigen, ohne die Klägerin anzuklagen?

VATER: Es ist aber komplizierter, Euer Ehren.

RICHTER: Nicht in meiner Verhandlung.

VATER: Aber in einem neuen Auftritt können wir Beweise gegen sie vorbringen? Darüber, wie sie uns unserer Freiheit beraubt hat?

RICHTER: Natürlich.

(Licht aus)

VIERTER AUFTRITT

(Vater und Mutter sitzen am Tisch, der für zwei gedeckt ist. Sie trinken Wein. Ellen und der Richter sitzen im Hintergrund.)

VATER: Es war ein höchst seltsamer Traum. Zuerst war ich der Kaiser von China und ging langsam durch den Garten, mich der Fasanen und Pfauen erfreuend. Das Bild wechselte. Hier im Hause war ein großes Fest, und der Koch brachte mir ein großes Silbertablett. Köstliche Düfte umfingen mich. Es war ein Canard à la paillard. Die Ente war mit ihrer eigenen Leber gefüllt und in italienischem Rotwein gedünstet. Aber ich saß in einem chinesischen Hundekäfig mitten auf dem Tisch. Ellen und du, ihr habt große Wiener Schnitzel gegessen, mir aber habt ihr Salatblätter durch die Gitterstäbe gereicht!

MUTTER *(lacht)*: Milton, was für eine Phantasie!

VATER: Ich wollte, es wäre ein Traum! Dann könnte ich aufwachen. Doch wir leben in einem Alptraum.

MUTTER: Ich weiß, es ist ein Opfer, Milton, aber ich finde es wunderbar, daß du bereit bist, Vegetarier zu werden. Es wird Ellen so guttun…

ELLEN *(beiseite)*: Immer sprechen sie über mich.

VATER *(dazwischen)*: Ich bin nicht bereit! Ich werde Erbsen und Salat essen, wenn das Ellen hilft, aber ich habe Sehnsucht nach einer guten Kalbshaxe!

MUTTER: Ich weiß, daß du Opfer bringst, weil du Ellen liebst.

VATER: Wenn ich nur sicher sein könnte, daß es ihr auch hilft.

MUTTER: Ich glaube, es hilft. Im Moment ist sie mit großer Begeisterung dabei, alles herauszufinden, was sich über Linsen in Erfahrung bringen läßt. Sie beschäftigt sich damit, wie sie angebaut werden, wie man sie kocht, und sogar, welche Geschichte sie haben.

VATER: Ja, aber wir essen den Löwenanteil ihrer Gerichte, und später haben wir Blähungen... Oh, natürlich, wir entledigen uns ihrer sehr diskret, damit niemand Anstoß nehmen kann. Sie ist ein so feinfühliger Mensch.

MUTTER: Nein, Milton. Ich habe sie beobachtet. Sie ißt wirklich mehr.

VATER: Ja, aber ich glaube, sie nimmt Abführmittel. Ich habe eine Flasche im Badezimmer gefunden.

ELLEN *(beiseite)*: Immer beobachten sie mich.

MUTTER: War es nicht das, was der Arzt dir verschrieben hat?

VATER: Ich kenne meine eigenen Medikamente.

MUTTER: Ich werde es wegwerfen. Ich wiege sie jeden Samstag, und sie hat im letzten Monat zugenommen.

VATER: Merkst du eigentlich, was mit uns geschieht?

MUTTER: Was meinst du?

VATER: Wir sprechen nur noch über Ellen, auch wenn sie nicht da ist.

MUTTER: Wechseln wir das Thema.

ELLEN *(beiseite)*: Ich bin ihr einziges Thema.

MUTTER: Beginnen wir mit dem Abendessen.

VATER: Sehr schön. Was für ein delikates Erbsengericht gibt es heute abend?

MUTTER: Lach nicht. Ich habe heute abend gekocht. Ich dachte, vielleicht könnte ich Ellen dann besser verstehen.

VATER: Du wirst zu einer Geldstrafe von fünfzig Mark verurteilt.

MUTTER: Warum?

VATER: Du hast Ellen erwähnt.

ELLEN *(beiseite)*: Ich bin ihr einziges Thema.

MUTTER: Du hast recht. Tut mir leid. Es gibt gefüllte Tomaten und braunen Reis. *(Wendet sich zur Küche.)*

VATER: Gefüllt mit Hack?

MUTTER: Armer Milton. Nein, gefüllt mit Kichererbsen, aber sie sind sehr lecker. *(Geht in die Küche und erscheint gleich darauf mit einer zugedeckten Schüssel auf einem Tablett.)*

Die Zubereitung ist sogar sehr kompliziert. Ich habe schon gestern damit angefangen.

VATER: Gestern? Und das für einen Topf Linsen?

MUTTER *(tut das Essen auf, während sie spricht)*: Man wäscht die Früchte, weicht sie über Nacht in kaltem Wasser ein, spült sie, kocht sie und spült sie noch einmal, dann kocht man sie anderthalb Stunden.

VATER: Da komme ich auf geschlagene vier Stunden, um simple Kichererbsen zuzubereiten.

MUTTER: Dann habe ich Tomaten genommen, gebratene Zwiebeln und Knoblauch mit den Kichererbsen vermischt, die Masse durchgedreht, Basilikum, Meersalz, schwarzen Pfeffer und Zitronensaft hinzugegeben. Das Ganze habe ich vierzig Minuten im Backofen garen lassen – und hier sind sie: Tomaten gefüllt mit Kichererbsen.

VATER: Mir geht etwas durch den Kopf.

MUTTER: Was?

VATER: Ellen ist heute gar nicht da. Warum essen wir nicht wie normale Menschen?

MUTTER: Sie würde es doch herauskriegen.

VATER: Wie?

MUTTER: Ich weiß nicht. Sie würde Mary bitten, in die Küche zu gehen und den Geruch zu prüfen oder im Abfall nach verräterischen Spuren zu suchen. Ich weiß nicht wie, aber sie würde es herauskriegen.

ELLEN *(beiseite)*: Ich bin ihr einziges Thema.

VATER: Martha, ich fühle mich wie ein Gefangener.

MUTTER: Was meinst du damit?

VATER: Es ist Ellen. Sie hat das Heft in der Hand. Unser Leben richtet sich nach ihren Bedürfnissen.

MUTTER: Sie ist krank.

VATER: Aber wir doch nicht! Warum essen wir, was sie uns vorschreibt?

MUTTER: Ich weiß nicht, Milton. Ich weiß es wirklich nicht.

(Sie beginnen schweigend zu essen. Nach einem Augenblick

begeben sich Ellen und der Richter wieder auf ihre früheren Positionen, Ellen sitzt mit ihren Eltern auf der Anklagebank.)

RICHTER: Das sind sehr schwerwiegende Beweismittel. Haben Sie etwas zu Ihrer Verteidigung vorzubringen?

ELLEN: Ich habe nicht gewußt, daß sie das so empfunden haben.

RICHTER: Das gilt vor Gericht nicht als Entschuldigung.

MUTTER: Kinder wissen nie, wie sehr die Eltern leiden. Stimmt das nicht, Euer Ehren?

RICHTER: Das ist wahr *(hält unvermittelt inne)*... Machen Sie das nie wieder, Madam! Sie dürfen nichts zum Vorteil der Angeklagten vorbringen. Dieses Material ist als Beweismittel gegen Sie vorgebracht worden.

VATER: Ich bitte das hohe Gericht um Nachsicht für das Verhalten meiner Frau. Es ist eben die Art und Weise meiner Kollegin, die Argumente der Verteidigung zu entkräften – sie hält die andere Wange hin und ist besonders liebevoll, wenn die Beklagte ungerecht ist. Das ist eine sehr wirksame Waffe in der Hand einer Mutter, Euer Ehren.

RICHTER: Ich verstehe. In diesem Fall will ich das Vorgehen der Klagepartei gelten lassen. *(Zu Ellen)* Können Sie irgend etwas zu Ihrer Verteidigung vorbringen?

ELLEN *(steht auf)*: Ihr habt allein gegessen?

VATER: Ja.

ELLEN: Wo war eure Tochter?

VATER: Sie hat eine Freundin besucht.

ELLEN: Seid ihr euch sicher, daß sie nicht zu Hause war?

MUTTER: Du weißt doch, daß du...

ELLEN: Beantworte meine Frage! War sie zu Hause oder nicht?

MUTTER: Sie war es nicht.

ELLEN: Warum habt ihr dann ihrem Geist etwas zu essen vorgesetzt? Warum habt ihr so getan, als wäre sie anwesend?

VATER: Weil wir uns Sorgen um dich gemacht haben.

MUTTER: Du bist so dünn!

Ellen: Euer Ehren, die Angeklagte befand sich genau zehn Kilometer vom Schauplatz des Verbrechens entfernt. Sie konnte nicht den geringsten Einfluß auf das Verhalten ihrer Eltern ausüben. Die Ankläger bedienen sich einer doppeldeutigen psychologischen Sprache, wenn sie der Angeklagten die Verantwortung für Handlungen zuschreiben, die sie unter keinen Umständen begangen haben kann.

Mutter: Aber du hast vorhin dein Tagebuch herangezogen, und wir haben deine Gefühle als Beweismittel gegen uns gelten lassen.

Ellen: Ich brauche mich euren Regeln nicht mehr zu fügen. Hier findet eine Gerichtsverhandlung statt, oder nicht, Euer Ehren?

Richter: Daran habe ich starke Zweifel. Sie machen gemischtes Hack aus zweihundert Jahren Rechtspraxis. Ich ordne hiermit an, daß die Beweismittel der Eltern in das Protokoll aufgenommen werden: Psychischer Zwang kann von Kindern über Entfernungen ausgeübt werden, die weit größer sind als zehn Kilometer.

Ellen *(hält einen Augenblick inne, rafft sich dann auf)*: Darf nun ich vortragen, Euer Ehren?

Richter: Fahren Sie fort!

(Licht aus)

Fünfter Auftritt

(In der Mitte der Bühne steht jetzt ein großer Spiegel. Ellen schreibt in ihr Tagebuch; die Eltern und der Richter sitzen im Hintergrund.)

Ellen: *Ich bin von Feinden umringt. Wohin ich mich auch wende, steht ein Mann mit gezogenem Schwert. Wie auf der Bühne: Der Unglückliche stürzt an den Ausgang, halt! ein*

Bewaffneter tritt ihm entgegen. Er stürzt an den zweiten, dritten Ausgang… Alles vergebens. Er ist umzingelt, er kann nicht mehr hinauskommen. Verzweifelt sinkt er in sich zusammen. So geht es mir: Ich bin gefangen und kann nicht herauskommen. (Sie steht auf und betrachtet sich in dem großen Spiegel.) Sie beobachten mich mit Argusaugen. Wie halte ich meine Gabel? Stocher ich im Essen herum oder führe ich den Bissen direkt vom Teller in den Mund? Kaue ich? Und, was noch wichtiger ist, schlucke ich ihn hinunter? Ihre Wachsamkeit ist rührend! *(Sie blickt in den Spiegel und unterstreicht mimisch, was sie beschreibt.)* Der leere Blick, als dächten sie an etwas anderes. Dabei verfolgen sie aus den Augenwinkeln jede meiner Bewegungen. Die 180-Grad-Wanderung – der Blick beginnt weit weg und wandert dann wie zufällig, bis er mich erreicht hat, und dann huscht er zurück, sorgfältig darauf bedacht, mich nicht zu berühren. Ich hasse es, wenn sie mich beobachten! Aber ich sorge auch dafür, daß sie es tun. Ich beobachte mich selbst, wie ich beobachtet werde, und ich versuche, Bewegungen zu machen, die niemand sieht. So zum Beispiel. *(Blickt in den Spiegel, wobei sie von einer Seite zur anderen sieht, um dann rasch eine Gabel in den Mund zu stecken.)* Haben sie es gesehen? War ich schnell genug? Ist es mir gelungen, einen Bissen zu mir zu nehmen, ohne mir ihren Dank anhören zu müssen? Konnten sie feststellen, ob auf der Gabel Essen war oder ob sie leer war? Ich muß schnell sein. Ich muß sie schlagen in diesem Spiel «Wie mästet man seine Tochter»! *(Sie übt verschiedene Bewegungen – Fleisch schneiden, rasch essen, langsam kauen und schlucken. Sie tut so, als nähme sie einen Bissen in den Mund und spuckte ihn in eine Serviette.)* Ich benehme mich wie ein Zauberer. Nichts in der linken Hand, nichts in der rechten. Ich lenke sie ab und mache dann so schnelle Bewegungen, daß sie nicht wissen, ob ich esse oder nicht. Der Mund muß schneller sein als das Auge. *(Sie geht zu einer Waage und prüft ihr Gewicht, dann geht sie zum*

Tisch zurück und nimmt zwei große Steine auf. Sie steckt sie in die Taschen ihres Kleides und wiegt sich erneut.) Ich muß schwerere Steine suchen.

RICHTER: Ich möchte den Anwalt der Klagepartei zum Richtertisch bitten. *(Ellen geht zu ihm hinüber.)* Sind Sie sicher, daß diese Dinge gegen Ihre Eltern sprechen?

ELLEN: Ja, Euer Ehren.

RICHTER: Sie könnten ebensogut gegen Sie verwendet werden. Fahren Sie fort, und halten Sie sich bitte an die Verfahrensregeln. *(Er winkt die Eltern mit einer Handbewegung in die Anklagebank.)*

ELLEN *(hin- und hergehend)*: Inzwischen hatte ich schon keine Wörter mehr, um direkt zum Ausdruck zu bringen, daß ich anderer Meinung war. Mein Vater hielt sie hinter Schloß und Riegel. Und meine Mutter nahm mir alle Wörter fort, die eine mittlere Distanz markierten. Wir hatten in unser Familie stets in enger Beziehung zueinander gestanden, aber jetzt hatte ich nur noch die Wahl zwischen einer ganz engen Beziehung oder gar keiner. Ich tat das einzige, Euer Ehren, was ich tun konnte, um ich selbst zu sein. Ich wurde unaufrichtig. Ich log, ich...

MUTTER: Können wir uns dazu äußern, Euer Ehren?

RICHTER: Ja. Bitte beginnen Sie.

VATER *(steht auf)*: Die Klägerin kommt uns da mit einem alten und reichlich abgenutzten Sophismus: Ich sage euch, daß ich eine Lügnerin bin, also bin ich ehrlich. Wir werden beweisen, daß sie die Wahrheit sagt – sie ist in der Tat eine Lügnerin. Ellen, hast du mit einundzwanzig Jahren eine Reise nach Sizilien gemacht?

ELLEN: Das weißt du doch.

MUTTER: Und hast du davor deinen Bruder in Amerika besucht?

ELLEN: Ja. Worauf wollt ihr mit diesen Fragen...

VATER: Wer hat deinen Koffer gepackt, als du im Sommer in die Berge fuhrst?

ELLEN: Mutter.

VATER: Hast du viele Freunde?

ELLEN: Euer Ehren, ich vermag nicht einzusehen, was die Klagepartei mit diesen Fragen bezweckt.

RICHTER: Ich auch nicht. Aber Sie könnten trotzdem auf die Fragen eingehen. Es würde die Sache erleichtern. Sind Sie so freundlich?

ELLEN: Einverstanden. Aber ich tue es Ihretwegen, nicht der Klagepartei zuliebe.

RICHTER: Danke. Fahren Sie fort!

VATER: Wie oft hast du deine Freunde besucht?

ELLEN: Nun, nicht sehr häufig.

VATER: Und haben dich deine Mutter und ich von solchen Besuchen abgehalten?

ELLEN: Ständig habt ihr herumgenörgelt! «Warum rufst du Frieda nicht an?» «Heute habe ich Martha getroffen; sie hat gesagt, daß sie dich vermißt.» Immer habt ihr gesagt, was ich tun soll! Immer habt ihr versucht, mir Vorschriften zu machen!

VATER: Die Zeugin hat eindeutig erklärt, daß die Eltern sie aufgefordert haben auszugehen, ja, sie sogar dazu gedrängt haben. Das steht in krassem Widerspruch zu ihrer früheren Aussage. Ganz offensichtlich hat die Zeugin die Wahrheit gesagt: Sie *ist* eine Lügnerin. Euer Ehren, die Verteidigung hat keine weiteren Fragen.

ELLEN: Ihr habt mir das Wort im Munde herumgedreht! Das tut ihr immer! *(Sie beginnt zu weinen.)* Am Ende setzt ihr euch immer durch, auch wenn ihr unrecht habt.

MUTTER: Papa wollte dich nicht kränken, Ellen.

VATER: Hör mal, Kleines...

RICHTER: Die Parteien werden zur Ordnung gerufen! Ich werde ein solches Maß an Vertraulichkeit nicht dulden. Es raubt Ihnen die Urteilskraft. Die Wahrheit verlangt Distanz. Deshalb ist Justitia blind; nur so kann sie die Dinge unverfälscht wahrnehmen. Wer ist jetzt an der Reihe?

VATER: Wir.
RICHTER: Sehr schön.

(Licht aus)

SECHSTER AUFTRITT

(Ellen und der Vater sitzen am Tisch. Die Mutter und der Richter befinden sich im Hintergrund.)

VATER: Also gut, Ellen. Wir haben beschlossen, dir deinen Willen zu lassen. Du kannst allein essen. So kann niemand sehen, was du ißt. Aber wir machen uns große Sorgen um dich, Ellen. Wir...

ELLEN: Du weißt, daß ich euch nicht aufregen möchte. Aber ich bin wie besessen. Ich denke ständig ans Essen... Ich kann mich nicht dagegen wehren. Und...

VATER: Dann iß doch ein bißchen. Nur so viel, daß der Gaumen befriedigt und der Hunger gestillt ist. Als kleines Mädchen warst du ungeheuer diszipliniert. Du wolltest die Beste in deiner Klasse sein, und du hast es geschafft. Als du mit dem Reiten anfingst, konnte dir niemand das Wasser reichen. Wir waren so stolz auf dich, Kleines. Kannst du diesen Sport nicht dazu benutzen, deine Besessenheit in den Griff zu bekommen?

ELLEN: Du verstehst überhaupt nicht. Genau das tue ich. Ich hasse Fett! Ich hasse Häßlichkeit! Ich lechze nach der Hagerkeit eines asketischen Lebens!

VATER: Unsinn!

ELLEN: Und ich benutze meine Willenskraft dazu, ein solches Leben zu realisieren!

VATER: Und du bringst deine Mutter um. Sie sieht, wie du immer dünner wirst... Sie schleicht durch das Haus wie ein Gespenst. Sie macht sich Vorwürfe. Sie sagt sich, vielleicht wenn ich...

ELLEN: Ihr habt immer getan, was das beste für mich war, Papa. Ich weiß das.

VATER: Sie macht sich solche Sorgen um dich, Ellen. Sie ißt nicht, und sie schläft nicht. Beim geringsten Anlaß regt sie sich auf. Ich muß sie ständig beobachten, damit sie nicht…

ELLEN: Diese Tabletten, die sie einnimmt, sind nicht gut für ihre Nerven. Warum…

VATER: Es liegt nicht an dem, was sie einnimmt, sondern an dem, was du zu dir nimmst! Unser Leben kreist um dich. Du kochst Gerichte, die wir unbedingt essen müssen, aber du kostest sie nicht einmal. Wir haben deine Tyrannei satt! Du kannst jetzt alleine essen, wenn du möchtest. Aber du wirst mir nicht mehr vorschreiben, was ich esse! Wenn du noch einmal etwas kochst und uns auf den Tisch bringst, werfe ich es weg! Hast du verstanden?

ELLEN: Ich will euch doch keine Vorschriften machen, Papa. Es wird alles besser werden… Du wirst schon sehen.
(Ellen setzt sich dem Vater auf den Schoß und lächelt zärtlich. Der Vater legt den Arm um sie, stößt sie dann fort, steht auf und wendet sich an den Richter. Die anderen nehmen ihre Verhandlungspositionen ein.)

VATER: Es besteht kein Zweifel, Euer Ehren, daß sie lügt. Wir kennen alle ihre Tricks. Aber wir wissen nicht, was wir tun sollen. Wir sind wie Tiefseetaucher, die nicht wissen, wo die Oberfläche ist. Manchmal sage ich zu Martha: «Da entlang! Eindeutig: wir müssen in *die* Richtung gehen.» Und sie sagt: «Nein, nein. Da geht es in die Tiefe. Laß uns diese Richtung versuchen.» Wir streiten, und jeder behauptet, die Lösung zu kennen, aber wir wissen, daß wir uns selbst etwas vormachen. Wir sind verzweifelt!

RICHTER: Bravo, Herr Anwalt. Dieses leidenschaftliche Plädoyer wird seine Wirkung auf die Geschworenen sicherlich nicht verfehlen. Ist die Verteidigung bereit?

ELLEN *(schmerzlich)*: Ich bin bereit, Euer Ehren. Aber es wird nicht viel nützen. Ich kann keinen Schritt ohne sie tun. Ich bin ihre Marionette – sie ziehen die Fäden. *(Macht eine Bewegung wie eine Marionette.)* Ich mag ihre Kontrolle nicht, aber ich brauche sie. Wenn sie mich nicht beim Essen beobachten, ist es, als hätte jemand das Drehbuch verlegt, ich halte inne, bis sie wieder Notiz von mir nehmen.

RICHTER: Ich glaube, das Pathos steht dem Kläger besser zu Gesicht, Ellen. Aber wer weiß? *(Er starrt die Wand an.)* Es ist wohl Zeit für eine Pause. Möchten Sie noch etwas hinzufügen, Madam? Ganz kurz?

MUTTER: Schon gut. *(Sie seufzt tief.)*

(Licht aus)

SIEBENTER AUFTRITT

(Ellen, Vater und Mutter sitzen am Tisch, der Richter im Hintergrund. Diätbücher, Tabellen, Waagen verschiedener Größe und Gymnastikgeräte sind im Zimmer verstreut. Schüsseln und Tassen stapeln sich auf dem Tisch. Die Mutter füllt einen Teller auf und reicht ihn Ellen.)

ELLEN: Das ist zuviel!

VATER: Das ist genau richtig. Du hast uns belogen, den Arzt und dich selbst belogen. Ein halbes Jahr haben wir zugesehen, wie du immer dünner wurdest, und niemand hat ein Wort gesagt. Aber ich weiß, daß du mehrere Kleidungsstücke übereinander angezogen hast, damit wir nicht sehen, wie mager du bist. Ich sehe, wie du zitterst, obwohl es draußen gar nicht kalt ist. Deine … äh … Tage haben ausgesetzt, und du traktierst deinen Körper mit Abführmitteln. Von jetzt an wirst du wieder mit uns essen, und DU WIRST ESSEN!

MUTTER *(legt die Hand auf den Arm des Vaters, um ihn zu beruhigen)*: Genug, Papa. Ich glaube, Ellen hat schon verstanden.

ELLEN *(zur Mutter)*: Aber wenn ich mich im Spiegel betrachte, sehe ich, daß ich noch immer dick bin. *(Bläht die Wangen.)*

VATER: Dann verhänge ich eben alle Spiegel im Haus. Wir werden deine Spiegel sein. Wir sagen dir, wie du aussiehst, wie du dich fühlst und wann du hungrig bist!

ELLEN *(ebenso heftig)*: Ich bin achtundzwanzig Jahre alt! Ich schreibe, male und studiere! Ich habe ganz Europa bereist. Ich habe diese Erfahrungen gemacht, nicht ihr. *Ich* …

MUTTER: Wir sprechen nicht von Erfahrungen, Ellen, oder von Unabhängigkeit. Wir sprechen vom Überleben.

VATER: Es ist genug. Mama, das Abendessen bitte.

(Die Mutter füllt das Essen auf, wobei sie sorgfältig darauf achtet, daß der Vater die gleiche Menge erhält wie Ellen. Alle beginnen zu essen. Die Eltern lassen Ellen nicht aus den Augen, die im Essen herumstochert. Mit der Gabel sortiert sie die Bestandteile des Gerichts auf ihrem Teller zu kleinen Häufchen. Die Mutter blickt den Vater an und bedeutet ihm, nicht einzugreifen. In diesem Augenblick schiebt Ellen die halbe Portion in die Handtasche auf ihrem Schoß, nimmt dann einen Bissen und kaut ostentativ. Sie lächelt die Mutter an, die sie wieder beobachtet.)

ELLEN: Du hast ja recht. Ich benehme mich wie ein verwöhntes Kind. Ich weiß, ihr wollt alle nur, daß es mir wieder gutgeht. Auch Karl will das. Letztes Wochenende waren wir wandern. Es ist genau die richtige Zeit, um den Herbst zu genießen. Jeder Baum ist ein Kaleidoskop von Farben. Aber in der nächsten Woche werden die Bäume schon kahl sein.

MUTTER *(blickt auf Ellens Teller)*: Bitte, Ellen, iß noch ein bißchen. Wir sind schon fast fertig, und du trödelst noch immer herum.

ELLEN: Aber Mama, ich habe schon fast die Hälfte von dem gegessen, was du mir aufgetan hast. Viel mehr als ich esse, wenn ich allein bin. Und du hast mir mehr gegeben als Papa. Dabei weißt du doch, daß ich keine Soße mag. Pfui! Das ganze Essen ist mit Soße *bedeckt*!

MUTTER *(reicht ihr ein Stück Brot)*: Gut, dann tunk die Soße mit dem Brot auf. Dann kannst du den Rest essen.

VATER: Wir lassen uns schon wieder auf ihr Spiel ein, Martha. Begreifst du nicht, was sie mit dir macht?

MUTTER: Das ist mir gleich. Wenigstens ißt sie. Wenn du befiehlst, fühlt sie sich in die Enge getrieben – und zu Recht. Sie ist kein Kind mehr, Milton.

VATER: Ach so, jetzt liegt es an mir, daß sie nicht ißt. *Ich* bin zu streng mit ihr!

MUTTER: Das habe ich nicht gesagt.

VATER: Nein, aber du hast es gemeint.

ELLEN: Bitte, streitet euch nicht meinetwegen!

VATER: Immer hat sie mit uns gemacht, was sie wollte. Wenn du nur ein bißchen konsequenter gewesen wärst mit ihr …

MUTTER: Bitte, Milton. Ellen hat versprochen, daß sie ißt.

VATER: Das hat sie schon so oft versprochen. Warum glaubst du ihr? Wie schafft sie es, daß du nach ihrer Pfeife tanzt?

MUTTER: Was ist verkehrt daran, daß man sein Kind liebt und es umsorgt, wenn es krank ist?

VATER: Weil … Sieh doch, was los ist mit uns. Früher haben wir nie gestritten!

ELLEN: Hört auf! *(Erregt steht sie auf.)* Bitte hört auf!
(Die Handtasche rutscht ihr vom Schoß und verstreut ihren Inhalt über den Fußboden. Entsetzt starren Vater und Mutter auf die Essensreste. Dann hebt der Vater die Tasche auf und schüttet ihren Inhalt auf den Tisch. Stück um Stück nimmt er die Dinge auf und untersucht sie.)

VATER: Eine alte Bratkartoffel. Zerkrümelte Kekse. Ein Apfel. Ein vertrocknetes Stück Brot. Thyreodintabletten. Abführmittel. Noch mehr Tabletten. Zäpfchen. Eine Flasche *(liest das Etikett)* «Somnifem». Bratensoße vom heutigen Abendessen. *(Wischt sich die Hände an der Serviette ab.)* Ein Stück Fleisch. *(Dreht die Tasche um und schüttelt sie.)* Was ist das für eine Privathölle, die du da für uns inszenierst?
(Ellen senkt den Kopf und weint stumm.)

RICHTER: Wir sind wieder am Ausgangspunkt. Sie lehnen es ab, sich an die Prozeßregeln zu halten. Der Kläger verteidigt den Angeklagten; die Verteidigung sagt gegen sich selbst aus. Wie soll ich die Parteien auseinanderhalten, wenn Sie ständig die Seiten wechseln? Wie soll ich den Schuldigen ermitteln? Das Gericht unterbricht die Verhandlung für fünf Minuten. *(Wütend blickt er ins Publikum.)* Die Geschworenen haben sich in genau fünfzehn Minuten wieder einzufinden. Ist das klar?

(Vorhang)

ZWEITER AUFZUG

ERSTER AUFTRITT

(Wie im vorigen Akt besteht das Bühnenbild aus einem Tisch und zwei Stühlen, doch das Zimmer bietet einen veränderten Anblick. Es ist sauber, und die Atmosphäre zu Beginn des ersten Auftritts ist ruhig und entspannt. Der Richter, der Vater, die Mutter, Ellen und Karl treten auf. Jeder trägt seinen Stuhl. Der Richter setzt sich in der Bühnenmitte in seinen großen Stuhl. Vater und Mutter sitzen gemeinsam an seiner Seite, Ellen und Karl gegenüber.)

RICHTER *(zu Karl)*: Was tun Sie hier?
KARL: Ellen hat mich gebeten zu kommen.
RICHTER: Hier dürfen nur die Prozeßbeteiligten Platz nehmen. Wenn Sie Geschworener sind, müssen Sie sich zu den anderen setzen. *(Verlegen steht Karl auf und begibt sich zum Bühnenvordergrund, wo er sich suchend nach einer Möglichkeit umsieht, in den Zuschauerraum zu gelangen.)*
ELLEN: Aber Euer Ehren, er ist mein Mann!
RICHTER: Meine Frau sitzt doch auch nicht hier, oder?

MUTTER: Aber er gehört zum Prozeß, Euer Ehren!

RICHTER: Ist das wieder einer Ihrer Winkelzüge, Frau Anwältin?

MUTTER: Nein, Euer Ehren. Tatsächlich könnte er mitschuldig an Ellens Mord sein.

ELLEN *(ärgerlich)*: Wie kannst du das sagen? Du weißt doch gar nichts über unsere Beziehung.

MUTTER: Genau darum geht es. Warum weiß ich nichts?

ELLEN: Weil ich dir nichts erzähle, deshalb.

MUTTER: Du schreibst uns kaum. Im letzten halben Jahr hast du uns nur zweimal besucht.

ELLEN: Jedesmal bin ich eine Woche lang geblieben.

MUTTER: Ja, aber er ist nicht mitgekommen. Und du hast kein Vertrauen mehr zu mir. Er vergiftet unser Verhältnis!

VATER: Aber Martha! Er ist ihr Mann.

MUTTER: Ergreif nicht seine Partei! Siehst du nicht, was er anrichtet?

VATER: Ja, er hilft ihr, erwachsen zu werden.

MUTTER: Jetzt stellst du mich wieder als töricht hin. Und was ist mit dir? Mit deiner Einmischung und deiner Vernarrtheit...

ELLEN: Bitte! Ich lebe nicht mehr zu Hause.

KARL *(zum Richter)*: Diese ganze Verhandlung ist doch Unsinn. Wir haben Probleme wie alle Familien, und wir werden sie alleine lösen.

RICHTER: Nicht in allen Familien kommt es zu einem Mordversuch.

VATER: Das können Sie nicht wissen, Euer Ehren.

KARL *(zu Ellen)*: Hören wir auf mit dieser Farce.

MUTTER *(zum Richter)*: Dürfen sie das, Euer Ehren? Dürfen sie einfach fortbleiben?

RICHTER: Nein, Madam. Ich kann sie jederzeit vorladen. Aber ich bin neugierig. Wie lautet die Anklage?

MUTTER: Ich beschuldige meinen Schwiegersohn, mich meiner Tochter entfremdet zu haben.

RICHTER: Aber das tut doch in einem Mordprozeß nichts zur Sache.

MUTTER: Das stimmt nicht ganz, Euer Ehren, denn wenn sie sich von uns entfernt, können wir sie nicht retten.

VATER: Das ist doch Wahnsinn, Martha!

ELLEN: Ich habe doch keine Probleme mehr, Euer Ehren.

VATER: Könnt ihr das beweisen?

KARL *(steht auf; Ellen folgt ihm, umarmt ihn und blickt zu ihm auf)*: Natürlich können wir das. Aber wir wollen es nicht. Wir brauchen nichts zu beweisen.

RICHTER: Ich glaube doch. *(Weniger offiziell erklärt er Karl)* Sehen Sie, das Gesetz schützt Ihre Rechte. *Your home is your castle.* Doch wenn Sie die Zugbrücke herunterlassen und uns Eintritt gewähren, müssen Sie sich an die Regeln halten.

KARL: Was haben wir zu tun?

ELLEN: Wir müssen Beweise vorlegen, die zu unseren Gunsten sprechen. Ich kenne das Verfahren. Laß mich nur machen.

RICHTER: Ist die Verteidigung soweit? *(Ellen nickt)* Dann fangen Sie bitte an.

(Der Richter und die Eltern begeben sich in den Hintergrund. Ellen stellt zwei Stühle an den Tisch, der zum Frühstück gedeckt ist. Sie nimmt eine Scheibe Brot aus dem Toaster, bestreicht sie mit Butter und gießt sich Kaffee ein. Karl trägt seinen Stuhl an den Tisch und setzt sich gähnend zu ihr.)

ELLEN: Guten Morgen, Liebster. Kaffee? *(Er nickt. Sie gießt ihm Kaffee ein und trinkt selbst. Demonstrativ ißt sie ihre Scheibe Toast, wobei sie langsam und genüßlich kaut.)* Siehst du, der Dämon ist fort! Der Exorzist lebe hoch!

KARL: Das war dein Werk, nicht meins. Gibst du mir einen Toast? *(Sie bestreicht ihm eine Scheibe mit Butter und reicht sie ihm.)*

ELLEN: Liebst du mich?

KARL: Wie kannst du daran zweifeln? Du bist geistreich und schön.

ELLEN: Wirklich? Schön?

KARL: Schön wie die Königin von Saba.

ELLEN: Und ist mein Körper fest und schlank?

KARL *(steht auf, zieht sie von ihrem Stuhl hoch und folgt mit den Händen den Umrissen ihres Körpers)*: Mmmmhh *(berührt ihre Hüften)*, er könnte ein bißchen runder sein, hier und dort.

ELLEN: Siehst du, du magst mich nicht!

KARL: Ich liebe dich. Ich möchte mehr von dir.

ELLEN: Schwindler! Du willst mich mästen.

KARL *(küßt sie, faßt sie dann unters Kinn und blickt sie an)*: Ich möchte von dir trinken und mein ganzes Leben lang trunken sein.

ELLEN: Jetzt weiß ich, warum du mich geheiratet hast. Du bist ein heimlicher Alkoholiker.

KARL *(führt sie zu seinem Stuhl und setzt sie auf seinen Schoß)*: Nun ist es doch herausgekommen! Ich will es nicht länger verheimlichen. Übrigens, ich habe eine Überraschung für dich.

ELLEN: Ein Geschenk?

KARL: Nein, eigentlich nicht. Rate noch mal!

ELLEN: Ich gebe auf.

KARL: Du hast es noch nicht einmal versucht. Na gut, ich habe Karten für das Konzert am Samstagabend besorgt. Wir könnten vorher essen gehen. Es wird dir bestimmt gefallen. Es ist die «Matthäuspassion», auf Originalinstrumenten gespielt.

ELLEN: Hm, ich weiß nicht.

KARL: Ich denke, du suchst immer nach den Urformen. Ich habe so fest damit gerechnet, daß du dich freuen würdest.

ELLEN: Bitte, Karl, versuch nicht, meine Gedanken und Gefühle zu lesen. Du hast mir versprochen, daß du nicht den gleichen Fehler machst wie meine Eltern.

KARL: Du bist schrecklich empfindlich. Ich dachte, es würde dir gefallen.

ELLEN: Das meine ich ja. *Du* dachtest, daß es *mir* gefallen würde...

KARL: Dann gehen wir eben nicht.

ELLEN: Jetzt entscheidest *du*, daß *wir* nicht gehen. Nein, du hast die Karten gekauft, dann gehen wir auch. Aber tu das bitte nie wieder. *(Steht auf und geht unruhig hin und her.)*

KARL: Bitte, Ellen, laß mir Zeit. Ich finde schon den richtigen Weg. Sieh mal, ich...

ELLEN *(entfernt sich von Karl, der mitten im Satz abbricht; geht zum Tisch, wo eine Obstschale steht)*: Ich möchte einen Apfel. Nein, einen Pfirsich. *(Sie wendet sich von Karl ab und beißt hinein.)*

(Karl springt auf und fegt die Schale ärgerlich vom Tisch; die Früchte rollen über den Fußboden. Der Vater im Hintergrund springt auf. Die Mutter packt ihn am Arm.)

KARL: Tu das nicht! *(Ellen fährt zu ihm herum, überrascht und erschreckt.)* Zieh dich nicht von mir zurück in deine Welt aus Äpfeln und Pfirsichen! Ich wollte dir einen Gefallen tun, verstehst du? Verstehst du? *(Er spricht freundlicher.)* Gewiß, ich habe es falsch gemacht. Ich weiß nicht, wie ich es anstellen muß, aber ich versuche es! Und was tust du? Du vertiefst dich in die transzendenten Vorzüge von Pfirsichen und Äpfeln!

ELLEN *(kommt zu Karl, ein besänftigendes Lächeln auf ihrem Gesicht. Sie gibt ihm den Pfirsich. Er nimmt ihn und weiß nicht, was er damit soll)*: Es tut mir leid, Karl, wirklich. Aber ich bin auch froh. Es ist ein Trost, zu wissen, daß du mich vor meinen Obsessionen schützen wirst.

VATER *(springt von seinem Stuhl auf und geht zu Karl)*: Es ist eine Falle! Tapp nicht hinein! Es ist Treibsand. Ich hab bis zum Hals darin gesteckt!

(Karl und Ellen sehen ihn überrascht an. Der Richter rückt seinen Stuhl nach vorn, in die Verhandlungsposition. Die anderen folgen ihm.)

RICHTER *(zum Vater)*: Wünschen Sie ein Kreuzverhör?

KARL: Euer Ehren, ich glaube nicht, daß dieser Prozeß fortgesetzt werden sollte. Die Sachlage hat sich verändert.

RICHTER: Juristisch nicht. Die Klage wird noch immer aufrechterhalten.

MUTTER *(sieht den Vater an)*: Die Klagepartei möchte sich beraten und bittet um eine kurze Verhandlungspause.

RICHTER: Aber gern.

MUTTER: Können wir Karl Vertrauen schenken, Milton?

VATER: Er ist mein Neffe. Ich denke, wir können ihm vertrauen.

MUTTER: Aber er ist so wütend geworden! Und nur weil sie einen Pfirsich genommen hat und keinen Apfel!

VATER: Siehst du, da verteidigst du sie schon wieder. Sie ist mit ihm verheiratet. Er muß sich jetzt um sie kümmern, nicht wir.

MUTTER: Ich könnte es mir nie verzeihen, wenn ihr etwas zustieße.

VATER: Martha, bitte. Laß sie in Ruhe. Wir können Urlaub nehmen von unseren Elternpflichten.

(Während ihres Gespräches hat er mechanisch damit begonnen, das Obst vom Boden aufzuheben. Die Mutter hebt die Schale auf. Während sie alles wieder auf dem Tisch anordnen, blicken sie sich an und lachen.)

MUTTER: Wirst du mich holen, wenn Ellen mich braucht?

RICHTER: Möchten die Kläger ihre Anklage überdenken?

VATER: Gewähren Sie uns noch eine Minute, Euer Ehren?

RICHTER *(mit einer resignierten Handbewegung)*: Bitte schön.

MUTTER: Karl?

KARL: Ja?

MUTTER: Wirst du es tun?

KARL: Du kannst selbst mit Ellen sprechen.

MUTTER: Sie wird mich nicht rufen. Ich kenne sie.

ELLEN: Du kennst mich nicht, Mutter. Du kennst nur deine Tochter.

MUTTER: Du *bist* meine Tochter.

KARL: Sie ist auch meine Frau.

ELLEN *(blickt die Mutter an, dann Karl)*: Ist das alles, was ich bin?

MUTTER: Du weißt doch, daß sie meine Tochter war, bevor sie deine Frau wurde.

RICHTER: Sind die Kläger zu einer Einigung gekommen?

VATER: Nur noch einen Augenblick, Euer Ehren. Martha, wir müssen diesen Prozeß beenden. Wir sind nicht mehr verantwortlich für Ellen.

MUTTER: Wie kannst du so etwas sagen? Wir werden immer für sie verantwortlich sein. Wirst du mir schreiben, Ellen? Wirst du uns besuchen?

ELLEN: Natürlich, Mutter. *(Sie blickt Karl an, der sein Einverständnis durch eine Handbewegung signalisiert.)* Vater und du, ihr könnt uns jederzeit besuchen.

RICHTER: Nun?

VATER: Euer Ehren, wir möchten unsere Klage zurückziehen und den Prozeß beenden.

RICHTER *(zu Ellen)*: Da ist immer noch die Klage auf schweren Diebstahl gegen Ihre Eltern anhängig.

ELLEN: Was meinst du, Karl? Soll ich die Klage fallenlassen? Sie haben mich zu dem gemacht, was ich bin.

VATER: Das Ergebnis ist nicht schlecht.

KARL: Ja, beende den Prozeß. *(Lächelt.)* Jetzt hast du doch mich. Du brauchst ihnen keine Vorwürfe mehr zu machen.

ELLEN: Du hast recht. *(Zum Richter)* Ich möchte die Klage gegen meine Eltern zurückziehen.

RICHTER *(zu Karl)*: Kann ich Ihnen vielleicht helfen?

KARL: Ich glaube nicht an den Nutzen von Prozessen; man vergeudet nur Zeit und Geld mit ihnen. Abgesehen davon, Sie verlangen Klarheit, und Gefühle sind alles andere als klar.

RICHTER: Es gibt keinen Grund, unhöflich zu werden, junger Mann. *(Steht auf.)* Die Sitzung ist zu Ende.

(Die Eltern begeben sich wieder in den Bühnenhintergrund.

Der Richter trägt seinen Stuhl zum Bühnenrand, nimmt dort Platz und beobachtet Karl und Ellen.)

KARL *(zeigt in die Richtung, in die die Eltern abgegangen sind)*: Sie werden immer dasein, jederzeit bereit, auf der Bildfläche zu erscheinen.

ELLEN: Ich werde sie nicht rufen. Aber sie sind alt, weißt du. Jetzt, wo ich verheiratet bin, haben sie niemanden mehr.

KARL: Sie haben einander, genauso wie wir.

ELLEN: Das ist nicht das gleiche. Sie kommen von ihren Gewohnheiten nicht los. Es ist eigenartig, weißt du. Ich habe immer gedacht, ich sei von ihnen abhängig, und nun merke ich, daß ihr Leben ohne mich jeden Sinn verliert.

KARL: Natürlich. Aber wenn du ihnen Zeit läßt, werden sie andere Dinge entdecken, die ihrem Leben Sinn geben. *(Er nimmt ihren Arm.)* Während *wir* ein ganz neues Leben entdecken.

ELLEN: Wirst du mir helfen? Ich habe solche Angst, daß du eines Tages genug von mir hast. Ich möchte dir so gern eine gute Frau sein, dich glücklich machen...

KARL: Ich bin es. Du bist es. Wir sind es *(sie küssen sich)*, und das wird immer so bleiben. *(Er beginnt sie spielerisch zu wiegen.)* Wir werden zusammen alt werden, du und ich. Mit Sarah, unserer ältesten und schönsten Tochter, David, dem Intellektuellen, Bernie, dem Rechtsanwalt, mit Mimi, dem musikalischen Talent, Ruth, die deine Augen haben wird, und Sam...

ELLEN: Sind sechs nicht genug? Nein, wir brauchen noch einen Arzt.

KARL: Nun gut, das können wir später klären. Beginnen wir erst einmal mit einem.

ELLEN: Mit unserer kleinen Sarah.

KARL: Ja, wir beginnen mit Sarah.

(Sie küssen sich. Peinlich berührt, macht der Richter durch ein Hüsteln auf seine Anwesenheit aufmerksam. Überrascht fahren Ellen und Karl herum.)

KARL: Wer ist da?

RICHTER: Tut mir leid. Ich dachte, Sie wüßten, daß ich da bin.

KARL: Warum? Was tun Sie hier? Der Prozeß ist vorbei. Sie überschreiten Ihre Befugnisse.

RICHTER: Ich wollte, es wäre so.

ELLEN: Wie meinen Sie das?

RICHTER: Der Prozeß ist noch nicht vorbei.

KARL: Wir haben auf Ihre weiteren Dienste verzichtet.

RICHTER: Aber ich kann noch nicht fort.

ELLEN: Sie müssen!

RICHTER: Tut mir leid! Eines der Probleme der Justiz ist ihre schwerfällige Maschinerie. Auch wenn man sie abgestellt hat, läuft sie noch eine Weile weiter.

KARL: Wie lange?

RICHTER: Nicht lange. Manchmal nur ein paar Jahre, manchmal etwas länger. Doch wenn Sie meine Anwesenheit akzeptieren, verspreche ich Ihnen äußerste Zurückhaltung. *(Er legt die Robe ab. Darunter trägt er ein kariertes Sporthemd und eine legere Hose.)*

ELLEN: Was werden Sie tun?

RICHTER: Ich stelle Sie unter Beobachtung.

ELLEN: Warum?

RICHTER: Wenn man verdächtige Anhaltspunkte findet, stellt man die Betroffenen unter Beobachtung.

KARL: Das ist doch lächerlich! Sie hat sich doch keines Vergehens schuldig gemacht.

RICHTER: Das tun die meisten Menschen. Auch Sie stehen unter Verdacht.

KARL: Ich? Was habe ich denn getan?

RICHTER: Sie haben ein heftiges Temperament; sie haben betrügerische Versprechungen gemacht – indem Sie Ellen gesagt haben, daß Sie sie vor sich selbst schützen könnten; und nun machen Sie ihr sogar Hoffnung auf ein Kind bestimmten Geschlechts, ein Versprechen, das Sie wohl kaum guten Gewissens abgeben können.

KARL: Das ist Betrug! Erst beobachten Sie mich, und dann werfen Sie mir mein Verhalten vor!

RICHTER: Aber gewiß doch.

KARL: Auf diese Art kann man jeden verdächtig erscheinen lassen.

RICHTER: Natürlich.

KARL: Warum?

RICHTER: Es gibt keinen anderen Weg.

ELLEN: Können wir nichts tun, um Sie loszuwerden?

RICHTER: Wenn Sie sich mit meiner Anwesenheit abfinden können, bleibe ich fast unsichtbar. Die meisten Leute gewöhnen sich an die Observierung.

KARL: Können wir ein Abkommen schließen?

RICHTER: Wir sind schon dabei.

KARL: Erstens, Sie sagen ihren Eltern nicht, was zwischen uns geschieht. Zweitens, Sie betreten unser Schlafzimmer nicht.

RICHTER: Nein zum ersten Punkt, ja zum zweiten.

KARL: Abgemacht. *(Gibt dem Richter die Hand und wendet sich Ellen zu.)* Gehen wir ins Schlafzimmer.

(Sie gehen ab. Verlegen bleibt der Richter auf der Bühne zurück.)

(Licht aus)

ZWEITER AUFTRITT

(Karl, die Eltern und der Richter sitzen unauffällig am Rande der Bühne. Ellen geht hin und her und hält eine Decke im Arm, die so gewickelt ist, als berge sie ein Baby. Das Bündel wiegend, singt sie ein Schlaflied und beginnt dann wie im Traum zu sprechen.)

ELLEN: Arme, kleine Sarah... Ich habe sie verloren. Ich habe sie ausgetrieben. Es war an einem schönen Frühlingstag. Wir machten an einem Bach halt. Karl stellte die Flasche Wein ins Wasser. Er hat ein Brot mit Käse und Salat gegessen. Ich habe sieben Äpfel gegessen, oder waren es vierzehn? Ist nicht wichtig. Die Wolken hatten Formen wie Kinderspielzeug – Elefanten, Schaukeln, ein Wal, ein Teddybär, ein Kinderwagen, ein Schmerz – ein heftiger Schmerz im Innersten meines Seins. Ich höre ein Kinderweinen. Halt an dich! Das Abführmittel? Gestern habe ich sieben Tabletten genommen, aber ich höre damit auf. Ich will mein kleines Mädchen nicht ausscheiden. Die Wolken... «Sieh doch, Karl», sagte ich, «sieh doch diese Wolke – sie ist wie ein riesiger Geburtstagskuchen.» Ich hielt an mich. Wir waren mitten im Frühling, zehn Kilometer vor der Stadt. Wir gingen langsam. Ein Schmerz in meinem Innersten... Aber ich übergab mich nicht. Ich hielt mein kleines Mädchen bei mir, Schritt um Schritt, und dachte: Wie viele Abführpillen habe ich gestern abend genommen? Sieben? Nicht mehr. Aber ich werde mein Kind nicht austreiben. Ich halt an mich. Ich halt an mich. «Atmen Sie tief durch», hat der Arzt gesagt. «Es tut nicht weh. Es ist gleich vorbei. Nur eine Auskratzung.» Jetzt habe ich mich aus allen Körperöffnungen entleert – ich bin leer. «Karl», habe ich gesagt, «sieh doch diese Wolke.» «Welche Wolke?» hat er gefragt. «Schon gut. Sie hat bereits ihre Form verändert.»

RICHTER *(nähert sich Ellen)*: Das tut mir leid. Sehr leid.

ELLEN: Es gehört nicht zu Ihren Aufgaben, daß Ihnen etwas leid tut. Sie sind nur hier, um meine Schuld festzustellen.

RICHTER: Aber das ist doch genau der Punkt. Sie sind nicht schuldig.

ELLEN: Wer dann?

KARL: Ich.

RICHTER: Niemand.

ELLEN: Es war doch mein Körper, oder?
KARL: Es war unser Kind, Ellen.
RICHTER: War Karl nicht beteiligt an ihm?
ELLEN: Doch, aber es war mein Körper.
KARL: Ja, aber wir waren zusammen.
RICHTER: Warum hat Ihr Mann zugelassen, daß Sie in Ihrem Zustand einen so weiten Spaziergang unternahmen? Warum haben Sie nicht besser auf Ihre Frau aufgepaßt, wie Sie es versprochen haben?
KARL: Ich habe so entsetzliche Gewissensbisse, Ellen.
ELLEN: Ich weiß schon, was Sie vorhaben. Sie wollen Karl die Schuld in die Schuhe schieben. Doch der Mann pflanzt nur das Samenkorn ein. Die Verantwortung trägt die Frau ganz allein.
KARL: Ellen, ich bin auch traurig. Laß mich mit dir trauern.
RICHTER: Ich möchte nur darauf hinweisen, daß solche Mißgeschicke passieren.
ELLEN: Das war kein Mißgeschick. Das war Mord.
KARL: Ellen, bitte, laß es mich mit dir tragen.
RICHTER: Kein Geschworener würde Ihnen da zustimmen.
ELLEN: *Ich* sage es. Mein Körper hat es getan. Er war immer gegen mich. Er wehrt sich gegen meine Herrschaft. Aber ich werde mich durchsetzen!
(Sie sieht sich im Zimmer um, entdeckt eine Schüssel und stellt sie auf den Tisch. Sie schlägt Eier auf und entleert sie in die Schüssel, mit einer Hand, langsam, als wäre es ein Ritual. Dabei zählt sie laut: «Eins, zwei, drei, vier, fünf, sechs, sieben», dann gibt sie fünf Eßlöffel Zucker in die Schüssel, wobei sie sich, ganz im Gegensatz zu der Langsamkeit, mit der sie die Eier aufgeschlagen hat, sehr rasch bewegt. Sie schlägt die Eier, nimmt dann sieben Tomaten und sieben Äpfel aus einem Karton und reiht sie auf dem Tisch auf. Als sie fertig ist, blickt sie sich um, sieht ein Fläschchen mit Tabletten und zählt sorgsam sieben ab.)
ELLEN: Das Abführmittel. Genau sieben, wie die Eier, der

Zucker, die Äpfel und die Tomaten. Sie müssen sich gegenseitig aufheben. *(Betrachtet ihren Bauch.)* Es ist *mein* Körper! *(Sie nimmt das Bündel in den Arm, wiegt es hin und her und singt ein Schlaflied.)*

(Licht aus)

DRITTER AUFTRITT

(Das Sprechzimmer eines Analytikers. Ellen liegt auf der Couch. Der Analytiker sitzt auf einem Stuhl hinter ihr.)

ANALYTIKER: Guten Morgen, Frau West.

ELLEN: Ich habe es getötet.

ANALYTIKER: Wie bitte?

ELLEN: Ich habe mein Kind getötet.

ANALYTIKER: Aha.

ELLEN: Ich habe es umgebracht. Ich trug es in mir. Ich fühlte sein Herz mit meinem schlagen. Ich spürte es an meiner Brust trinken, meinen Namen stammeln, an meiner Seite gehen, auf meinem Schoß sitzen, und ich habe es umgebracht.

ANALYTIKER: Ja?

ELLEN: Warum habe ich das getan, Herr Doktor? Früher habe ich mir immer eingebildet, ich würde vom Essen schwanger werden. Aber bei Sarah war das anders! Sarah war unser Kind, meins und Karls – ein Kind der Liebe. Ich wollte sie haben. Ich wollte, daß sie in mir heranwächst – ein Teil von mir.

ANALYTIKER: Ein Kind zu bekommen, ist ein Bekenntnis zur Weiblichkeit.

ELLEN: Aber ich bin eine Frau.

ANALYTIKER: Sind Sie sich sicher? Sie haben eine ambivalente Einstellung zu Ihrer Weiblichkeit. Sie sind hin- und hergerissen zwischen der Unfähigkeit, ein Mann zu sein, und Ihrem

Mißbehagen, eine Frau zu sein. Ihre Schwangerschaft hat Ihre Abwehrmechanismen in Gefahr gebracht.

ELLEN: Ich bin anderer Meinung. Ich glaube Ihnen nicht. Ich wollte Sarah haben. Ich wollte keinen Penis haben, wie Sie behauptet haben. Das ist töricht. Natürlich wollte ich Sarah haben.

ANALYTIKER: Das Unbewußte kennt keine Einwände.

ELLEN: Ich bin verwirrt. Wollen Sie damit sagen, daß ich meine Weiblichkeit ablehne?

ANALYTIKER: Ja.

ELLEN: Sie haben recht. Ein Kind zu bekommen, heißt, daß ich meine Unvollkommenheit akzeptiere. Richtig?

ANALYTIKER: Hm...

ELLEN: Denke ich deshalb nur an meinen Körper, mein Essen, meine Abführmittel? *Leichter war es vorher, als alles grau in grau um mich lag. Als ich nichts anderes wollte, als krank sein und im Bett liegen. Jetzt möchte ich gesund sein und will den Preis dafür nicht bezahlen.*

ANALYTIKER: Hm, hm.

ELLEN: *Sowie ich einen Druck in der Taille fühle, sinkt meine Stimmung, und ich bekomme eine so schwere Depression, als handle es sich um wunder was für tragische Sachen. Habe ich hingegen eine gute Verdauung, so ist eine Art von Ruhe in mir.*

ANALYTIKER: Hm, hm.

ELLEN: *Ich glaube, nicht die Angst vor dem Dickwerden ist die eigentliche Zwangsneurose, sondern das fortwährende Verlangen nach Essen. Die Freßlust muß das Primäre gewesen sein. Die Angst vor dem Dickwerden kam als Bremse hinzu.* Meinen Sie nicht?

ANALYTIKER: Hm, hm.

ELLEN: *Das Bild hat sich überhaupt verschoben. Noch vor einem Jahr freute ich mich auf den Hunger und aß dann mit Appetit. Die Abführmittel, die ich täglich nahm, sorgten dafür, daß ich kein Fett ansetzte. Jetzt ist mir trotz meines Hun-*

gers jede Mahlzeit eine Qual: immer von Angstgefühlen begleitet. Ich fühle sie wie etwas Körperliches: ein Weh im Herzen. Sie drängen alle anderen Gedanken aus meinem Kopf. Selbst wenn ich satt bin, fürchte ich mich wieder vor der kommenden Stunde, in der der Hunger sich wieder einstellen wird. Wenn ich hungrig bin, kann ich nicht mehr klar sehen. Woher kommt diese Unruhe, Herr Doktor? Warum glaube ich, daß ich sie nur mit Essen besänftigen kann?

ANALYTIKER: *Sie versuchen, beim Essen zwei Dinge zu befriedigen: den Hunger und die Liebe. Der Hunger wird gestillt – die Liebe nicht. Es bleibt das große, unausgefüllte Loch.*

ELLEN: Ich möchte mich auf Ihren Schoß setzen und den Kopf an Ihre Schulter legen. *(Sie steht auf.)* Und nennen Sie mich «Ellen-Kind».

RICHTER *(sie entschlossen unterbrechend)*: Psst! *(Ellen geht zu ihm hinüber.)* Warum wollen Sie auf seinem Schoß sitzen?

ELLEN: Oh, man nennt das Übertragung.

RICHTER: Oh, ist das wahr?

ELLEN: Was?

RICHTER: Daß Sie Essen mit Liebe gleichsetzen. Ist das wahr?

ELLEN: Ich weiß nicht mehr, was wahr ist. Meine Worte haben seltsame Echos. Ich habe es Ihnen, ihm, Karl und meinen Eltern überlassen, mein Leben zu definieren.

ELLEN: Haben Ihre Eltern Sie geliebt?

ELLEN *(macht eine Bewegung zu den Eltern hin)*: Fragen Sie sie.

MUTTER: Sie war mein ein und alles!

VATER: Sie ist meine einzige Tochter. Ich habe immer das Beste für sie gewollt!

ANALYTIKER: Sie lehnt ihre Weiblichkeit ab. Wenn…

KARL: Worte, nichts als Worte!

ELLEN: Sie sehen es selbst, Euer Ehren. Meine Stimmen sind außerhalb meiner selbst. Bitte, wie lautet Ihr Urteil?

RICHTER: Ich muß einen neuen Gerichtstermin anberaumen, und ich lasse den Arzt unter Beobachtung stellen.

ELLEN: Warum?
RICHTER: Das weiß ich noch nicht.

(Licht aus)

VIERTER AUFTRITT

(Ein Hotelzimmer. Ellen und Karl sitzen am Tisch.)

KARL: Der Analytiker sagt, ich soll nicht bei dir in der Schweiz bleiben. Ich soll nach Hause fahren. Er sagt, ich bin dem Fortschritt der Behandlung im Wege.

ELLEN: Bitte, fahr nicht, Karl! Ich brauche dich.

KARL: Aber der Analytiker sagt, ich störe beim Übertragungsprozeß.

ELLEN: Wenn du fährst, bringe ich mich um!

KARL *(wütend)*: Er sagt, dein Hauptziel ist es, dir die Menschen zu unterwerfen.

ELLEN: Er sagt... Er sagt... Er sagt... Ich sage, ich brauche dich. Ich habe Angst.

KARL: Ellen, glaube mir, ich möchte dir helfen. Aber ich weiß nicht, was das beste für dich ist. Ich möchte gerne bei dir bleiben, aber wenn mein Bleiben von Nachteil ist? Er ist der Arzt. Wenn wir seinem Rat nicht folgen, dann solltest du die Analyse am besten abbrechen.

ELLEN: Du hast recht. Alle habt ihr recht. *(Ihre Stimme wird dumpf und fern.)* Alle wollen sie mir helfen. Vater, Mutter, du, die Ärzte. Wie viele Ärzte? Zehn? Zwanzig? Dreißig? *(Ihre Stimme verändert sich; sie klingt jetzt wie die einer Bauchrednerpuppe.)* Nehmen Sie diese Pillen, und Ihre Menstruation wird wieder einsetzen. Diese, und Sie werden ein Kind bekommen können. Sie müssen sich in den Griff bekommen. Sie müssen Ihrem Unbewußten freien Lauf lassen. Sie sind überaktiv. Sie sind depressiv. Sie müssen Ruhe finden und sich auf Ihre Vorstellungsbilder konzentrieren. Wir sind alle Helfer. Wir helfen. Wir werden Ihnen immer helfen. *(Ihre Stimmlage geht hysterisch nach oben.)*

KARL *(nimmt sie in den Arm und versucht, sie zu beruhigen)*: Ellen, bitte, komm wieder zu dir! Ich fahre nicht. Ich bleibe bei dir.

ELLEN *(wieder in normalem Ton)*: Nein, er hat ja recht. Ich muß alleine mit meinen Dämonen fertig werden. Ich komm schon wieder in Ordnung. Du kannst nach Hause fahren.

KARL *(wendet sich Ellen zu)*: Bist du sicher, daß du wieder gesund wirst, wenn ich nach Hause fahre?

ELLEN: Ja, mach dir keine Sorgen. Es wird alles wieder gut. *(Karl küßt sie und verläßt das Zimmer. Ellen sieht ihm einen Augenblick nach, dann geht sie zu einem Regal voller Arzneimittel, betrachtet sie und liest die Etiketten.)*

ELLEN: Geschwätz, Geschwätz, nichts als leeres Geschwätz. Sie sagen, daß sie sich um mich kümmern, aber es ist nur Geschwätz. Sogar bei Karl. «Ellen, glaube mir, ich möchte dir helfen», aber in Wirklichkeit denkt er, daß er zurück muß, damit er sich ums Geschäft kümmern kann. Wenn er mich umarmt, fragt er sich, ob ich jemals wieder außerhalb des Sanatoriums zurechtkomme. Er denkt, ich weiß es nicht, aber ich höre, wie es in seinem Gehirn arbeitet. Er hat meine Verrücktheiten satt und versucht nur, interessiert auszusehen. Er schwört, daß ich normal bin, und glaubt fest daran, daß ich verrückt bin. Sie sind alle gleich. Sie mästen sich an meiner Hilflosigkeit, phantasieren über meine Bedürfnisse, beteuern meine Normalität. Aber ich werde es ihnen zeigen. Die Beute wird ihnen durch die Lappen gehen und sie mit leeren Händen zurücklassen! *(Sie nimmt ein Fläschchen zur Hand.)* Somacetin. Das wird sie alle überraschen. Fünfundsechzig Tabletten für fünfundsechzig Dämonen – ich kann die ganze Menagerie einschläfern. Sieben mal acht ist sechsundfünfzig. *(Sie leert die Flasche in ihre*

Hand.) Ja, das ist richtig. *(Sie schluckt die Tabletten hinunter.)* Heute nacht werde ich schlafen. *(Sie geht zum Tisch, wirft alles, was darauf liegt, zu Boden und legt sich auf den Tisch. Das Licht wird langsam dunkler. Plötzlich setzt sie sich auf, und man hört das Geräusch von Erbrechen.)*

ANALYTIKER: Hm, hm.

RICHTER: Ich wußte es, Sie müssen unter Beobachtung gestellt werden.

(Licht aus)

FÜNFTER AUFTRITT

(Ellen und Karl sitzen in einem Zimmer des Sanatoriums. Der Richter sitzt am Rande der Bühne. Das Zimmer ist kahl und sauber. Sie sitzen an verschiedenen Seiten des Tisches.)

KARL: Ich bin gekommen, so rasch ich konnte. Die Ärzte sagen, sie können außerhalb des Sanatoriums nicht mehr für deine Sicherheit garantieren.

ELLEN *(als spräche sie zu sich selbst)*: Sie können mir in mein Leben hineinreden, aber nicht in meinen Tod. Der wird mir gehören. Es gibt so viele Möglichkeiten zu sterben. Ich bin auf achtundzwanzig gekommen, und drei habe ich erst ausprobiert. Ich habe Tabletten genommen, konnte sie aber nicht bei mir behalten. Ich bin vor ein Auto gesprungen, aber der Fahrer konnte mir ausweichen. Ich wollte bei dem Analytiker aus dem Fenster springen, doch er hat mich daran gehindert.

KARL *(geht zu ihr hinüber und ergreift ihre Hand)*: Ich bin doch hier, Ellen. Ich werde dir helfen, wenn du mir nur sagst, wie. Bitte, gib mir eine Chance.

ELLEN *(ihn das erste Mal ansehend, mit normaler Stimme)*: Nein, Karl. Meine Dämonen sind stärker als du.

KARL: Ellen, deine Dämonen müssen bekannte Gesichter haben! Erkennst du keinen von ihnen?

ELLEN: Nein, sie sind ich.

KARL: Und ich? Gibt es mich gar nicht? Faß mich an! *(Er nimmt Ellens Hand und führt sie zu seinem Gesicht, als wäre es die Hand einer Blinden.)* Hörst du meine Stimme?

ELLEN: Ich weiß, du willst die Last mittragen. Aber es ist meine Last.

KARL: Nein! Es ist unsere gemeinsame Last. Bitte, mach mich nicht hilflos! Entzieh dich nicht! Laß mich dir helfen!

ELLEN: Beende deinen Satz ruhig! «Laß mich dir helfen – leere Puppe. Bodenloses Gefäß.» *(Sie blickt sich suchend um und geht dann zu einer Obstschale. Sie greift nach ihr, knickt aber das Handgelenk so ab, daß sie nicht an die Früchte herankommt. Sie sieht Karl an.)*

KARL *(wütend)*: Hör auf damit! *(Bittend)* Bitte hör auf damit. Ich möchte dir nahe sein! *(Steht auf und tritt zurück, während er spricht.)* Aber du schließt mich aus mit deinen Obsessionen. Ich kann dich nicht erreichen!

ELLEN *(sanft)*: Ich weiß. Niemand kann es. Mein ganzes Leben lang haben die Menschen versucht, mir zu helfen. Früher habe ich mich dagegen gewehrt, doch dann ist mir klargeworden, daß sie recht haben. Ich war auf sie angewiesen, damit sie mir sagten, wie ich mich fühlte, wann ich fror, hungrig war, müde…

(Der Richter tritt auf. Er sieht wieder ganz offiziell aus, trägt seine Robe und einen kleinen Hammer. Er setzt sich so, daß er Karl und Ellen anblickt.)

KARL: Wir möchte unser Problem alleine lösen.

RICHTER: Hm.

KARL: Es gibt nichts, um dessentwillen man das Gericht bemühen müßte.

RICHTER: Hm.

ELLEN: Haben meine Eltern Sie geschickt?

RICHTER: Mh, mh [nein].

ELLEN: Die Ärzte?

RICHTER: Mh, mh [nein].

ELLEN: Wenn von ihnen keine Klage geführt wird, warum setzen Sie dann einen Gerichtstermin an?

RICHTER: Hm.

ELLEN: Warum antworten Sie nicht?

RICHTER: Ich übe den Umgang mit Hm. Es bietet hervorragende Möglichkeiten. Ein gewisses Maß an Vieldeutigkeit kann dem Prozeßgang nur förderlich sein. Das Hm hat Würde und Autorität. Ich denke, das Gericht kann es brauchen.

KARL: Warum setzen Sie eine Verhandlung an?

RICHTER: Es ist noch immer ein Strafprozeß anhängig. Ellen ist des versuchten Mordes angeklagt. Ich habe die Verhandlung vertagt, bis mehr Beweise vorliegen. Jetzt sind fünf Selbstmordversuche unternommen worden. Damit kann das Gericht direkt eingreifen. Worauf plädieren Sie?

ELLEN: Schuldig, Euer Ehren. Es ist mein Körper. Ich kann mit ihm machen, was ich will.

KARL: Euer Ehren, Ellen ist nicht in der Lage, sich angemessen zu verteidigen. Ich bitte das hohe Gericht, mich zu ihrem Verteidiger zu bestellen.

RICHTER: Akzeptieren Sie ihn als Ihren Verteidiger?

ELLEN: Das ist mir egal. Wenn er mich verteidigen möchte, dann soll er das tun. Aber ich bin erwachsen. Ich habe Besitz: ein Haus in der Friedrichstraße, Aktien und Geld auf einer Schweizer Bank, ein Sommerhaus bei Salzburg und meinen Körper. Das ist alles gesetzlich auf meinen Namen eingetragen. Solange ich meine Steuern bezahle, kann ich damit verfahren, wie es mir beliebt.

KARL: Kann ich mit der Verteidigung beginnen, Euer Ehren?

RICHTER: Sind Sie sicher, daß Sie keinen juristischen Beistand wollen? Ellen ist eine höchst schwierige Klientin.

KARL: Die Zurechnungsfähigkeit meiner Frau ist vermindert.

ELLEN: Das ist nicht wahr, Karl. Zum erstenmal in meinem

Leben weiß ich, was ich will, und nicht das, was andere wollen, daß ich will.

KARL: Kann die Aussage der Angeklagten aus dem Protokoll gestrichen werden? Sie kann nicht gegen sich selbst aussagen.

RICHTER: Eine entsprechende Aufforderung ergeht an die Geschworenen. Bitte streichen Sie die letzte Aussage aus Ihrem Gedächtnis! *(Schlägt sich an beide Seiten des Kopfes.)*

KARL: Euer Ehren, die Angeklagte leidet unter dem ungeheuren Irrtum, sie könne ihr Leben meistern und sei deshalb allein verantwortlich.

RICHTER: Als Erwachsene *ist* sie verantwortlich. Stellen Sie den juristischen Begriff der Zurechnungsfähigkeit in Frage?

KARL: Nein, Euer Ehren. Ich möchte nur die mildernden Umstände darlegen.

RICHTER: Bitte.

KARL: Die Angeklagte wurde als Säugling geboren. Sie wuchs zum Kleinkind heran, zum Kind, zur Jugendlichen und schließlich zur Erwachsenen. Auf den verschlungenen Wegen ihrer Entwicklung halfen ihr Eltern, Brüder, Freunde, Lehrer, ihr Mann, zwei Analytiker und mehr als zwanzig Angehörige des ärztlichen Berufsstandes.

RICHTER: Ist das Ihre Verteidigung?

KARL: Euer Ehren, mit dreiunddreißig Jahren zu verkünden, wie es die Angeklagte tut, sie denke ihre eigenen Gedanken, wünsche ihre eigenen Wünsche, treffe die Entscheidungen in ihrem Leben *allein*, ist der schiere Wahnsinn.

RICHTER: Aha! Dann plädieren Sie also auf nichtschuldig infolge geistiger Unzurechnungsfähigkeit?

KARL: Ja, Euer Ehren.

ELLEN: Das ist völlig falsch! Ich bin vollkommen normal.

RICHTER *(zu Karl)*: Das Gericht stimmt Ihrem Antrag zu.

ELLEN: Du weißt, Karl, daß das nicht stimmt! Ich bin so normal wie du.

KARL: Du erscheinst normal, Ellen. Du sprichst, als wenn du

verstehst, aber du handelst merkwürdig. Ich verstehe dich nicht, und die Ärzte sind besorgt. Sie möchten Kraepelin beiziehen. Dein Internist denkt, daß dein Analytiker dir nicht hilft. Was denkst du?

ELLEN: Ich denke... was denke ich? Was denke: Ja, ich denke, du hast recht.

(Licht aus)

SECHSTER AUFTRITT

(Das Sprechzimmer eines Arztes im Sanatorium. Der Richter, Karl und die Eltern sitzen im Hintergrund. Verschiedene Urkunden und Zeugnisse schmücken die Wände. Dr. Kraepelin [der Schauspieler, der auch den Analytiker gespielt hat] sitzt an einem Schreibtisch, im weißen Kittel, die Arme auf dem Schreibtisch und die Hände gefaltet. Ellen tritt ein. Dr. Kraepelin erhebt sich, reicht ihr förmlich die Hand, schlägt die Hakken zusammen und verbeugt sich.)

KRAEPELIN *(sehr förmlich)*: Ich bin Dr. Kraepelin. Bitte drehen Sie sich um und gehen Sie zur Wand. *(Sie tut, wie ihr geheißen.)* Drehen Sie sich wieder um und kommen Sie mit geschlossenen Augen auf mich zu. Halt. Danke. Strecken Sie die Arme aus und spreizen Sie die Finger. *(Sie befolgt alle seine Befehle.)* Bewegen Sie die Hände hin und her. Danke. Strecken Sie Ihre rechte Hand aus und berühren Sie mit dem Zeigefinger Ihre Nase. Noch einmal. Danke. *(Zieht eine Nadel aus dem Kittelaufschlag und sticht Ellen damit in die Stirn. Sie zuckt zurück.)* Sie brauchen keine Angst zu haben. Stellen Sie sich vor mich hin. Schließen Sie die Augen. *(Sticht ihr mit der Nadel in die Stirn. Ellen zuckt wieder zurück.)* Haben Sie das gespürt?

ELLEN: Ja.

KRAEPELIN *(bearbeitet ihr Gesicht rasch und wahllos, manchmal mit der Nadel, manchmal mit den Fingern. Feuert seine Fragen wie aus einem Maschinengewehr ab, ohne die Antworten abzuwarten, so daß Ellen mit dem Kopfnicken und -schütteln nicht Schritt halten kann)*: Fühlt sich das gleich an? Stärker? Weniger? Gleich? Stärker? Weniger? Sie sollen nicht raten! Haben Sie überhaupt etwas gespürt? Sie sollen mir sagen, ob Sie die Nadel spüren oder nicht. Ja? Nein? *(Schließlich steckt er die Nadel wieder in seinen Aufschlag. Ellen öffnet die Augen.)* Schließen Sie die Augen. *(Kraepelin tritt zwei Schritte zurück, geht dann langsam um Ellen herum, bis er wieder vor ihr steht. Er tritt wieder an sie heran, um ihre Augen zu untersuchen, zieht ein Augenlid herunter, befühlt dann ihren Hals und tastet mit beiden Händen die Drüsen ab. Er tritt zurück, um etwas in sein Notizbuch zu schreiben.)* Öffnen Sie den Mund. Strecken Sie die Zunge heraus. Bewegen Sie sie nach rechts. Nach links. Danke. Setzen Sie sich bitte. *(Er nimmt an seinem Schreibtisch Platz und schießt die nächste Fragensalve ab.)*

KRAEPELIN: Ihr Name?

ELLEN: Ellen West.

KRAEPELIN: Alter?

ELLEN: Dreiunddreißig.

KRAEPELIN: Was für einen Tag haben wir heute?

ELLEN: Dienstag.

KRAEPELIN: Monat?

ELLEN: Dezember.

KRAEPELIN: Jahr?

ELLEN: 1913.

KRAEPELIN: Wie lange sind Sie hier?

ELLEN: Zwei Wochen.

KRAEPELIN: Wie heiße ich?

ELLEN: Dr. Kraepelin.

KRAEPELIN: Zählen Sie bis zehn. *(Ellen tut, wie ihr geheißen.)*

KRAEPELIN: Rückwärts. *(Ellen tut, wie ihr geheißen.)*

KRAEPELIN: Wieviel ist fünf mal sieben?
ELLEN: Fünfunddreißig.
KRAEPELIN: Fünf und acht und zweiundzwanzig?
ELLEN: Fünfunddreißig.
KRAEPELIN *(als hätte er sie bei einem Fehler ertappt)*: Wieviel?
ELLEN: Fünfunddreißig.
KRAEPELIN: Ja, Sie haben recht. *(Schreibt etwas auf eine Karte und liest es dann rasch vor.)* Physisches Erscheinungsbild: Gesichtsausdruck depressiv, Mundwinkel hängend, abgemagert, trockene Haut, Muskeltonus erhöht, Speicheldrüsen vergrößert, Mund trocken... ah, ja, leichter Hirsutismus. Raum-Zeit-Orientierung normal. Versteht Fragen und beantwortet sie korrekt. *(Blickt Ellen an.)* Warum sind Sie hier?
ELLEN: Ich möchte sterben.
KRAEPELIN *(streng)*: Warum noch?
ELLEN: Ich leide unter dem ständigen Wunsch zu essen und einer ständigen Angst vor dem Essen.
KRAEPELIN: Ständig?
ELLEN: Fast ständig. Manchmal geht es besser. Wenn mein Mann...
KRAEPELIN *(dazwischen)*: Wann hat es angefangen?
ELLEN: Den Wunsch, dünn zu sein, habe ich zum erstenmal mit zwanzig gehabt.
KRAEPELIN: Wie alt sind Sie jetzt?
ELLEN: Das habe ich Ihnen schon gesagt.
KRAEPELIN: Sagen Sie es bitte noch einmal.
ELLEN: Dreiunddreißig.
KRAEPELIN: Gibt es in Ihrer Familie Fälle von Depression?
ELLEN *(mit mechanischer Stimme)*: Zwei meiner Onkel haben Selbstmord begangen. Mein Vater hat Angst, morgens aufzustehen. Mein Bruder wurde mit siebzehn wegen seiner Angstzustände stationär behandelt. Meine Großmutter...
KRAEPELIN: Mütterlicher- oder väterlicherseits?
ELLEN: Väterlicherseits... hatte depressive Anfälle. Meine Tante einen Nervenzusammenbruch.

KRAEPELIN *(schreibt und liest laut)*: Familie zeigt depressive Tendenzen. Haben Sie Angstzustände?

ELLEN: Ständig. Ich fühle mich wie eine Gefangene in einem Grab. Meine Dämonen sind Gefräßigkeit und der Wunsch nach Vollkommenheit.

KRAEPELIN: Wie sehen sie aus? Welche Farben haben ihre Augen?

ELLEN: Wer?

KRAEPELIN: Ihre Dämonen.

ELLEN: Oh, nein. Ich erlebe sie in meinen inneren Dialogen.

KRAEPELIN: Sprechen sie mit Ihnen? Sind sie Männer oder Frauen? Grob oder freundlich? Verlangend oder verlokkend?

ELLEN: Nein, ich spreche nur zu mir selbst. Mache mir Vorwürfe wegen meiner Gefräßigkeit. Daß ich das Leben in einer Hölle fortsetze, die ich selbst geschaffen habe.

KRAEPELIN *(schreibt und liest laut)*: Wahnvorstellungen. Keine auditiven oder visuellen Halluzinationen. Hypochondrische Ängste. Zwangsideen hinsichtlich des Gewichtes. Depressiv. *(Überlegt und faßt dann zusammen.)* Infolge dieser geistigen Unruhe wird die Patientin suizidal. *(Schließt die Akte und entläßt Ellen, die sich in den Bühnenhintergrund begibt. Wendet sich an Karl und den Richter.)* Herr West, Ihre Frau leidet an Melancholie. Ich empfehle die Beendigung der Analyse und die Unterbringung in einem Sanatorium, das auf nervöse Leiden spezialisiert ist.

KARL: Wird sie geheilt werden, Herr Doktor?

KRAEPELIN: Bei einer entsprechenden Lebensweise und Behandlung. Viel Essen, viel Ruhe, Paraldehyd und Opium gegen die Angstvorstellungen. Die Prognose ist positiv.

RICHTER: Sind Sie sicher, Herr Doktor?

KRAEPELIN *(überrascht)*: Ich bin Professor der Psychiatrie an der Universität Heidelberg.

RICHTER: Gewiß. Gewiß doch. *(Mit einem Kopfnicken entläßt er Karl, der sich zu Ellen begibt.)*

ELLEN: Er ist merkwürdig. So genau. So deutsch. So sicher. Möchten Sie nicht auch so sicher sein, Euer Ehren?

RICHTER: Ja, das wäre ich gerne, Ellen.

KARL: Er sagt, daß deine Prognose günstig ist.

RICHTER: Ich wünschte, ich hätte seine Kristallkugel.

ELLEN: Ihre Zukunft ist meine Vergangenheit, Euer Ehren. Ich weiß, daß er irrt.

RICHTER: Ich bin da nicht so sicher, Ellen. Aber Karl hat noch die Namen zweier anderer Spezialisten in Erfahrung gebracht.

ELLEN: Was sollen sie, Karl? Das bedeutet doch nur noch ein paar verwirrende Etiketten mehr.

KARL: Dein Internist hat mir ihre Namen genannt.

ELLEN: Wer sind sie?

KARL: Einer ist Bleuler, ein Psychiatrieprofessor. Der andere ist Binswanger. Dein Vater kennt sein Sanatorium.

ELLEN: Das Beste, was man für Geld haben kann. Darunter machen es die Wests nie.

KARL: Sei nicht zynisch, Ellen. Vielleicht können sie dir helfen.

ELLEN: Ja, Karl.

KARL: Vermutlich hast du das Gefühl, nachdem du dreizehn Jahre mit der Krankheit zu tun hast, sie sei alles, was dir bleibt...

ELLEN: Sind es schon dreizehn Jahre? Ja, ich bin dreiunddreißig. Jesus starb mit dreiunddreißig, und er war auch ein dünner Jude. Glaubst du, Kraepelin wußte, daß ich Jüdin bin, bevor er mich gesehen hat? Ich habe gehört, er glaubt, die Juden sind eine Gefahr für Deutschland.

KARL: Ärzte lassen sich nicht von Vorurteilen leiten. Sie sind zur Objektivität erzogen.

ELLEN: Wußtest du, daß die Inkaärzte ihren Patienten ein Loch in den Schädel bohrten, um die Geister herauszulassen? Und sie waren das Beste, was man damals für Geld haben konnte.

KARL: Aber wir schreiben das Jahr 1913, Ellen. Es gibt einen großen Unterschied zwischen dem Aberglauben der Inka und der modernen Wissenschaft.

(Licht aus)

SIEBENTER AUFTRITT

(Ellen und Karl sitzen auf der linken Bühnenseite. Auf der rechten Bühnenseite befindet sich ein Podest mit einem langen Tisch und hochlehnigen Stühlen. Der Richter sitzt an diesem Tisch. Er steht auf und ruft: «Dr. Bleuler!» Dann setzt er sich wieder. Der Schauspieler, der Kraepelin gespielt hat, tritt auf. Er trägt wieder den weißen Kittel und ein großes Schild, auf dem «Dr. Bleuler» steht. Dies stellt er auf den Tisch und nimmt davor Platz.)

BLEULER: Ich bin Dr. Bleuler. Euer Ehren, ich hoffe, Sie sind mit den Grundzügen meiner Schizophrenietheorie vertraut.

RICHTER: Sie müssen sich um eine sehr einfache Darstellungsweise bemühen, Herr Professor, damit die Geschworenen und ich Ihren Ausführungen folgen können. Ist Ihnen das möglich?

BLEULER: Ich werde mich bemühen, Euer Ehren. Bei der Untersuchung von Frau West bin ich auf Eigenschaften ihres Denkens gestoßen, die eindeutig auf das Vorliegen einer Schizophrenie schließen lassen.

RICHTER: Verzeihen Sie, Herr Professor. Können Sie uns in einfachen Worten schildern, um was für eine Krankheit es sich handelt?

BLEULER: Ich war gerade im Begriff, es zu tun, Euer Ehren. Schizophrenie ist eine Erkrankung des Denkens, eine Störung der Denkweise. Ich habe Elemente von Negativismus bereits im Alter von neun Monaten entdeckt, als Frau West sich weigerte, Milch zu trinken.

RICHTER: Wollen Sie damit sagen, daß ihre Krankheit schon im Säuglingsalter begann?

BLEULER: Ja, Euer Ehren.

RICHTER: Bitte, fahren Sie fort!

BLEULER: Der gleiche Negativismus manifestiert sich heute in ihren Selbstmordversuchen und in ihrer Weigerung zu essen. Bei der Untersuchung fand ich prädisponierende Ursachen für den Negativismus der Patientin. Eine Ambitendenz, die zu jeder Tendenz eine Gegentendenz freisetzt.

KARL *(ihm ins Wort fallend)*: Das sind doch leere Worte.

BLEULER: ...Ich habe gesehen, wie Frau West...

MUTTER: Das ist alles falsch. Ellen war ein wundervolles Kind!

BLEULER: ...den Arm ausgestreckt hat, um eine Frucht zu ergreifen, dann aber gegen Ende der Bewegung das Handgelenk so weit wie möglich abgewinkelt hat, so daß ihre Finger die Frucht nicht erreichen konnten.

ELLEN: Seine Stimme ist so klar. Meine Eltern haben mir meine Stimme genommen.

BLEULER: Ambivalenz oder die Tendenz, bestimmte Ideen zugleich mit positiven und negativen Gefühlen...

VATER: Wir waren ein Teil von dir. Wir haben dich geliebt und beschützt, Ellen. Wir haben für dich gesorgt.

BLEULER: ...zu begleiten. Etwa Frau Wests Beziehung der Begierde und der Angst hinsichtlich des Brotes im Schrank.

KARL: Ambitendenz... Gegentendenz... Ambivalenz. Das sind nur Worte, Ellen. Hör nicht darauf.

BLEULER: Drittens, es erfolgt bei Schizophrenie eine Spaltung der Psyche. Beispielsweise schied sich Frau West in die schlanke, blonde Ästhetin und die fette, häßliche, jüdische Kleinbürgerin.

KARL: Leere Worte! Er umschlingt dich damit wie eine Schlange. Er hypnotisiert dich. Hör nicht auf ihn!

ELLEN: Warum willst du sie nicht hören, Karl? Ein vereinfachtes Ich. Eine gebrauchsfertig verpackte Ellen.

BLEULER: Viertens und letztens, die mangelhafte Logik des Schizophrenen.

RICHTER: Sie scheinen es zu genießen, Ellen.

MUTTER: Es ist eine Maske, Euer Ehren. Als Kind hat sie Masken benutzt, wenn sie erschreckt war.

ELLEN: Ihr habt nie gewußt, wann ich Angst hatte.

VATER: Wir haben unser ganzes Leben damit verbracht, uns Sorgen um dich zu machen.

ELLEN: Sind Sie zu einem Urteil gelangt, Euer Ehren?

RICHTER: Noch nicht. Vielen Dank, Herr Professor. Wäre es richtig zu sagen, daß gewissermaßen zwei Menschen in ihrem Inneren miteinander kämpfen?

BLEULER: Wenn das Gericht vereinfachen muß, um Klarheit zu gewinnen, will ich diese Beschreibung akzeptieren.

RICHTER: Vielen Dank, Herr Professor. Die Diagnose lautet also auf Schizophrenie. Sind Sie sich sicher?

BLEULER: Ich bin Professor der Psychiatrie an der Universität Zürich.

ELLEN: Uns bleibt nicht mehr viel Zeit, Euer Ehren. Bleuler ist zu seinem Urteil gekommen. Also entscheiden Sie!

RICHTER: Das kann ich noch nicht, Ellen. Dr. Kraepelin, wir haben vorhin Ihre Aussage gehört. Laut Protokoll war Ihre Diagnose Depression.

KRAEPELIN: Ja, Euer Ehren. Meine Herren, ich bin anderer Auffassung als mein geschätzter Kollege. Nach meiner Meinung leidet Frau West an Melancholie. Um die Diagnose der Schizophrenie zu begründen...

KARL *(ihm ins Wort fallend)*: Er sieht dich gar nicht.

KRAEPELIN: ...hätte Professor Bleuler einen instinktiven Widerstand gegen äußere Einflüsse nachweisen müssen.

MUTTER: Er sieht dein eigentliches Wesen nicht.

KRAEPELIN: Aber Frau West hat sich Einflußnahme von außen immer gefallen lassen.

VATER: Er sieht *deine* Stärken nicht.

KRAEPELIN: Vielleicht ergibt sich Professor Bleulers...

ELLEN: Ich muß jetzt das Urteil wissen, Euer Ehren.

KRAEPELIN: ...Irrtum logisch aus seiner Konzentration auf Störungen des Denkens...

RICHTER: Vieles spricht dafür, daß das Leben zu wertvoll ist, um es einfach wegzuwerfen.

KRAEPELIN: ...wobei er den affektiven Störungen nicht genügend Aufmerksamkeit schenkt.

VATER: Bleib bei uns, Ellen! Verlaß uns nicht!

ELLEN: Warum? Ich bin nur ein Schatten.

RICHTER: Was meinen Sie, Herr Professor?

KRAEPELIN: Störungen des Affekts, Euer Ehren. Melancholie, manische Depression, hypomanische Zustände und so fort. Dinge, die man im normalen Leben als Traurig- oder Glücklichsein bezeichnen würde.

RICHTER: Vielen Dank, Herr Professor. Ihre Darlegungen waren bewundernswert in ihrer Klarheit und Kürze. Das Problem ist also, wie Sie fühlen... oder besser, wie Frau West fühlt und nicht, wie sie denkt.

KRAEPELIN: Ja, Euer Ehren.

RICHTER: Herr Dr. Binswanger.

BINSWANGER: Meine Damen und Herren. Sie haben alle die vierundneunzig Seiten meiner Daseinsanalyse von Ellen West gelesen. Ich will mich deshalb kurz fassen. In der Welt der Frau West hat sich die Komplexität der authentischen Erfahrung zur Einfachheit des leeren Gefäßes reduziert...

ELLEN *(ihm ins Wort fallend)*: Euer Ehren, ich brauche Ihr Urteil.

BINSWANGER: ...und dem damit verbundenen Gefühl der Leere. Um dieses Vakuum zu füllen...

RICHTER: Er ist der letzte Sachverständige, Ellen. Lassen Sie mich ihn anhören.

BINSWANGER: ...stopft sich Frau West voll, um sich anschließend zu bestrafen, und so fort. Die Folge dieses Verhaltens...

ELLEN: Euer Ehren, ich kann nicht länger warten.

BINSWANGER: ... ist ein gesteigertes Bewußtsein für den Mangel an Authentizität und eine Ersatzform des Seins ...

RICHTER: Sie werden sich gedulden müssen. Ich muß alle Beweise prüfen. Drängen Sie mich nicht!

BINSWANGER: ... die Frau West in letzter Zeit dazu veranlaßt hat, mit dem Tode zu experimentieren. Ich möchte Frau West warnend darauf hinweisen ...

ELLEN: Ich habe keine Zeit, Euer Ehren. Ihr Urteil?

BINSWANGER: ... und meinen Kollegen zu bedenken geben, daß der Tod nur eine Pseudoerfahrung sein kann, wenn er lediglich eine Flucht vor der Gefräßigkeit ist.

RICHTER: Ich habe noch nicht ganz verstanden. Entspricht es Ihrer Auffassung, Herr Professor, daß das Problem von Frau West weder in ihrem Denken, noch in ihrem Fühlen, sondern in ihrer Authentizität begründet liegt?

BINSWANGER: Ja, Euer Ehren.

RICHTER: Und sie könnte einen nichtauthentischen Tod sterben?

BINSWANGER: Das könnte sie.

KARL: Aber was bedeutet das alles? Verurteilen Sie sie? Sprechen Sie sie frei? Oder was?

ELLEN: Füge dich ins Unvermeidliche, Karl.

VATER: Und was ist mit mir? Sind alle Klagen gegen mich fallengelassen worden?

ELLEN: Du warst nicht angeklagt, Papa. Das war immer nur ich.

MUTTER: Bin ich freigesprochen? Oder bin ich verantwortlich?

ELLEN: Dich haben sie nie für schuldig gehalten.

KARL: Und habe ich eine reine Weste? Hat sie alles aus eigenem Antrieb getan?

ELLEN: Ja, Karl.

KARL: Euer Ehren, ich kann meine Freiheit nicht akzeptieren. Ich bin schuldig.

VATER: Sie ist meine Tochter.

MUTTER: Meine auch.

ELLEN: Geht alle nach Hause. Findet euch mit eurer Freiheit ab.

RICHTER: Tut mir leid. Ich kann mich ihrem Urteil nicht widersetzen. Wir haben uns geeinigt, nicht gegeneinander zu arbeiten.

KARL: Aber ich bin verantwortlich. Können Sie wenigstens meine Schuld akzeptieren?

RICHTER: Es tut mir aufrichtig leid, aber da Sie als Anwalt der Verteidigung auftreten, kann Ihr Geständnis nicht akzeptiert werden. Antrag abgelehnt.

VATER: Können wir die gelehrten Gutachter anklagen?

RICHTER: Wie lautet die Anklage?

MUTTER: Der Beihilfe zur Tat?

RICHTER: Wie das? Sie haben nur ihren Beruf ausgeübt.

KARL: Aber jeder von ihnen hat eine andere Diagnose geliefert.

RICHTER: Ich weiß.

KARL: Und was wird mit Ellen geschehen?

PSYCHIATER: Erstens, die Behandlung der Schizophrenie befindet sich in einem höchst vorläufigen Stadium. Zweitens, der therapeutische Ansatz, Ellen West stationär zu behandeln, ist strittig. Drittens, wenn sie das Krankenhaus verläßt, begeht sie unter Umständen Selbstmord. Deshalb ist die Entscheidung von ihrem Mann zu treffen.

KARL: Die Alternative heißt Tod oder lebenslange Gefangenschaft? Und ich werde dazu verurteilt, ihr Henker zu sein?

PSYCHIATER: Hm.

ELLEN: Es ist so schön. So klar! Alles ist erklärt. Warum wollte ich früher nicht darauf hören? Jetzt weiß ich, wer ich bin, wer ich geworden bin, wie mein Weltbild aussieht, in was für einer Welt ich lebe, und wie ich in diese Welt passe. Nun haben meine Ängste ein Maß, meine Obsessionen ein Ziel und meine Dämonen ein Gesicht. Die Welt draußen wird von aller Schuld freigesprochen und bleibt sauber. Ich habe recht; ich hatte immer unrecht. Ich brauche nicht mehr zu kämpfen. Alles hat einen Namen. Ich kann jetzt entscheiden. Und es wird meine Entscheidung sein.

(Der Richter steht auf, zieht seine Robe aus, faltet sie sorgfältig zusammen und legt sie auf den Stuhl. Dort findet auch seine Perücke ihren Platz.)

RICHTER: Sehr verwirrend. Zu viele Mörder. *(Er geht zu seinem Sitz im Zuschauerraum zurück.)*

(Die Bühne wird dunkler, so daß nur Ellen und Karl im Scheinwerferlicht zurückbleiben. Karl greift nach Ellen, versucht, mit ihr zu sprechen. Sie fährt ihm liebevoll durchs Haar, entzieht sich ihm dann und verschwindet in der Dunkelheit des Bühnenhintergrunds. Karl steht allein und blickt in den Zuschauerraum.)

(Licht aus)

ACHTER AUFTRITT

(Das Zimmer wie im letzten Auftritt, nur daß Ellen fort ist. Perücke und Robe des Richters sind entfernt worden. Der Scheinwerferkegel ruht auf Karl, der eine schwarze Armbinde trägt. Er sitzt und liest in Ellens Schreibmappe.)

ELLENS STIMME *(von jenseits der Bühne, hell und lebhaft)*: Ich habe heute ein wunderschönes Gedicht von Rilke gelesen.

Narziß verging. Von seiner Schönheit hob
sich unaufhörlich seines Wesens Nähe,
verdichtet wie der Duft von Heliotrop.
Ihm aber war gesetzt, daß er sich sähe.

VATER *(in der Dunkelheit)*: Wir haben immer nur das Beste für Ellen gewollt.

MUTTER: Vielleicht waren wir zu streng zu ihr, Milton. Wenn du…

ELLENS STIMME:

Er liebte, was ihm ausging, wieder ein
und war nicht mehr im offnen Wind enthalten
und schloß entzückt den Umkreis der Gestalten
und hob sich auf und konnte nicht mehr sein.

KARL: Du hast nicht verstanden. Und die da, mit ihren gelehrten Ausführungen, sowieso nicht. In mir hast du dich nicht aufheben können. Du bist an allen Orten, die wir gemeinsam aufgesucht haben. Immer wenn ich Herbstlaub sehe, spüre ich meine Leere. In jedem Apfel sehe ich den Abdruck deiner Zähne. Wenn ich am Wochenende wandere, höre ich das Echo deiner Schritte. Der Stuhl vor mir beweint seine Nutzlosigkeit. Meine Arme fühlen sich fremd an, weil sie dich nicht stützen. Du hast die Hälfte von mir getötet. Warum hast du das getan? Warum hast du mich dazu verurteilt, nur noch die Hälfte empfinden zu können? Das Kainszeichen ist mir auf die Stirn gebrannt – ich werde es immer tragen! *(Er vergräbt das Gesicht in den Händen.)*

MUTTER: Wir haben immer nur das Beste für dich gewollt.

PSYCHIATER: Übertragung… Depression… Schizophrenie… eine unauthentische Form des Seins…

RICHTER *(stimmt leise das hebräische Totengebet an)*: Jis ga dah, w'jisch ka desch, sch'me rabbu…

(Licht aus)

Die zitierte Literatur

Aus den folgenden Werken wurde zitiert:

Bass, Ellen, und Louise Thornton, (Hg.), *I Never Told Anyone: Writings by Woman Survivors of Child Sexual Abuse* (New York: Harper and Row, 1983), S. 42, 14.

Binswanger, Ludwig, «Der Fall Ellen West», in: L. B., *Schizophrenie* (Pfullingen: Günther Neske, 1957), S. 61–187.

Cooper, David, *Der Tod der Familie*, deutsch von Edwin Ortmann (Reinbek: Rowohlt, dnb 6, 1972, 1981).

Foucault, Michel, *Der Fall Rivière, herausgegeben von Michel Foucault. Materialien zum Verhältnis von Psychiatrie und Strafjustiz*. Aus dem Französischen von Wolf Heinrich Laube (Frankfurt: Suhrkamp, stw 128, 1975). Zitate von Seite 64, 65, 66, 70, 74, 81, 82, 94, 95, 110, 111, 113, 117, 128.

Francke, Linda Bird, *Growing up Divorced* (New York: Linden Press/Simon and Schuster, 1983) S. 117.

Friedenberg, Edgar Z., *R. D. Laing* (New York: Viking Press, 1973), S. 70.

Goldstein, Joseph, et al., *Before the Best Interests of the Child* (Glencoe: Free press, 1980), S. 143–144.

Gruber, Alan R., *Foster Home Care in Massachusetts* (Boston: Commonwealth of Massachusetts, Governor's Commission on Adaption and Foster Care, 1973).

Health, Education, and Welfare, U.S. Department of, *Child Abuse and Neglect: An Overview of the Problems,* Bd. 1 (Washington D.C., 1975), S. 50.

Marx, Emanuel, *The Social Context of Violent Behavior* (London: Routledge and Kegan Paul, 1976).

Minuchin, Salvador, «The Use of an Ecological Framework in the Treatment of a Child,» in: E. James Anthony und Cyrille

Koupernik (Hg.), *The Child in His Family* (New York: Wiley, 1970), S. 41–57.
– Braulio Montalvo, et al., *Families of the Slums: An Exploration of Their Structure and Treatment* (New York: Basic Books, 1967). Deutsche Ausgabe: siehe Angabe auf Seite 328.
– Bernice Rosman and Lester Baker, *Psychosomatic Families: Anorexia Nervosa in Context* (Cambridge: Harvard University Press, 1978). Deutsche Ausgabe: siehe Angabe auf Seite 328.
Stone, Lawrence, *The Family, Sex and Marriage: England, 1500–1800* (New York: Harper and Row, 1977).
Wallerstein, Judith S., und Joan B. Kelly, *Surviving the Breakup: How Children and Parents Cope with Divorce* (New York: Basic Books, 1980).

Danksagung

Ich bin vielen Menschen in vielen Ländern zu großem Dank verpflichtet, denn manches Kapitel entstand in den letzten Jahren, als mich meine Lehrtätigkeit an viele verschiedene Orte führte. Zunächst möchte ich Fred Gottlieb danken, der den Titel vorschlug – Titel sind seit jeher ein Problem für mich. Donald Bloch und Edna Shapiro haben das Manuskript gelesen und wertvolle Vorschläge gemacht.

«Trio» ist eine Familie, die an einem Forschungsprojekt über geschiedene Familien an der Philadelphia Child Guidance Clinic teilnahm. Dort gilt mein Dank Marla Isaacs. Ende der sechziger Jahre konnte ich auf Einladung von Nan Lombaers die holländische Kommune kennenlernen. Mit Nan Lombaers habe ich auch das Kapitel «Der Schlüssel» diskutiert, als ich mit seiner Niederschrift begann, und wertvolle Anregungen von ihr erhalten. Der Londoner «Tag am Gericht» verdankt seine Entstehung in wesentlichen Teilen Alan Cooklin, dem Direktor des Marlborough Day Hospitals, und seinen Mitarbeitern. Gill Gorell-Barnes versorgte mich reichlich mit Literatur über Kindesmißhandlung in England. Wir erörterten den Fall der Maria Colwell und die (nicht realisierte) Möglichkeit eine Nachuntersuchung von Marias Geschwistern. Irene Levin übersetzte in Norwegen die Mitschrift der Andersson-Sitzungen und lieferte sowohl Daten von Nachuntersuchungen als auch wichtige Anmerkungen zu dem Fall. Eleanor Bron bin ich dankbar, weil sie mich ermutigt hat, meine klinischen Erfahrungen in Dramenform niederzulegen.

Das ganze Projekt wäre nicht möglich gewesen ohne Marge Arnolds aufopfernde Mitarbeit an dem Buch. Fran Hitchcock hat mir ständig geholfen, meine Gedanken in ein lesbares Englisch zu bringen. Danken möchte ich schließlich Joyce Backman für die redaktionelle Arbeit und natürlich meiner Frau Pat, mit der ich alle meine halbfertigen Gedanken durchgegangen bin, bis ich Mut und Zutrauen zu ihnen faßte.

Über den Autor

Salvador Minuchin

1921	in Argentinien geboren (13. Oktober); Studium der Medizin
1947	Promotion zum Dr. med. an der Universität Córdoba, Argentinien
1948–1949	Soldat in der israelischen Armee
	Ausbildung zum Facharzt für Kinderpsychiatrie in New York
1951	Eheschließung mit Patricia
1952–1954	Psychiatrischer Direktor der Jugend-Aliyah in Israel
1953	Geburt des Sohnes Daniel
1955–1956	Krankenhauspsychiater in New York
1957	Geburt der Tochter Jean
1963–1965	Associate Professor für Kinderpsychiatrie an der New York School of Psychiatry
1960–1966	als Familientherapeut an der Wiltwyck School for Boys in New York
seit 1965	Professor für Kinderpsychiatrie an der University of Pennsylvania in Philadelphia
1965–1975	Direktor der Philadelphia Child Guidance Clinic
1975–1981	Direktor des Family Therapy Training Center der Philadelphia Child Guidance Clinic
seit 1981	Director Emeritus des genannten Zentrums in Philadelphia

Buchveröffentlichungen

Minuchin, S., Montalvo, B., Guerey, B. G., Jr., Rosman, B., Schumer, F.: Families of the Slums: An exploration of their structure and treatment. New York: Basic Books, 1967

Minuchin, S.: Families and Family Therapy. Cambridge, Mass.: Harvard University Press, 1974. Deutsche Ausgabe unter dem Titel: Familie und Familientherapie. Theorie und Praxis struktureller Familientherapie. Freiburg: Lambertus, 1987 (7. Aufl.). Außerdem Übersetzungen ins Niederländische, Schwedische, Italienische, Spanische, Französische, Hebräische, Japanische.

Minuchin, S., Rosman, B. L., Baker, L.: Psychosomatic Families: Anorexia Nervosa in Context. Cambridge, Mass.: Harvard University Press, 1978. Deutsche Ausgabe unter dem Titel: Psychosomatische Krankheiten in der Familie. Stuttgart: Klett-Cotta (Reihe «Konzepte der Humanwissenschaften»), 1986 (3. Aufl.). Außerdem Übersetzung ins Italienische.

Minuchin, S., Fishman, H. C.: Family Therapy Techniques. Cambridge, Mass.: Harvard University Press, 1981. Deutsche Ausgabe unter dem Titel: Praxis der strukturellen Familientherapie. Strategien und Techniken. Freiburg: Lambertus, 1985 (2. Aufl.).

Minuchin, S.: Family Kaleidoscope: Images of Violence and Healing. Cambridge, Mass.: Harvard University Press, 1984. Deutsche Ausgabe unter dem Titel: Familienkaleidoskop. Bilder von Gewalt und Heilung. Reinbek bei Hamburg: Rowohlt, 1988

zu zweit

«Die Liebe hat nun einmal dieses Übel, daß Krieg und Frieden immer wechseln.»
Horaz, Satiren

Lonnie Barbach
Mehr Lust *Gemeinsame Freude an der Liebe*
(rororo sachbuch 8721)

Cheryl Benard / Edit Schlaffer
Männer *Eine Gebrauchsanweisung für Frauen*
(rororo sachbuch 8820)
Im Dschungel der Gefühle *Expedition in die Niederungen der Leidenschaft*
(rororo sachbuch 8783)

Barbara Gordon
Jennifer-Fieber *Der Männertraum vom jungen Glück*
(rororo sachbuch 9159)

Marty Klein
Über Sex reden *Heimliche Wünsche, verschwiegene Ängste*
(rororo sachbuch 8824)

Suzan Lewis / Cary L. Cooper
Karriere Paare *Mehr Zeit für uns*
(rororo sachbuch 8858)

Tina Tessina
In guten wie in schlechten Tagen
Anregungen für homosexuelle Paare
(rororo sachbuch 8782)
Dieses einfühlsame Buch trägt den besonderen Möglichkeiten und Problemen homosexueller wie lesbischer Beziehungen Rechnung und gibt praktische Anregungen vom ersten Flirt bis zur Goldenen Hochzeit.

rororo sachbuch

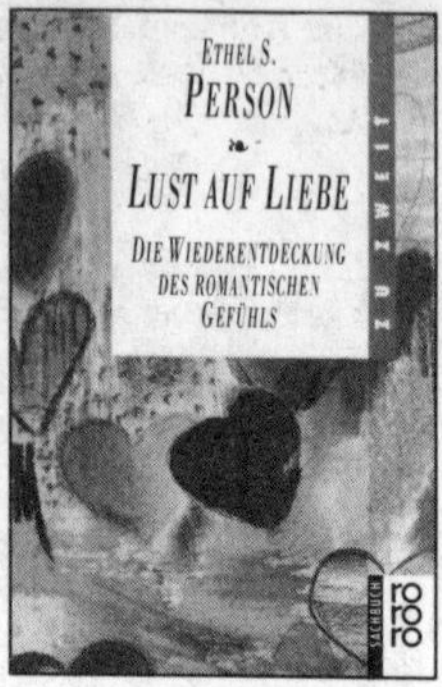

Diane Vaughan
Wenn Liebe keine Zukunft hat
Stationen und Strategien der Trennung
(rororo sachbuch 8818)

Judith Sills
Liebe nach dem ersten Blick
Handbuch für Romantiker
(rororo sachbuch 9134)
«Dies ist kein Buch über hoffnungslos unglückliche Beziehungen, sondern eines über potentiell glückliche.»

Ethel S. Pearson
Lust auf Liebe *Die Wiederentdeckung des romantischen Gefühls*
(rororo sachbuch 9304)

Béatrice Hecht-El Minshawi
Zwei Welten, eine Liebe *Leben mit Partnern aus anderen Kulturen*
(rororo sachbuch 9141)

Das gesamte Programm der Taschenbuchreihe «zu zweit» finden Sie in der Rowohlt Revue. Jedes Vierteljahr neu. Kostenlos in Ihrer Buchhandlung.

3404/1

zu zweit

Ute Auhagen-Stephanos
Wenn die Seele nein sagt *Vom Mythos der Unfruchtbarkeit*
(rororo sachbuch 9378)

Elena Gianini Belotti
Liebe zählt die Jahre nicht *Wenn Frauen jüngere Männer lieben*
(rororo sachbuch 8735)

James L. Creighton
Schlag nicht die Türe zu *Konflikte aushalten lernen*
(rororo sachbuch 9194)

Steven Farmer
Endlich lieben können *Gefühlstherapie für erwachsene Kinder aus Krisenfamilien*
(rororo sachbuch 9168)
Kinder aus Krisenfamilien können ihre Gefühle nur schwer zeigen, haben das Bedürfnis, ihre Partner zu kontrollieren, und scheuen sich vor Intimität wie vor Konflikten. Der Autor beschreibt die besonderen Probleme und zeigt Lösungswege auf.

Elisabeth Flitner / Renate Valtin (Hg.)
Dritte im Bunde: die Geliebte
(rororo sachbuch 9376)

Marina Gambaroff
Sag mir, wie sehr liebst Du mich
Frauen über Männer
(rororo sachbuch 8817)
»Wenn in einer Beziehung das Bedürfnis, "ich liebe dich" zu sagen oder "liebst du mich?" zu fragen, immer größer wird, dann hat es schon irgendwelche Risse gegeben.»

Isabelle Grellet / Caroline Kruse
Liebeserklärungen
(rororo sachbuch 8880)

Ruth Kuntz-Brunner / Inge Nordhoff
Heute bitte nicht *Keine Lust auf Sex - ein alltägliches Gefühl*
(rororo sachbuch 9189)

Karin Mönkemeyer / Inge Nordhoff
Ein platonisches Verhältnis
Freundschaften zwischen Männern und Frauen
(rororo sachbuch 8749)

Dorothee Schmitz-Köster
Liebe auf Distanz *Getrennt zusammen leben*
(rororo sachbuch 8816)

rororo sachbuch